中国边疆研究文库·初编
东北边疆卷十三（上册）
姜维公　刘立强　主编

呼伦贝尔志略
周中丞抚江奏稿

黑龙江教育出版社

图书在版编目（ＣＩＰ）数据

中国边疆研究文库. 初编. 东北边疆. 第13卷：全2
册 / 于逢春，厉声主编；姜维公，刘立强分册主编. --
哈尔滨：黑龙江教育出版社，2014.4
ISBN 978-7-5316-7336-1

Ⅰ. ①中… Ⅱ. ①于… ②厉… ③姜… ④刘… Ⅲ.
①边疆地区－地方志－著作研究－东北地区 Ⅳ. ①K29

中国版本图书馆CIP数据核字(2014)第077418号

丛 书 名　中国边疆研究文库·初编
主　　编　于逢春　厉声
本 卷 名　东北边疆卷十三（全2册）
本卷主编　姜维公　刘立强
本卷书目　呼伦贝尔志略
　　　　　周中丞抚江奏稿

选题策划　丁一平　华　汉
责任编辑　杨云鹏　李中苏
封面设计　sddoffice. com
版式设计　王　绘　周　磊
责任校对　张若平
出版发行　黑龙江教育出版社
　　　　　（哈尔滨市南岗区花园街 158 号）
印　　刷　山东临沂新华印刷物流集团有限公司
开　　本　640 毫米×960 毫米　1/16
印　　张　53.5
字　　数　630 千
版　　次　2016 年 3 月第 1 版
印　　次　2016 年 3 月第 1 次印刷

书　　号　ISBN 978 - 7 - 5316 - 7336 - 1　定　价　98.00 元（上下册）

黑龙江教育出版社网址：www. hljep. com. cn
如需订购图书，请与我社发行中心联系。联系电话：0451 - 82533097　82534665
如有印装质量问题，影响阅读，请与我厂联系调换。联系电话：0539 - 2925628
如发现盗版图书，请向我社举报。举报电话：0451 - 82533087

中国边疆研究文库·初编
——近代稀见边疆名著点校及解题

编委会成员名单

中国边疆研究文库·初编·东北边疆卷

编委会成员名单

本卷标点者

《呼伦贝尔志略》　　程廷恒　鉴定　　薛海波　标点
《周中丞抚江奏稿》　　周树模　撰　　吴明罡　标点

序　言

边疆既是一个地域概念，也是一个政治概念。就地域层面而言，是指国家毗连边界线、与内地（内陆、内海）相对而言的区域。一般而言，历史上中国的边疆是在秦统一中原、其重心部分形成之后确立的，有着两千多年的历史沿革。相应地，中国的边疆研究也有着悠久的历史和优良的传统，并与国家和边疆的安危息息相关。

从近代到新中国成立，中国边疆研究曾出现过两次研究高潮，第一次研究高潮是 19 世纪中叶至 19 世纪末，西北史地学的兴起，国家边界沿革的考订、边疆民族发展的著述等，是这一时期中国边疆研究高潮的标志。在边疆研究的热潮中，一些朝廷的有识之士开始学习近代国际法的领土主权原则，与蚕食我国领土的列强势力相对抗。黄遵宪、曾纪泽等都曾以"万国公法"为武器，在处置国家边界事务中与英、俄列强执理交涉。在边疆研究领域，学者们开始将政治学、法学等与传统的史学、地理学等相互结合，开创了现代意义上的边疆学研究。

第二次研究高潮是 20 世纪 20 年代至 40 年代，是在国家与民族危机激发下出现的又一次中国边疆研究高潮。国际法与政治学方法也被广泛地运用到中国边疆史地的研究之中，边政学的创立与研究、以现代学术新视角和新方法对中国边疆进行的全方位研究，是这次高潮的突出成就；研究内容也从边疆领土主权、历史地理扩展到民族、语言、移民、中外交通等领域。与此同时，边疆考察作为中国边疆史地研究的内容与方法，也愈益受到重视。

两次研究高潮的实践与成果，实现了中国边疆研究从传统中国史学研究向现代多学科综合研究的转变，为中国边疆研究学科领域的进一步拓展与深化奠定了基础。新中国建立后，中国边疆史地研究方兴未艾。继而在改革开放大潮的推动下，带来边疆学研究的三度兴起。此次研究高潮酝酿于 20 世纪 80 年代初，兴盛于 90 年代，至今热度不减。

1983 年，中国社会科学院中国边疆史地研究中心（以下简称"边疆中心"）成立，这既是我国边疆史地研究第三度热潮的产物，也进而成为国家边疆研究的前沿引领者。

近 30 年来，边疆中心在边疆研究领域已取得了丰硕的学术成果，很多研究成果不仅填补了新中国成立以来各自领域的学术研究空白，而且以综合性、系统性、科学性的特点，成为目前国内同类研究中的优秀作品，对学科建设和发展、对推动全国边疆史地研究，均起到了举足轻重的作用。在研究内容方面，已形成了从最初以中国近现代边界研究为主，发展到以古代中国疆域史、中国近代边界沿革史和中国边疆研究史三大系列为重点的研究格局。近年，坚持基础研究与应用研究并重，在继承和弘扬中国边疆史地研究遗产的基础上，已逐步形成了历史研究与现状研究、基础研究与应用研究融而为一的中国边疆学研究模式。

边疆中心所实施的应用研究，是以当代我国边疆的稳定和发展现状为切入点，直面当代中国边疆面临的紧要问题和热点问题，进行跨学科的综合性研究。中国边疆研究不但要追寻边疆历史发展的规律和轨迹，还应探求边疆发展的现实和未来。当代我国边疆现状研究首先是当代中国社会发展的现实需要，也是中国边疆学学科发展的需要。我国边疆区域的发展现实，促使中国边疆现状研究的内涵和外延要有新的学科定位：即将中国边疆作为统一多民族国家的有机组成部分，作为一个完整的研究客体；现状与历史不可分，现状的历史实际上也是历史的现状，所以要进一步加强历史的和现状的综合性一体研究。通过对学科布局的适时调整，中国的边疆研究不断取得学科突破和新的学科增长点，进而尽快实现以基础研究为主的中国边疆史地研究向基础研究与应用研究并重的中国边疆研究的过渡。

短期内，我国在中国边疆疆域理论研究方面必须明确主旨，并应该有大的突破。在深化实证研究的同时，应进一步加大理论研究投入的力度，不断探索中国边疆历史与现状发展的规律。在实证研究的基础上，努力为历史上多元一体的中华民族边疆地区的政治、经济、人文发展和变迁构筑理论体系，是中国边疆史地学研究的根本目标。近30年来，大量高水平的研究成果相继面世，为中国边疆疆域理论体系的构建与未来中国边疆学学科体系的构建奠定了坚实的基础。

一方面，边疆实证研究的不断深化，需要理论层面的支撑。在中国古代历史疆域理论、历代边疆治理理论，古代统一多民族国家边疆地区的发展规律、古代边疆民族在多元一体中华民族中的发展规律等方面，以及在近现代陆疆、海疆与边界的理论问题等方面，通过大量的实证研究探索其中的规律，进一步构建我国边疆历史发展与统一多民族国家发展的理论体系。

另一方面，边疆研究学科的发展需要尽快完成中国边疆学学科的构建，包括边疆学学科的概念、界定与范畴，学科性质和功能，学科体系构建等一系列理论问题，建立以马列主义为指导的、有中国特色的中国边疆学理论体系。近年来，国内数所大学以开设边疆学博士点为契机，也在加紧边疆史地学科的构建；一些高校和地方科研院所，先后以"中国边疆学"或"中国边疆史地学"的学科定位建立了相关的学科专业；围绕边疆研究先后出现的相关学科命名有边疆政治学（边政学）、边疆史地学（边史学）、边防学、边疆安全学（边安学）等。但从学科层面看，在学术界尚未形成统一的认识，缺乏基本学科框架的规范系统论证。在诸如边疆学的内涵与外延及整体构建等方面还需要做更多深入研究；在疆域理论研究方面则需要投入更多的力量，尽快拿出较为成熟的成果。同时，应注重学科理论建设与方法论的进一步开拓，在原有的历史学、民族学、历史地理学等为主的基础上，扩展引入政治学、社会学、法学、国际关系学、地缘政治学等理论与方法，进一步突出边疆研究作为跨学科、边缘学科和新兴学科的特点与优势，不断加快学科建设步伐。

学术研究与研究成果的出版是并行的。20 世纪 80 年代末，当组建不久的边疆中心在成果出版方面寻找出路的时候，黑龙江教育出版社以高度的社会责任心与敏锐的学术眼光，伸出了合作之手。一晃至今，双方精诚合作了 20 多年。先是以"边疆史地丛书"的形式，自 1991 年 3 月开始出版，截至 2011 年，先后有70 余种边疆研究著（译）作面世。已出版的学术著作得到了学术界和读者的广泛关注，取得了良好的社会效益，持续有力地推动着中国边疆研究学科的不断发展。如果说边疆中心在边疆研究方面成为学术前沿的引领者，那么黑龙江教育出版社则以边疆研究成果的出版而成为国内外知名的品牌出版社。

在当前我国边疆研究氛围持续高涨的形势下，经边疆中心与黑龙江教育出版社共同努力，将以更为严格的科学态度、更为严谨的学风文风，共同出版水平更高的边疆研究著作。双方遂决定以"中国边疆研究文库"的形式，由边疆中心组稿审定，黑龙江教育出版社编辑出版。

"中国边疆研究文库"由"中国边疆研究文库·初编——近代稀见边疆名著点校及解题"与"中国边疆研究文库·二编——当代学人边疆研究名著"两部分组成。前者共选出 50 种近代以来面世的我国边疆研究学术著述，在实施点校的基础上，做出导读性与研究性的解题，予以重新出版；后者选择 50 种新中国成立 60 多年来我国（包括台湾、香港、澳门）边疆研究的老一代知名学者、中年有为学者、年轻后起学者的著述，汇集出版。可以说，这些著作基本代表了目前我国边疆学研究的水平。

同时，对 1949 年后有较大影响的边疆研究著述又进行了修订出版，特别是将新近的研究成果充实其中，使这些有影响的研究成果内容更加翔实、完整，更具学术价值。

今天，中国边疆研究已是一门具有广阔发展空间的显学，呈现在读者面前的"中国边疆研究文库"尚属开创之举，一定有诸多不尽如人意之处，衷心希望得到广大读者的支持帮助、批评指正。同时，我们也有信心，在目前"中国边疆研究文库"初编、二编 100 部著作的基础上，继往开来，努力开拓进取，组织更多边疆研究的优秀成果，继续出版三编、四编……为我国边疆研究的持续兴盛，为繁荣边疆的历史文化，为今天我国边疆的社会稳定和经济发展，做出应有的贡献。

需要说明的是，本"文库"系国家出版基金特别资助项目，如果没有国家出版基金办大手笔支持我国的出版事业，本"文库"是无法面世的。在此，请允许我们表示诚挚的感谢。

主编谨识

初编序言

一、"中国边疆研究文库·初编"入选典籍的成书背景

"中国边疆研究文库·初编——近代稀见边疆名著点校及解题",为清朝、民国时期稀见边疆名著的选辑,以及对这些入选名著的点校与解题。

以往人们探讨近代中国边疆问题,特别是考察近代中国士大夫与学者关注边疆事业,都以1840—1842年鸦片战争为标志性事件。故编选近代边疆名著的时限也以鸦片战争为界,即鸦片战争之前为古代,之后为近代。

但中国近世最高统治者、士大夫与学者群体关注具有近代意义上的边界、边境与边疆事业,大致始于18世纪后期,当时英国还没有对中国发动鸦片战争。所以说,这种对边疆事业的关注并非像许多学者所主张的那样,是来自于鸦片战争对中国官民的刺激。我认为,这种关注起初是与清代中国学术发展的内在理路直接相关的,只是后来因中国在鸦片战争中败于英国而激起了中国士大夫与学者的爱国之心,这种爱国之心又与此前的学术发展的内在理路相结合,于是便促成了近代中国第一次边疆研究的高潮。因此,"中国边疆研究文库·初编"选入的近代稀见边疆名著,并不局限于鸦片战争之后,而是根据实际情况,酌量从清朝

中后期开始的。

就中国近世学风衍变而言，17 世纪 40 年代明朝灭亡是一个标志性的转折点。明清易代对汉族学者的内心冲击巨大，他们纷纷反思明朝空疏的经学之风、"玄妙"的理学弊端，逐渐开始提倡实证—考据学风。关于明清两代学风之差异，日本江户时代著名学者太田锦城（1765—1825 年）有"得明人之书百卷，不如清人之书一卷"之叹。

实际上，中国近世学者群体开始由经学—理学向实证—考据学的转变，在 18 世纪初期就已基本完成了。到了 18 世纪后期，常州士大夫庄存与转向今文经学的研究，标志着以常州为中心的今文经学派的诞生。该学派后经庄氏外孙刘逢禄的躬身实践与提倡，对学界与政界的影响也越来越大。该学派的显著特征是提倡经世致用的学风，谋求在儒学政治框架中注入变革的内容。因该学派倡导文献考证与实地考察相结合的研究方法，崇尚客观主义与实证主义精神，故其学者不久便将这些入世学风、研究方法与学术精神投射到急需经世致用之学的边疆地区。18 世纪后期，清帝国统一疆土的事业进入高峰，引起了以经世致用为己任的常州今文经学家龚自珍、魏源等的关注。对于清帝国重返帕米尔高原一事，龚自珍特作一首七律——《汉朝儒生行》来表达自己的心情："汉朝西海如郡县，葡萄天马年年见。匈奴左臂乌孙王，七译同来薰街宴。"[1] 嘉庆二十五年（1820 年）秋，大和卓木后裔张格尔（1790—1828 年）入侵南疆。[2] 时龚自珍刚出任内阁中书，于是马上撰就《西域置行省议》提出在新疆设置行省，用郡县制替代伯克制，以期探寻出一个长治久安的方略。道光八

---

[1] 王佩铮编校：《龚自珍全集》，460～461 页，上海，上海人民出版社，1975。
[2] 《清宣宗实录》卷 4 "嘉庆二十五年庚辰九月庚寅（七日）"条，北京，中华书局，1986。

年（1828年），张格尔兵败被诛。①翌年，龚自珍会试中试，朝考题目为《安边绥远疏》，②他趁机将其深思熟虑的屯田固边之策淋漓尽致地表述出来。

道光五年（1825年），常州今文经学派中的另一位著名学者魏源③受江苏布政使贺长龄之邀请，编纂120卷本的《皇朝经世文编》。该书收集的文献为清中前期士大夫与学者的各种作品，规模浩大，对研究清代政治具有重要价值，为"当时对国内外现实问题进行研究的重要开端"④。1831年前后，魏源编纂了14卷本的《圣武记》。该书之特色在于系统地记述了清初到道光朝中期的历次重大战役，特别是翔实地记录了清朝统一疆土的历次重大战役。

从清朝中晚期以降，学者们开始关注与研究边疆问题，就常州今文经学派而言，其主要理由大致有以下几个方面：一是该学派自身所具有的经世致用性格使然；二是内地人口膨胀，该学派主张向边疆移民；三是中华帝国重返帕米尔高原，激起了士大夫与学者的幽古之思与雄心壮志；四是清朝属国——浩罕内侵，以及张格尔叛乱等，引发了学者关注西域的热情。对此，美国学者艾尔曼一语中的："客观主义与实证学风在中国的出现，不是19世纪帝国主义和鸦片贩子移植的突发性进步。"⑤

鸦片战争后，清王朝的海疆处于西方列强的坚船利炮之下，门户洞开；陆疆处于俄、英殖民者的铁炮火枪射程之内，或被鲸吞，或被蚕食，边疆危机频仍。魏源依托其边疆问题的先行研究优势，立即做出反应。首先，他于1841年依据林则徐委托他人

---

① 魏源撰，韩锡铎、孙文良点校：《圣武记》卷5《道光重定回疆记》，188～189页，北京，中华书局，1984。
② 王佩铮编校：《龚自珍全集》，112～114页。
③ 魏源（1794—1857年），名远达，字默深。
④ 艾尔曼著，赵刚译：《从理学到朴学》，167页，南京，江苏人民出版社，1995。
⑤ 艾尔曼著，赵刚译：《从理学到朴学》，26页。

所辑的描述外国地理、风物与历史的《四洲志》，参以中国的历代史志，编纂了《海国图志》50卷，后经修订、增补，到咸丰二年（1852年）成为百卷本。其次，他于咸丰元年（1851年）开始纂修《元史新编》一书，两年后告竣。

嗣后，从19世纪40年代初期到20世纪40年代末期，一百多年间，中外关系问题，特别是边疆问题，成为朝野上下关注的焦点。有关边疆地区的历史、政治、地理环境、民族分布、经济、文化、习惯等问题的论著与调查报告等，可谓汗牛充栋。对于今天的我们而言，这些作品不但是不可多得的文化遗产，而且具有很高的学理与学术价值，更具有不可替代的现实意义、借鉴价值。

为了给相关研究者与关注边疆问题的人们提供这方面的研究资料，我们特选一些清朝中后期及民国时代的具有一定社会影响力或学术价值的代表性作品，予以标点与适当注释，以供读者参考。

二、"中国边疆研究文库·初编"编纂缘起

促使我们动手编纂"中国边疆研究文库·初编"的缘由，主要是因为我国边疆及周边环境的变化，以及由此派生的研究与解决边疆问题的紧迫性。我国从1978年启动改革开放政策至今，业已持续了三十五六年，所取得的成就堪称举世瞩目，此不赘言。但成就有时与麻烦相伴而生，近些年来，我国边疆的内侧与外部，都发生了剧烈变化。

仅就中国内部陆疆环境而言，随着社会经济差异的扩大，以往潜在的诸多边疆问题日益表面化。

在海疆领域，《联合国海洋法公约》于1982年通过，1994年生效。出于不同利益，周边各国对《公约》有不同解释。南海周边国家采用的有些手法则是避开《公约》原则精神，而抓住并利

用《公约》的某些具体条款，不顾历史事实，抢占海洋权益。近来，东海问题频现，中日钓鱼岛、中韩苏岩礁之争，经常牵涉着中国人的情感。尤其是南海局势更加复杂，我国在南海的历史主权、现实主权和管辖权等都面临现实威胁。同时，南海周边国家也经常祭出一些海疆理论，在国际学界获得一定程度的"共鸣"。对此，我们不能用非学术性语言去应对，不能笼而统之地予以简单批判。从边疆学的视角来看，廓清中国拥有海洋历史主权、现实管辖权、海洋权益的历史脉络与法理根据，为认识和处理现实海洋主权问题提供有力的理论支撑已刻不容缓。

就我国周边态势来说，伴随着中国的崛起，先是西方国家别有用心地鼓噪"中国威胁论"，而后传导到周边国家。现在的周边局势是，一些邻国利用我国以邻为善、以邻为友的政策，一边频出"中国威胁论"的噪声，一边毫无顾忌地强占我海疆岛礁、霸占我陆疆领土。另外，中国与周边国家之间的关系可谓源远流长，错综复杂，一言难尽。近代以前，中国与一些周边国家之间程度不同地存在着藩属关系，直到19世纪末，这种"宗藩体系"才基本上瓦解。如何看待和界定历史上的彼此关系，不但都有一个"理顺"的问题，而且还有领土分割与文化传统的首发权等问题。值得关注的是，1949年以后，中国与周边国家的关系也经常变化，如20世纪50年代是"一边倒"，60年代是"反帝反修"，70年代是支援世界与邻国革命，80年代转向自主和平外交，今天则提出睦邻外交。短时期不断变化的周边政策，使邻国难免产生不安，但我国现在真诚地实施睦邻友好政策是有目共睹的。无奈树欲静而风不止，一些邻国恰恰是利用我们的善良来达到其不可告人的目的。

中国疆域是通过内地与边疆交互变更、边疆与藩属（部）互换角色的形式最终形成的。新中国成立后，我国在边疆地区普遍实施了与中国传统有所不同的民族政策、宗教政策与区域自治政策，并成立了自治区、自治州（盟）、自治县，这些政策与体制的制定根据与实施效果，直接影响着边疆地区的社会进步与经济发展，而对这些政策与体制，特别是在边疆地区产生的效果的研究，是边疆学的主要任务之一。另一方面，随着周边国家的民族主义思潮的兴起与经济的进步，这些国家都在积极用近代民族主义理论编纂本国历史、建构本民族谱系。在此过程中，历史上曾经是中国藩部或属国（属部）的周边国家，都或多或少、或轻或重地与中国在历史问题上或领土问题上有所瓜葛。这些瓜葛的产生，莫不同中国疆域的形成过程与中国古代疆域观、近代中国的民族国家建构、民族主义生成与领土变更等边疆学理论问题有关。现在看来，由于时势衍变，单从历史与地理的角度着眼来解决这些问题，显然是力所不逮的，或者是无济于事的。另外，伴随着周边国家的先后独立，特别是受到近代民族主义思潮的影响，它们无一例外地都在构建本国"辉煌"的历史及本民族"伟大"的发展历程，希冀以此来树立国家与民族的自信。但以往长时间存在的所谓的"中华的世界秩序"是一个无法磨灭的痕迹，更是一道难以逾越的心灵之坎，不否定它就难以建立名副其实的民族自信，否定它自然就会衍生出"中国威胁论"。所以，关于历史上曾经是中国藩部或属国、今天业已独立的周边国家的心理问题，单靠外交努力、自我表白是不能从根本上解决的。

基于上述边疆内外情景，我们与黑龙江教育出版社于2010年初决定编纂、出版一套大型边疆研究方面的丛书，在某种程度上回应这些边疆问题。这套丛书全称"中国边疆研究文库"，内分初编、二编。其中，"中国边疆研究文库·初编"（50种），拟选近代稀见典籍，由相关边疆研究学者整理、点校与解读；"中国边疆研究文库·二编"（50种），为当代边疆研究前沿学者的研究成果。

实际上，自1989年起，黑龙江教育出版社便出版了边疆史地方面的研究图书。兹后直至 2009 年底，集腋成裘，业已出版图书 60 余种。这些图书受到了广大读者的欢迎和学术界的好评，取得了显著的社会效益，极大地促进了边疆史地研究的发展进程，黑教社也逐步确立了在业内的品牌地位。由于 20 多年不间断地组稿与编辑、出版，使得黑教社在边疆图书编辑与出版方面，拥有一支高素质、专业化的队伍。

正是基于上述这些条件，我们萌发了利用黑教社已有的资源，根据边疆社会发展与周边形势变化的需要，重新策划、编辑与出版一套大型边疆丛书的念头。当我们把这个念头告知黑教社社长丁一平博士时，未曾想丁博士也早有此意。于是，我们决定共同规划、编纂并出版这套丛书。恰好这时出版署启动"国家出版基金资助项目"，于是我们与丁博士决定联合申请，并立即着手草拟且反复修改"国家出版基金项目申请书"，承蒙国家出版基金规划管理办公室严格把关定向及评审专家们的厚爱，"中国边疆研究文库"最终荣获"国家出版基金资助项目"。

我们策划、编纂与出版"中国边疆研究文库·初编"的宗旨很明确，就是希冀通过析出晚清民国时代的具有代表性的边疆研究作品，从先人那里汲取经验，从学术层面来解读一些紧要的边疆问题。拟探讨的边疆问题大致有以下几个方面：

首先，我国边疆省区占我国国土面积的 60% 以上，同时又是我国大多数少数民族的聚居地。由于特定的历史条件，边疆地区的经济、文化等从古代开始就与中原等内地省份有着不同的特点。步入近代后，西方列强环伺边疆，边疆地区人民饱受被侵略及丧失家园的痛苦。另外，从古至今，由于特殊区位及诸多条件的限制，使我国大多数边疆地区在总体上处于欠发达状态。在这种条件下，如何在政治上进一步维护国家领土完整、维护边疆地区社会的稳定，如何在社会经济上加快边疆地区的发展、尽快改变边疆面貌、缩小边疆与内地的差距等，都是我们想适当地予以回答的问题。

其次，由于历史与现实的原因，中国与周边国家之间仍存在着一些显现或潜在的问题。譬如中俄、中朝与中印、中哈等国之间的国际河流航行及污染问题；中印之间存在着领土之争；中国与东南亚诸国及中日、中韩之间尚有领海、岛礁、大陆架及海洋专属经济区之争等。

第三，西方国家对华实施文化与意识形态输入，周边一些国家对华进行宗教乃至于极端宗教渗透等，这些都在一定程度上影响着我国边疆的安宁和社会的稳定。

第四，现在，海洋已成为我国经济发展的生命线，我国日益向海洋大国迈进，海上国土的完整与否，已成为中华民族复兴的重要因素。在此背景下，我们应该如何应对，等等。

"中国边疆研究文库·初编"共分为6卷，即综合卷、东北（辽、吉、黑）边疆卷、北部（内、外蒙古）边疆卷、西北（甘、新）边疆卷、西南（藏、滇、桂）边疆卷、海疆卷。所收著作系近代学者撰写的有关边疆的专著、档案文献、笔记、调研报告等稀见边疆名著。"中国边疆研究文库·初编"除了对这些著作予以标点及最低限度的校勘之外，着重予以解读，以便于读者了解原作者的学术生平、图书内容与学术价值及影响。应该说，"中国边疆研究文库·初编"对于我们深入了解近代边疆问题，探寻近代中国边疆与边界的演变，有着重大的意义。

三、"中国边疆研究文库·初编"入选典籍的范围与解题

晚清民国时代，有关边疆及周边的各种文献汇编、资料整理、编辑与出版的成果已经非常丰富，如晚清时代有朱克敬辑的《边事汇钞》（12卷）、《边事续钞》（8卷）、《柔远新书》（4卷）①，陈麟阁编辑的《历代筹边略》②，金匮浦氏编的"皇朝藩

---

① 清光绪六年长沙刊刻本。清光绪七年以后的内容大都收入"挹秀山房丛书"，长沙刊刻本。
② 四川广安州学署刊本，清光绪二十三年。

属舆地丛书"（6 集 28 种）①，胡思敬编的"问影楼舆地丛书"（10 册 15 种）② 等。到了民国时期更是层出不穷，如赵藩、陈荣昌编的"云南丛书"（152 种）③，丁谦撰的"蓬莱轩地理学丛书"（28 册）④，金毓黻编的"辽海丛书"（87 种）⑤，禹贡学会辑的"边疆丛书甲集"（6 种）⑥ 等。还有一部值得一提的丛书是王锡祺撰的"小方壶斋舆地丛钞"⑦。该丛书共 64 卷，收书多达 1 348 种，选书范围广泛，既有专书、地志，也有清人笔记、札记，还有各种传抄本、稿本、亡佚文献等，保存了有清一代珍贵的、相对完整的舆地资料。

晚清民国时代还翻译了许多外国学者或机构研究中国边疆的文献，如重野安绎、河田黑撰的《支那疆域沿革略说》⑧，英国海军海图官局编著、陈寿彭译的《中国江海险要图志》⑨，金约翰撰的《海道图说》⑩ 等。

另外，适应地理学与边疆研究的需要，晚清民国时代还成立了许多专业学会，如成立于清宣统元年（1909 年）的中国地学会，由地理学家、地质学家、水利学家及历史与教育学家组成，著名的学者有张相文、白眉初、黄国璋、丁文江、翁文灏、蔡元培、陈垣、张星烺、聂崇岐、张伯苓等。正式成立于 1936 年的禹贡学会，由顾颉刚和谭其骧发起，刘节、黄文弼、于省吾、钱穆、唐兰、洪业、张国淦、顾廷龙、朱士嘉、韩儒林、翁独健、

---

① 上海，上海书局，清光绪二十九年。
② 江西新昌胡氏京师活字本，清光绪三十四年。
③ 昆明，云南图书博物馆刊印，编印始于 1914 年，1942 年停版。计有"云南丛书初编"152 种、1 148 卷，"云南丛书二编"53 种、254 卷。
④ 杭州，浙江图书馆刻本，民国四年。
⑤ 沈阳排印本，1933—1936。
⑥ 北平，禹贡学会铅印本，1937。
⑦ 上海，著易堂铅印本，光绪十七年。
⑧ 武昌，舆地学会刻本，晚清刻本。
⑨ 上海，经世文社石印本，清光绪二十六年。
⑩ 上海，上海书局石印本，清光绪二十二年。

吴丰培、苏秉琦、侯仁之等著名学者参加。这些学会既出版杂志，又发行图书，以传播相关知识与学术，如中国地学会曾主编"地学丛书"① 等。

关于边疆档案文献的编辑与出版，北平故宫博物院文献馆先后编印了《筹办夷务始末》②《清嘉庆朝外交史料》③《清道光朝外交史料》④《清光绪朝中日交涉史料》⑤《清宣统朝中日交涉史料》⑥《清光绪朝中日交涉史料》⑦《故宫俄文史料》⑧ 等。另有蒋廷黻的《近代中国外交史料辑要》（上下卷）⑨，于能模等编的《中外条约汇编》⑩、王纪元的《不平等条约史》⑪ 等。

另外，边疆地域的地方志与乡土志，基本上省、府、县志均齐备，可谓汗牛充栋。如沿海地区的省志有孙尔准等修纂的（道光）《重纂福建通志》⑫、李厚基等修纂的（民国）《福建通志》⑬ 等，沿海地区的府志有李琬等修纂的（乾隆）《温州府志》⑭ 等，恕在此处不再一一列举。

新中国成立后，特别是改革开放以来，许多学者对晚清民国时期有关边疆研究方面的各类论著、游记、笔记、档案文献等予以整理，或标点或影印出版。卷帙浩大，此不赘述。

"中国边疆研究文库·初编"的主要特点在于遴选典籍范围、入选标准与同类出版物有所区别。同时，对入选各书均予以解题。

---

① 张相文编，天津，中国地学会铅印本，民国二十四年。
② 又称《三朝筹办夷务始末》，北平，北平故宫博物院影印本，1929—1930。
③ 北平，北平故宫博物院铅印本，民国二十一年。
④ 北平，北平故宫博物院铅印本，民国十九年。
⑤ 北平，北平故宫博物院刊行，民国二十一年。
⑥ 北平，北平故宫博物院刊行，民国二十三年。
⑦ 北平，北平故宫博物院铅印本，民国二十一年。
⑧ 北平，北平故宫博物院刊行，民国二十二年。
⑨ 上海，商务印书馆铅印本，上卷，民国二十年；下卷，民国二十三年。
⑩ 上海，商务印书馆铅印本，民国二十四年。
⑪ 上海，亚细亚书局铅印本，民国二十四年。
⑫ 福州，正谊书院刻本，清同治十年。
⑬ 福州刻本，1938。
⑭ 李琬修、齐召南，等纂，温州刻本，清同治五年。

关于"中国边疆研究文库·初编"收入典籍范围、入选标准，大致有以下几个方面特点：

首先，入选图书应是在近代产生过重要社会影响或有较高学术价值者，图书首次出版时间的上限截止到清朝中期；

其次，尽可能选择存世量不多且后来没有再版者，如果已经再版，则选择再版次数极少、印数很少的图书；

第三，按照东北（辽、吉、黑）边疆、北部（内、外蒙古）边疆、西北（甘、新）边疆、西南（藏、滇、桂）边疆、海疆五个方向选书。

关于各书的解题，我们做了以下几个方面的工作：

（1）评介作者的家世、生平履历、学术经历及学术贡献、社会贡献等；

（2）论述图书的撰写背景、内容与结构等；

（3）阐述各书的学术价值，如创始性、突破性、知识性及信息储存价值、文化传承价值和史料价值等；

（4）考察各书的学术影响及社会影响，特别是对今日边界谈判与解决领土争端的作用、对今日人们认识与了解当时社会状态的价值等问题；

（5）探讨各书在边疆研究领域的学术地位，如创建学科、开拓研究体例、转变研究视野、增加研究对象等事宜。

四、"中国边疆研究文库·初编"入选典籍的版本选择与点校

"中国边疆研究文库·初编"尽量选用入选典籍的最佳版本作底本，并以其他版本参校。为了便于更大范围的读者阅读，以简化字排印。在此基础上，做了以下几个方面的点校工作：

（1）为了保持古籍原貌，对于原书中存在的一些明显的错误，如别字、讹误、脱漏等处，予以保留，但参考其他版本，在

标点者认为错误之处加上脚注。

（2）以往的古籍在排版时采用的是传统的竖排形式，此次重新出版采用了横排形式。为保持古籍原貌，我们对原书中的"如左""如右"等词语未做相应的调整，一仍其旧。

（3）为了方便阅读，凡是繁体字均改用简体字。但因清朝民国时期有的文字今天已不使用，没有现成的字可以替换，故仍然照录。

（4）关于少数民族的称谓，有些能够用今天的民族名称替换，但为了保护典籍原貌，我们没有改正，只是加上了注释予以说明。此举纯属基于学术之考量，丝毫没有不尊重少数民族之意，特加说明。

于逢春　谨识

上册目录

西望呼伦贝尔城，殊方政教几经营

——《呼伦贝尔志略》解题

薛海波

程廷恒于 1921 年 4 月—1922 年冬任呼伦贝尔督办兼交涉员。其间，程于 1921 年 9 月至翌年冬在呼伦贝尔督办公署设局，聘请专员张家璠等 51 人集体编纂《呼伦贝尔志略》一书。初稿成后，程亲自鉴定，并于 1923 年铅印成书。

程廷恒，光绪四年（1878 年）生，字守初，号月锄、蘧庐，江苏昆山人。光绪二十六年（1900 年），在取得秀才资格后的第一次岁试中，拔置一等第二名，江苏学政李文诚拟送其到京师大学堂攻读学业。由于程廷恒 4 岁失怙，全赖叔父抚育教养，请求李文诚就近造就，以便养亲，故李文诚举荐其到京师大学堂上海译书分局任编辑员，幸又得局长张元济奖掖优待。迨光绪三十四年（1908 年），徐世昌任东三省总督，其被徐世昌调至东北任官。从清宣统三年（1911 年）至民国十六年（1927 年）仕宦辽、黑两省十六年，历任抚顺、宽甸、安东、复县县知事，呼伦贝尔督办兼交涉员、龙江道尹、黑龙江省省长公署政务厅厅长、代理黑龙江省省长等职。由于其久历官场，目睹军阀专横，诸政难行，加之体衰多病，旋于民国十六年（1927 年）冬急流勇退，在知天命之际乞假归省，退隐昆山，自号退思老人。民国二十五年（1937 年）日军占领苏州地区后，曾携家避难京津，其居所荆园为日寇骑兵占据，书籍字画，细软物品，被劫靡遗，程廷恒历经数年才将荆园部分修缮。1958 年，年已八旬的程廷恒曾将珍藏的《抚顺县志稿》一部，捐赠给抚顺市图书馆。①

一、《呼伦贝尔志略》的编撰背景

程廷恒出任呼伦贝尔督办兼交涉员的时间虽短，但政绩卓著。就任伊始，正是海拉尔鼠疫大肆蔓延之时，"火车阻绝，道路为梗"。程廷恒不顾自身安危，立即采取设防疫处、检查处、隔离所、征菌室，任用中外医护人员等措施加以抵御，海拉尔大鼠疫得以迅速遏制。后经调查，海拉尔鼠疫是由贩卖旱獭而起，为防止鼠疫再起，程廷恒于民国十一年（1922 年）十一月重订《呼伦贝尔区域内禁捕旱獭简章》，严禁旱獭买卖贩运。呼伦贝尔地居东北边隅，文化远落后于内地。为提高当地蒙汉人民的文化素质，培养爱国意识和中华民族的认同感，程廷恒督饬各县筹办学校，在其任内先后成立各类学校十一所。为充实边防，程廷恒将呼伦贝尔辖下的胪滨、奇乾、室韦沿边三县十八卡周边土地，以减缓租赋的优惠条件招徕民众开垦。由于中俄界河额尔古纳河自西南向东北延伸，为加强边备，程廷恒不仅在河坞要隘处派驻警员镇戍，还在额尔古纳河下游各县筹设电报、电话局，借以巩固边防。为维护呼伦贝尔主权，程廷恒在"呼伦贝尔独立"期间，将俄人在毕拉尔河、牛尔河、珠尔干河、温河、伊穆河、各日木、独木林斯卧牛怀、吉拉林、金厂沟、鲁沟等边界地区擅自开垦的 702 坰土地一律收回，改招中国人承种。又对当地蒙旗与

---

① 有关程廷恒的简历，参考了程廷恒在 1944 年所撰的《荆园记》，见于衣学领编《苏州园林历代文钞——纪念苏州古典园林列入世界遗产名录十周年》，《吴门园墅文献》卷二，上海，三联书店，2008。

俄罗斯等外国资本家擅自签订的一些严重损害中国主权的合同进行了相应的处置。收回了俄人在贝尔湖的捕鱼权；将谢夫谦克（杈东沟、巧沟、五奴尔沟）林场改为中日俄合办；暂停了马尔车夫斯克林场的采伐权；将俄人上阿穆尔公司在额尔古纳河及支流各地方的矿场、意大利商人开办的察罕教拉煤矿收回，由中国的广信公司接办；将俄人沈阔维赤马斯连尼阔夫经营的海拉尔河摆渡业，交由呼伦县政府接管，等等。为政呼伦贝尔的切身经历，使程廷恒认识到需要编修一部能够反映呼伦贝尔历史、现实政情的志书，以备"固我藩篱，保我土宇"。

程廷恒主持编撰《呼伦贝尔志略》，还基于他出任呼伦贝尔督办兼交涉员后所面临的严峻政治形势。呼伦贝尔位于当时黑龙江省辖区的西北部，处处与俄为邻。《盛京通志》谓之"北控俄罗斯，南抚喀尔喀，山河险固并重，龙江城西北部一重要屏障也"。自从清康熙二十八年（1689 年）中俄《尼布楚条约》签订后，该地就成为中国防御沙俄南侵的边防重地。19 世纪末中东铁路修建后，大批俄罗斯人相继涌入呼伦贝尔，肆意越界开垦土地，砍伐森林，盗挖矿产。20 世纪初，沙俄侵略蚕食呼伦贝尔地区的步伐日益加剧。1905 年，自海拉尔至莫力勒克河一带，俄人搭盖窝棚 300 余处，蒙包 5 架，男女 1 500 余口，开垦荒甸 12 段，约耕熟地 1 万垧。据 1908 年 2 月 22 日《东三省总督徐与黑龙江巡抚程给外务部咨文》称："额尔古纳河南岸山谷之间，俄人越垦之地已至二千一百八十余垧，沿河修有水磨二十四盘，窝棚六十六所。"同年，沙俄侵占孟克西里卡附近草甸，把额尔古纳河南出之支流作为两国交界之正流，谓草甸系在俄国界中。1910 年春，中俄议定派专员会同勘界。在察勘过程中，俄员多方狡展，强词夺理，肆意强占我方土地。1911 年沙俄在哈尔滨设立"蒙务机关"，笼络呼伦贝尔蒙旗上层人物，策划叛乱活动。1911 年六七月间，俄军逐渐向满洲里边境移动。辛亥革命爆发后，沙

皇将近万军队调至黑龙江省边界。同时，沙俄驻海拉尔领事吴萨
缔诬陷呼伦道黄仕福为革命党成员，煽动革命党人的"排满主
义"对蒙旗大为不利，并以"还羊草木石岁纳巨税"利诱蒙旗额
鲁特总管胜福、陈巴尔虎总管车和扎、索伦旗总管成德诸员响应
库伦独立。民国元年（1912 年）1 月 14 日，胜福、车和扎、成
德等人，在吴萨蒂的指使下，调集各旗蒙兵 1 000 余人，用沙俄
援助的 500 支枪武装组成"大清帝国义军"，反对共和，声言进
攻呼伦城（今海拉尔区）。1 月 15 日，蒙旗叛军占领呼伦城宣告
"独立"。黄仕福"虑以轻升战衅，惹起国际交涉，致贻后患"，
遂率驻守官兵及道署专员退出呼伦城。沙俄取得呼伦贝尔地区的
实际控制权后，开始大肆掠夺当地丰富的自然资源，侵占经济利
权。民国元年（1912 年），俄商先后占用吉拉林金厂、察罕教拉
煤矿。至 1915 年，吴萨缔诱使蒙旗叛军与俄商订立了林场、渔
业、垦种、地皮、矿业合同 54 份。其中渔业合同 43 份，林业合
同 4 份、矿业合同 3 份，租地合同等 4 份。有些合同具有明显的
领土掠夺性质。例如，与上阿穆尔公司签订的矿业合同不是就某
个矿而言，而是就额尔古纳河及其支流各地方订立矿业合同，并
且年限长达 50 年之久。特别是林业合同都没有确定期限，分明
要永久占有呼伦贝尔地区的林业资源。

民国四年（1915 年）底，经过与沙俄交涉，北洋政府与俄国
订立《中俄呼伦贝尔条件》八条，呼伦蒙旗取消独立，以呼伦贝
尔为特别区域，由中国中央政府节制，关税和盐税归中央政府征
收。但蒙旗拥有极大的自治权，除关税和盐税外，一切税收和各
业收入，均作为地方经费。当地政府由胜福叛党武装控制，中国
军队非经俄国准许，不得进入该地区。北洋政府承认沙俄与呼伦
蒙旗订立的各种"合同"。《中俄呼伦贝尔条件》的订立实际上是
使沙俄对呼伦贝尔地区的控制合法化。俄国十月革命后，失去沙
俄军事支持的呼伦蒙旗上层有所觉悟，民国八年（1920 年）请愿

取消特别区域，中国由此收回呼伦贝尔的全部主权。① 近八年的呼伦蒙旗的"独立"，使呼伦贝尔地区的政治混乱、经济凋敝、蒙汉关系紧张、边防卡伦尽毁、匪患猖獗、地方当局与苏俄、白俄的外交纠纷不断。为此，民国九年（1920 年）北洋政府在保留呼伦贝尔副都统专理蒙旗事务的前提下，另设呼伦贝尔督办公署管理全境的司法、行政、教育、实业、交涉、财政、警察、警队等事项，其意图就是要加强对呼伦贝尔的管理，巩固边防，妥善地处理蒙汉及涉俄关系问题。面对呼伦贝尔地区严峻的政治形势，也需要程廷恒编纂一部能够从历史和现实详尽说明呼伦贝尔自古以来就是中国神圣领土的地方志。

二、《呼伦贝尔志略》的内容及编撰体例

《呼伦贝尔志略》全书共近 18 万字，不分卷。该书在目录后附 5 幅图，分别为：《黑龙江省略图》《呼伦贝尔全境图》《海拉尔图》《满洲里图》《呼伦贝尔沿边卡伦对岸俄屯两界详图》。其中，《呼伦贝尔全境图》将呼伦贝尔境内的江河、湖泊、山脉、游牧分界、森林矿产分布、桥梁道路、边卡鄂博、县治村屯及相邻俄屯一一标注。对于考察清末民初呼伦贝尔地区概况具有一定价值。《海拉尔图》《满洲里图》则将呼伦贝尔副都统官署、呼伦贝尔督办兼交涉员公署、警察厅、铁路交涉分局、理事会、镇守使官署、哈满护路军司令部、中国海关、东三省银行等中国官厅、俄国领事馆、苏俄远东代表处、日本领事馆、俄国中学等俄日机关所在地及主要街道分别标明。两图对于考察民初海拉尔、满洲里两城的城市规划和发展概况具有重要的参考价值。《呼伦贝尔沿边卡伦对岸俄屯两界详图》，则详细地标出了呼伦贝尔沿边各卡伦及对面俄屯的分布情况。《呼伦贝尔志略》成书至今呼

---

① 有关沙皇策动呼伦蒙旗独立的相关内容，参看刘家磊：《沙俄与呼伦贝尔"独立"》，载《北方文物》，1983，75 ~ 77 页、79 ~ 80 页。

伦贝尔地区的边界大体没有变化，因此该图是了解民初至今呼伦
贝尔地区边防设置和边界位置的重要资料。

全书分37个目，囊括了呼伦贝尔地区的政治、军事、舆地、
经济、民族诸方面。

其中"山水"目将呼伦贝尔地区的大兴安岭、额尔古纳河、
呼伦湖等山川河流湖泊的得名、位置、走向的大体情况等记载得
十分翔实。

"方舆沿革"目记载了该地从上古黄帝传说时代至民国九年
的行政区划和沿革变迁。

"沿边形势"目记录了呼伦贝尔地区沿边的地形、地貌、边
防要地的分布情况。

"建置"目主要记载了呼伦贝尔地区的城池、官廨建设，市
埠、村屯分布，以及边防鄂博和卡伦的具体情况。

"官制"目记载了从雍正五年至民国十年呼伦贝尔地区的设
官分治情况。

"边务"目简要地记载了自康熙二十八年《尼布楚条约》签
订后至民国十年中方对呼伦贝尔地区边务的经营举措。

"外交"目详细记录了《尼布楚条约》签订后至民国十年中
俄关于呼伦贝尔地区的边界界务、中东铁路的修筑和管理权等外
交交涉。

"兵事"目记载了从五代末年至民国六年当地爆发的主要
战事。

"军备"目记载了从雍正十年开始派兵设防呼伦贝尔地区，
到民国九年设海满警备司令部期间的兵制沿革情况。

"司法"目记载了民国初期呼伦贝尔地区的民事刑事案件的
审理和历任的司法官员的任职情况。

"警察"目记载了民国初期呼伦贝尔警察厅、各县警察所、
特别区警察、铁路警察的数目、驻地和重要事件。

"清乡"目记载了呼伦贝尔地区除警察外的保卫团、商团、游击队等武装情况。

"市政"目记载了清末民初呼伦贝尔地区的具有市政机关职能的铁路交涉局与海满公共理事会的相关情况。

"防疫"目主要记载了清宣统三年至民国十年呼伦贝尔地区的鼠疫流行及地方当局的灭鼠措施。

"交通"目记载了清末民初当地的邮电、道路、水路、航桥、中东铁路经行站点等分布建设情况。

"财政岁出入"目记载了清末民初当地的国家和地方财政收入支出情况,其中民国十年的财政出入最为详细。

"宦绩"目记载了清后期至民国初期一些呼伦贝尔地方主要官员的政绩。

"民族"目记载了当地汉族、蒙古族各部的基本情况。

"户口"目记载了民国十一年调查所得的呼伦贝尔各县的汉族、蒙古族及外侨人数。

"宗教"目主要记载了呼伦贝尔蒙古族各部信仰的萨满教和喇嘛教的情况。

"礼俗"目记载了呼伦贝尔地区蒙古族的服饰、饮食、婚嫁、丧葬、器物、祭祀等习惯和风俗。

"人物"目记载了从元到清历代呼伦贝尔所涌现出的众多蒙古族英雄。

"选举"目记载了民国初期呼伦贝尔地区参众两院及省议会的选举情况。

"教育"目记载了清末民初呼伦贝尔地区各种教育的发展。

"商业"目记载了清末民初呼伦贝尔地区的金融、工厂、蒙旗贸易及各县商会的基本情况。

"垦殖"目记载了民国九年呼伦贝尔地区各县的耕地开垦和俄人越界开垦的相关事宜。

"牧畜"目记载了呼伦蒙旗各部的牧界分布情况。

"森林""渔猎"两目记载了民初呼伦贝尔地区伐木业、捕鱼
业的发展。

"物产"目记载了呼伦贝尔地区的动物、植物、矿物种类分
布、盐碱地区域和俄商的探采情况。

"古迹"目记载了呼伦贝尔地区自辽金以来见诸史籍的山河、
古城、战场、墓地、景观等。

"艺文"目收录了从清朝到民初康熙皇帝、张作霖、宋小濂、
林传甲、程廷恒、郭文尚等人有关呼伦贝尔地区的祭文、谕令、
诗文、调查报告等历史文献。

"蒙旗复治始末"目记载了清宣统三年至民国九年呼伦贝尔
蒙旗"独立"事件的大致经过。

"善后年事记略"目记载了民国九年二月至民国十一年十二
月，北洋政府设立呼伦贝尔善后事宜及呼伦贝尔交涉员处理相关
涉俄等涉外关系及处理蒙旗相关事务的大致情况。

在编撰过程中，程廷恒对于涉及山川、沿边形势、国界疆域
等事类，取材多以实地勘察为主，其目的在于获得第一手资料，
以便他日对俄界务交涉有所依据。对于方舆沿革、边务、外交、
兵事、官制等影响呼伦贝尔一地诸事类，程廷恒则不拘于志书体
例不载公牍的程式，以裨益行政为主旨，大量引用、载录当地政
府的档案、公文、条陈、简章、电报和涉及呼伦贝尔地区的中外
条约等，如《呼伦贝尔督办公署暂行条例》、清末呼伦兵备道宋
小濂所撰的《筹边条陈》《呼伦贝尔区域内禁捕旱獭简章》《呼
伦蒙旗请愿转电中央取消特别区域文》《内务部咨黑龙江督军明
定旗署左右两厅职权》《中俄东省铁路公司合同》等。其目的在
于力求向继任者和相关方面提供最为翔实、客观的历史文献资
料。为了便于考察呼伦贝尔地区各项事务的基本情况，程廷恒绘
制了大量的表格，对森林、渔猎、物产、财政岁入、市埠、村

屯、陆界鄂博、卡伦、官制、司法、警察等事类进行了罗列和统计，大大方便了为政者的利用和参考。

三、《呼伦贝尔志略》的价值

《呼伦贝尔志略》（以下简称《志略》）是当时中国第一部反映从清朝前期到民国十一年（1922年）期间，呼伦贝尔地区整体情况的官修地方史志，是考察呼伦贝尔地区由清代到民国初期发展历程的重要历史文献。

《志略》以呼伦城为中心，通过实地调查，将呼伦贝尔地区境内山脉的位置、地势，河流的发源、走向，湖泊泉泡的大体情况载之于文字，为后人了解呼伦贝尔地区地理环境及其变迁提供了历史依据。《志略》所记录的呼伦贝尔地区自雍正时期至民国十年的行政建置、呼伦贝尔境内中俄陆路国界鄂博及沿边卡伦的沿革、分布、弁兵数目，当地驻军情况，是考察清朝至民初呼伦贝尔边防守备情况的重要材料。《志略》对呼伦贝尔官制的沿革、员额设置、历任副都统、副都统衔总管、兵备道、副都统、督办兼交涉员、呼伦贝尔各县知事等职别官员的姓名、籍贯、任职接续情况及各自所辖的具体属官的记载，则为研究清朝、北洋政府对呼伦贝尔地区统治政策变迁的重要参照。

《志略》所载的有关俄国借中东铁路的修筑大肆攫取呼伦贝尔地区铁路沿线及附属地的森林、矿产、土地等资源的经过，策动呼伦贝尔蒙旗独立的前因后果、俄国十月革命后中国对于中东铁路路权的交涉及呼伦贝尔地区苏俄、白俄双方武装冲突、1917年受日本关东军少壮派军人和川岛浪速支持的科尔沁蒙匪、"宗社党"成员巴布扎布攻占呼伦城等诸多内容，是我们了解清末民初俄日帝国主义势力侵略呼伦贝尔及呼伦贝尔地区政治局势的主要资料。《志略》对于呼伦贝尔地区的民族、人口、经济发展、宗教信仰、社会风俗、资源物产的记载和调查，是现今我们认识清末民初呼伦贝尔地区蒙古族各部生产、生活的重要史料。

　　《志略》除了大量征引政府文书、历史文献之外，还载有大量的有关呼伦贝尔政治、经济、社会风俗的书文。如清康熙皇帝《祭克鲁伦河神文》《登兴安大岭歌》、奉系军阀张作霖所作的《呼伦贝尔召集全旗大会训词》、清末呼伦贝尔兵备道宋小濂所写的《呼伦贝尔边务调查报告》《呼伦贝尔寿宁寺市场记》及呼伦贝尔地区蒙旗新型知识分子代表人物、呼伦贝尔蒙旗学校校长郭浚黄（道甫）所撰的《为蒙古代祷文》《随扈吴军长重莅海满两埠誓师》等，都是各亲历人从不同时段、不同角度对呼伦贝尔地区地理、政治、历史、现实情况所抒发的感受。这些是研究清朝至民初的最高执政者、东北当局、呼伦贝尔地方官吏、当地士绅、知识分子经营呼伦贝尔边防，维护呼伦贝尔主权的重要资料，也是证实呼伦贝尔地区自古以来就是我国神圣领地的有力证据。因此，《志略》对我们今天了解、研究呼伦贝尔地区在清前期至民初的政治形势、边防得失、经济发展、蒙汉关系、中俄外交纠纷、社会风俗、清朝和民国政府对呼伦贝尔乃至东北的边防政策、统治方式的演变有着重要价值。

　　常言"乱世无边防、弱国无外交"。然而《志略》中"边务""外交""兵备""艺文"诸目在记录沙俄节节侵边，我国步步退让、边吏昏聩无知丧失利权的同时，更保存了大量呼伦贝尔地区蒙汉边民、官吏、士兵、东三省地方当局乃至北洋政府中的爱国人士不畏强权、不惧艰险，义无反顾戍守边防、据理交涉维护国家边防的历史资料。这些对于研究现今呼伦贝尔地区边界能够大体维持清末时期态势的历史演变过程具有重要价值。又如，清末清政府在内蒙古地区推行的以"移民就垦""遍设州县"为主的新政对于抵抗沙俄的侵略，固守边防起到了一定作用，但是新政也是促成普通蒙古族的贫困化、蒙古王公政治经济利益受损的一个重要原因。虽然《志略》材料的选取和编纂主要着眼点是巩固边防，但是《志略》所记录的呼伦贝尔地区的垦殖、官制变化，蒙旗自治始末等目，则为研究清末内蒙古新政与蒙古族对待中央政府的"统独"态度、蒙汉之间的政治经济关系提供了一些有价值的史料。总之，由于《志略》属于呼伦贝尔地方当局集中力量精心编撰的，因此无论是从史料的选择上，还是编排的体例上，大体做到了准确、客观、翔实，是我们研究呼伦贝尔地区清后期至民国初年历史的一部重要史料集。由于该书成书于民国十二年（1923年）冬，印数也少，在近90年后的今天已实难寻觅，因此，该书的标点整理应能为东北边疆史的研究提供一些史料帮助！

《呼伦贝尔志略》标点说明

薛海波

《呼伦贝尔志略》一书于民国十二年由上海太平洋出版公司印刷成书。本书即根据该本标点。

1. 本次标点一律使用规范简化字加标点，并按现行行文规范及志书的内容实际对原书进行合理分段。

2. 尊重所据版本，负责志书的断句、标点和必要的纠谬工作，不妄加妄改。对生字、生词和历史典故不作注音、释义、考辨，以利于文本整洁。

3. 原书所引古籍文献，均以书名号标示。所引古籍文献原文均加引号，所引古籍文献的大意则不加引号。

4. 原书使用序号与现行标准不一，点校时按现行语体文规范一并改正。

5. 原书中的小字注释，均以〔　〕形式标出，并且字号比正文小且字体为楷体。

6. 原书有少部分文字传写有误，为保持典籍原貌，一仍其旧，望读者有以正之；原书亦有部分称谓有误，为保持典籍原貌，一仍其旧，不代表本书观点。

7. 为方便读者阅读，本书表格中部分数字用法依照现代汉语规范已作处理，其他数字用法均照录原文。

呼伦贝尔志略

程廷恒 鉴定

东三省保安总司令
张作霖

黑龙江代行省长
于驷兴

前任黑龙江督军兼省长
孙烈臣

黑龙江督军兼省长
吴俊升

前呼伦贝尔兵备道

宋小濂

东省特别区行政长官兼东省护路军总司令
朱庆澜

黑龙江军政公署秘书
袁金铠

督办呼伦贝尔善后事宜兼交涉员
程廷恒

前任督办呼伦贝尔善后事宜兼交涉员

钟毓

呼伦贝尔镇守使
张明九

黑龙江警务处处长
高云昆

请补呼伦贝尔兵备道
毛祖模

呼伦警察厅长
郎官普

奇乾县知事

李玉琛

前任胪滨县知事
赵春芳

哈满司令部参谋长
许光耀

前呼伦县知事
郭曾煜

呼伦县知事
阮希贤

督办公署志书编辑处职员

督办公署志书编辑处中外职员

序　　一

呼伦贝尔者地控胪胸，界连峨特。昌意就国，本轩帝所分封。和叔司天，亦幽都之。是宅迫胜清之肇，迹属殊俗之倾忱。达呼尔以献地归诚，鄂罗春乃设官统治提封亘二千里。久安水草之居，王气终三百年，倏遭沧桑之变。国家谕蒙隽惠绥远，推仁当三省之图。新喜九年之复治，眷鸥鹑之东徙，式怀好音，望牛马思之南眠，咸知德意际此。五戎不距百度，唯贞不有剀今甄古之书曷，裨设治筹边之政。然而稽旧志则乏原，编囿偏隅或失全局。访辽金元之迹迁贸为多，辨汉蒙满之言沟通匪易。徒循成例，将毋胶柱贻讥。欲拓初基，亟赖操觚从事。程君守初以督办善后之余，作创始开先之举，轮鞅国典杼轴。予怀置专局以经营，荟群才为纂辑，不逾二载衷成巨编。综其要端，厥有数事。在昔舆图仰符，天度里差所判气候，攸分是编，密测极高。详稽赤纬叙寒，沍则千岩留雪。述髯发则四序恒风。羊胛未熟，而夏夜阑。驹暑迅过，而冬晖促。旁稽戴记地圆之义弥彰，上溯虞书日短之文。斯验是曰审天时，其要一也。山河之纪志，乘所先干支，果善其区分。郡县固无容拘泥，惟取纡回之众。水显作界，画于群山。若纲在纲如骖从靳，而且定内兴安岭为索岳尔济之支，辨海拉尔河为额尔古讷之委。或引《辽史》实其地，或为《会典》纠其疏，可补官书，有功国界。是曰甄地形，其要二也。

册里设卡，三路查边。初仅自慎封疆，犹未密施亭障。乃自庚辛两役迭受摧残，致令戊己诸屯遂形寥落。藩篱既毁，垦猎纷来。越陌度阡，洞胸达腋。近则防军由游牧制度渐进屯田，司法自军事机关改为民治，扼河坞驻数十名之警，沿边境增十八卡之兵。变嬗日繁，掎摭从实。是曰重边备，其要三也。溯中俄之交涉以尼恰为权舆，东路既贯我户庭，北门遂失其管钥。始之以四万余晌之展地，继之以五十余分之合同，逞彼狼贪巧施狙诈洎乎！近岁渐挽倾辀，凡贝尔湖之渔业权、东沟之林区、孟克西里之沙滩、察罕敖拉之煤矿，或收回，或合办，或抗争有效，或商购而归。补牢而未慨，亡羊展卷，则可窥全豹。是曰慎外交，其要四也。若夫复治存其颠末，善后揭其纲维。献可考，而文可征。年为经，而月为纬，所闻所见，广挹群言。其事、其文远关大计。斯又备弛张之龟鉴，不徒镜得失于狼胿已嗟乎？黄龙罚酒，空忆前盟。苍狗幻衣，几经世变。画疆缔约错铸铁，以难追固圉图强。俗祛金而可厉，所冀守在四境。常谋华裔之相安，且欣才备九能，不愧山川之善说。

民国十二年冬，东三省保安总司令张作霖序。

序　二

考呼伦贝尔自黄帝以来已入中国版图，若肃慎、若室韦实建国于此。厥后势殊名异，代有记载注于本篇。第不过民族兴灭，土地分合而已。有清之初，统一藩属，创置行省，呼伦贝尔划为黑龙江省治焉。沿及俄罗斯东侵尼布楚，定界约额尔古纳河迤北之地遂为俄有。带水相望，华戎界绝。边防之务，此隅因凤重矣。民国开元，库伦独立，呼伦蒙旗响应。余以己未冬提师防东北，奉命规复。无何呼伦归政，改设呼伦贝尔善后督办，增胪滨、室韦、奇乾、呼伦四县治镇抚。数阅月低，徊凭吊默察大势，以为外交兵政之扼要在乎此。慨然欲有所兴作，而未逮也。比至辛酉，来督黑龙江军务兼长民政，益以为门户不修，非所以安堂奥也。巡行海满颇思图维防守之责，务委诸所择任之贤才焉。而昆山程君廷恒适观察是区，更于治事之暇撰集《呼伦贝尔志略》一编。纲举目张备见详尽，内政兵赋诸端而外，尤于外交之大引古筹今，罔不鳃理而甄录之。其从政之才，可观也。今夫北顾赤塔政变未已，抵隙思逞谋优方殷备御之形。视前愈亟西望库伦，权出女主，宗旨靡讬煽惑易入，意外牵掣亦足隐忧。此日之呼伦贝尔当乎其卫，实为关键。如谓仅恃镇将守官为严圉之寄，不求变通以尽其利。岂所以因应时会，而济大艰于无外哉？

后之留心边事者，省览于斯，倘有恢廓其规而为国防之至计乎？是不独程君之志与余之私愿也。

己癸亥八月历城吴俊升

序　　三

中华民国二年令颁外官制，订三级曰省、曰道、曰县。于是黑龙江请以旧设兵备道，改设道尹有四。在省之东南者曰绥兰，在东北者曰黑河，在西北者曰呼伦，在省会者曰龙江。是时，呼伦不奉中央命令者已三年矣。四道之设，独呼伦缺如也。顾沃野千里，粟如邱山，人民富有者绥兰道属也。藏金于山，争利于市，俨然一大都会者，黑河道属也。诺尼带其北，阿里绕其南，中又有东路以贯穿之，轮帆铁轨四通八达，为全省中心点者，龙江道属也。而呼伦贝尔以言农事，则不如绥兰。以言商务，则不如黑河。以言交通，则不如龙江。三道比互，岂非相形见绌者乎？然地各有利，未可以一例论也。且夫地利之可辟者，视乎物产之丰啬、文物之开化者，视乎人事之经营。而呼伦贝尔南控内外蒙古，西接悉比利亚，其形势之重要可知矣。根河以北土多肥沃，昔为外人越垦。旧地多在额尔古纳河右岸，其宜于农事者可知矣。环兴安岭之支脉河流，皆为矿产、森林所蕴蓄。吉拉林、扎免河特其一部分耳，其宝藏未兴者又可知矣。且其鱼盐之利、水草之丰湿湿者，其耳千百濈濈者；其角万千、皮革、羽毛、山菌、酪酥尤其特著。设使国家财力足以充裕，山林开而褴褛兴，草莱辟而风俗易。移民饬边，岁时互市。据雄关之险要，扼东路之门户，内政修明而外患无虞。岂仅驾三道而上之，将为西北开一大重镇，而雄视欧亚者，其在兹乎？曩者（驷兴）问俗此邦曾建末议，不久于位而他迁。今守初督办以远到之才具经世之略，于取消自治之明年莅任斯土，政理民和之余，搜集山川、方域、风俗、土物辑成《呼伦贝尔志略》一书。吾知守初之志固不在于一代文献也。如仅以文献视之，岂守初之志也乎？是为序。

中华民国十二年岁次癸亥中秋，寿县于驷兴拜撰。

呼伦贝尔志略叙

呼伦贝尔在黑龙江省之西北，纵两千余里，横及少半焉。大兴安岭峙其左，额尔古讷河环其右，东省铁路贯穿之。民族强悍，物产殷阜，诚天府之雄图也。顾气候高寒，清以前货弃于地，亦仅为游牧部落而已。自与俄罗斯订立专约以来，外交繁兴，绥辑蒙旗，设官分治。爰简派大员驻扎，是间俨然为边徼重镇。枋国者所当经营，缔构日不暇给者也。徒以幅员辽穷，志乘阙略，蒐茸考证，寂焉无闻。虽亦有骚人墨客发为诗歌、走檄飞书，但有札奏乌足以昌明文化，垂示方来。谨按今之呼伦贝尔善后督办，即昔日都护、兵备道之改制。昆山程君守初廷恒筦领是邦，内外措施，策略渊茂，更于筹边之暇，征辟名彦发箧陈书，以验诸古先植，圭测景以，寻诸幽缈，山川人物，载在典章，绘图列表，灿然大备。洵迁固之，良才光修之巨制也。乃不自满，假标厥名曰《志略》。其详其慎，概可想见。庆澜曾长江裔，久亲风雅，经济文章，实所心折。兹者治军滨关，猥承示以鸿著簿书。鞅掌烟墨，滋无讽览。玉再不敢以不文辞辄手述崖，略以告当世之读是书者。

中华民国十二年十二月 山阴朱庆澜撰并书。

呼伦贝尔志略序

　　修志书难，修志书于朴固荒漠之愿尤难。呼伦贝尔一隅为蒙旗游牧地，榛莽僻塞，文献寥寥，现修志书几于无。枞着蔺昆山程君守初，以民国十年四月督办善后事宜。兼仕交涉，员抚辑蒙旗，接洽外人，信孚事举治，效大能暇，则偕其僚友，搜集旧闻，纂为志略。哀然成卷，斐然有章，可谓独为其难者，贤者所至，必异于人。君曩官吾奉、抚顺、宽甸、复县，政绩卓著，有口皆碑。公系曾各著志书若干卷。兹志略之辑，各曩昔时而艰难，倍尝良良心苦。夹呼区地接俄疆，当国家多事之时，曾宣告自治，民国九年黑山孙赞尧督军，茫江宣布国家德意，蒙旗翕服，取消自治，余时忝长秘书，参预帷幄，今观志略所载，大好河山经营有待，窃愿宜斯土者，兴蒙旗诸君，励精图治，奋发有为，蔚为国家东北重镇，以严肩锁玥，固我金汤，庶不负程君修志之苦衷。亦余之所切切盼祷者也。

　　民国十三年五月十五日，辽阳袁金铠书于滨江秦冈之兆佣寄庐。

序

间尝博征旧典，遡溯前型。见夫使绝域，备边圻者，秉节以出，备轺车而归，或土物载自殊方，或道里详其险夷。车尘马足之所经，即为通道开疆之先导。职方有纪形胜，朗若列眉焉。亦有坐领斗州，分符跨郡，稽人民社稷之迹谱，损益因革之书，美刺播为歌谣，言行传自耆宿，里乘所登辎轩，所采不出户，进而利病得失，数计烛照焉。廷恒筮仕伊始，心即拳拳于斯。十余年来，供职奉天于抚顺、宽甸、复县，既各著有邑志，以开其先例。今且忝膺间命，督办善后于呼伦贝尔。考呼伦贝尔属黑省西北之一道，当沙漠以北，民混汉蒙而居。征诸古史，夙在黄帝疆理之中。辽金以来，民族之兴灭不一，土宇则分合靡常。所谓天时、地利、物理、人情，僻在荒服，判然与中土不同。举凡疆域异势、山川异形、寒燠异候、壤土异质。言治术，则政教异施。验民气，则刚柔异禀以及衣服、饮食、居处、器用之异，宜金、石、草、木、鸟、兽、虫、鱼之异产，识大识小，掌故攸关，是必有志焉。以条分缕，析夫而后，形形色色不至于与年代以俱湮而。况族杂俗糅土著，与流寓异习。华疆夷界、天堑与人，限异区民事、国防尤均溯根本揭橥乎！廷恒观督是邦，采风询俗，不敢言巨细之靡遗，而对于古今中外之兴废，黍除则务孜孜然。悉心蒐讨闻见，所及辄笔之于书。爰即署中设局，聘任专员从事编校不二年，而全志以就。惟是署无余款，劝募多艰，剖劂费巨，事几中止。军长吴公倡捐于前，热诚赞助。诸君子继起于后，而属辞比事，遂由是衷。然以观成，有初靡终。吾知免矣。顾念为政有宏，规当务其大者、远者是斤斤焉。拾遗订坠，曾无当于筹边、定远之经，或且贻讥于肤末。然以网罗散佚，作敷政之壤流，则此区区之实录一编，其亦在官言、官之说也欤。

中华民国十一年十二月　昆山程廷恒识

凡例

一、志书一事与史册相表里，考献征文实未易易。呼伦贝尔僻在荒服，搜集尤难。廷恒莅任后呈请省长照准编辑本志事。同速成政为创举，其详不可得闻，故定其名曰《志略》。

二、志书记载有仅以文字形容而不能了然于心者，如疆域形势、山水界限、道路交通、行政区域一切非有绘图未易明晰。本志排列总分各图弁诸卷首，以便阅者心目瞭然。

三、编辑志书体例不一。本志自地图以下，约以天地、人物先后记列。惟事实繁简不同，不能特标分门，仅各从其类以为目次。

四、本志虽不分门而以类相属，亦略有次序。如地舆类则先天然地理，次而国定界域。人事类则首官厅行政，次而地方自治。物产类之析为动、植、矿各宗皆是。至于古迹、艺文仅供谈诵之资，无关政要，则又次之。而蒙旗复治与善后年事均属近时笔录，且以特别记载，无类可归，故以之缀于编末焉。

五、本志为图六，为目三十有七，以事相属。但有类可归者，均附于各目之内，不另标目，以避芜杂。

六、本志取材以实地调查为主，引用他籍为辅。所有引用各种图书，另列细目以附于后。俾知言有本源，以免杜撰臆断之诮。

七、本志采用书籍卷宗以关于本属事项为限，亦有原文关于全国或全省事项者，并照录之以备参考，但于说略中均截清其界限。

八、本志采用各书，若一一详注不胜其烦。惟于援古证今或须考究之处，则旁注见于某书或录自某书，以取证信而便检查。

九、本志传今与述古并重，搜罗采访不厌求详。如方舆沿革、边务、外交、兵事诸大端关系尤巨，本志旁征博引不敢谓穷原竟委，而概略情形或无大谬。

十、呼伦贝尔全境三面邻俄，国防国界均须特别注意。本志于陆界鄂博、水界卡伦既绘图列表，并将对岸各俄屯注载图中，以为边备之助。

十一、我国旧日图志如《黑龙江图》《黑龙江外纪》《黑龙江述略》《大清一统志》诸书，皆以呼伦湖为额尔古讷河发源。新刊《江省呼伦道属水路边界图》并有以额尔古讷河右之支流，注为老额尔古讷河字样，未经实勘以讹传讹。俄人占界历来以为口实。兹经实地调查，额尔古讷河源实出自海拉尔河。本志详加订正不敢附和旧说，于山水、外交各门重申疏解。于全境边卡各图改线添注，以便他日界务交涉有所依据。

十二、本志风土人情以本国为限。其在海满两埠与沿边卡伦之各俄侨礼俗殊异者，概不采入。但于境内所设置之学校、银行、理事会等项，并各国外侨户口则均附注于各类中以重主权。

十三、境内山水、村屯、驿站、鄂博、卡伦各名称俄蒙音语译述歧异，本志详加较正以归一律。其有音同字异均为土俗，所沿用者则于附记中注明而两存之，以免误会。

十四、志书体例不载公牍。惟呼伦贝尔处于特别地位，本志又以裨益行政为主旨，如宋小濂之筹边条陈、蒙旗复治前后之省部电咨各文均关政要，故宁蹈兹例之非，录之以备参稽。

十五、本志之成首经列宪赞同，次由僚属协助一依先例，撮以分合，各影留存简端以志缘起。

十六、本志编辑、绘图、采访、译述、校对各人员分职任事，集益较多，劳不容掩依例备列卷尾，以存纪念。

十七、本志目请准创始迄于编辑竣稿时间不及二年，仓促成帙，挂一漏万之处在所不免，统俟后来博洽君子增补而订正之。

目　录

采用各种图书目录

《黑龙江省图》　　泰县缪学贤著。

《黑龙江省最新图》　　闽侯林传甲著。

《黑龙江全省舆图》　　黑龙江巡按使署编制。

《新勘黑龙江省呼伦道所属水陆边界图案》　　黑龙江省公署。

《辽史》。

《金史》。

《元史》。

《明史》。

《新元史》。

《元朝秘史》。

《蒙古游牧记》　　平定张穆石州著。

《大清一统志》。

《盛京统志》。

《东三省纪略》　　合肥徐曦炎东述。

《龙沙纪略》　　桐城方式济著。

《黑龙江外纪》　　满洲西清著。

《卜奎风土记》　　桐城方观承著。

《卜奎纪略》　　吉林英和著。

《雅克萨考》　　光泽何秋涛著。

《尼布楚考》　　光泽何秋涛著。

《龙城旧闻》　　徐卿魏毓兰馨若氏编辑。

《黑龙江》　　泰县缪学贤著，东三省筹边公署出版。

《黑龙江乡土志》　　闽侯林传甲著。

《龙江诗集》　　闽侯林传甲著。

《边声》　　吉林宋小濂著。

《边务采辑报告书》　　滦县赵春芳著。

《蒙署册报志稿》。

《呼伦贝尔官制案》　　黑龙江省公署。

《黑龙江调查记》　　倪道甫著。

《鄂伦春调查记》　　滦县赵春芳著。

《最近十年中俄之交涉》　　远东外交研究会编。

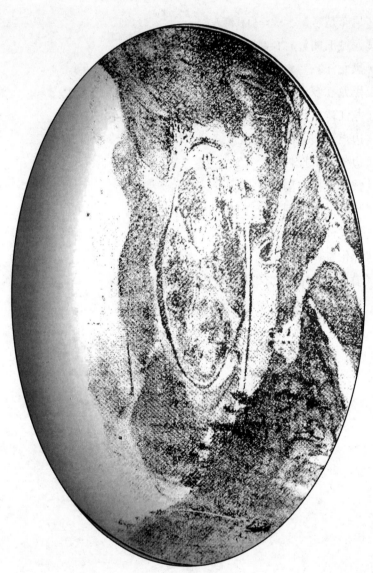

东省铁路经过兴安岭山洞图

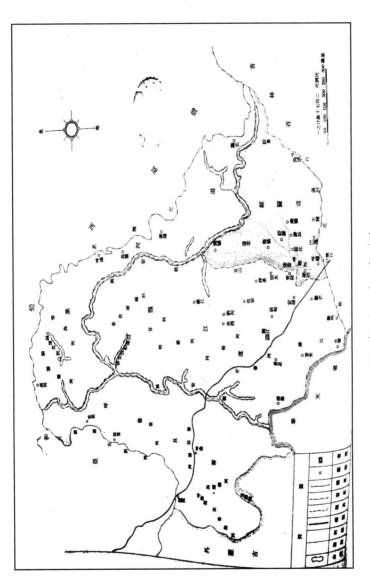

黑龙江省全图

呼伦贝尔全图

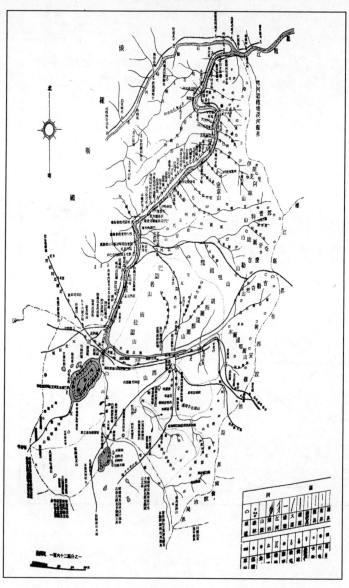

海 拉 尔 图

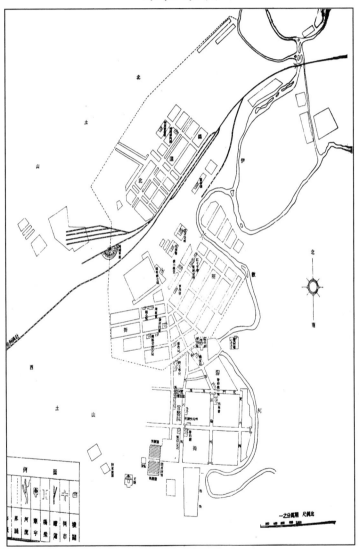

满 洲 里 图

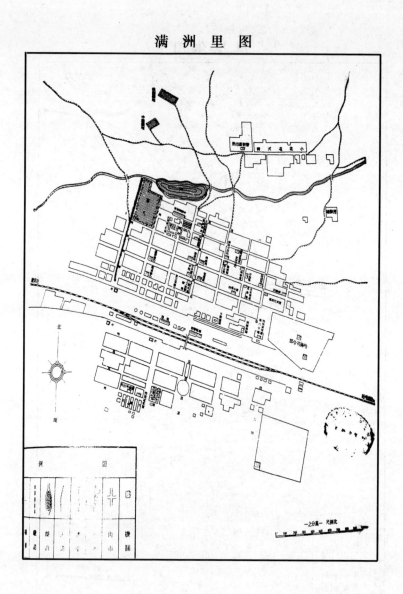

呼伦贝尔沿边卡伦对岸俄屯边界群图

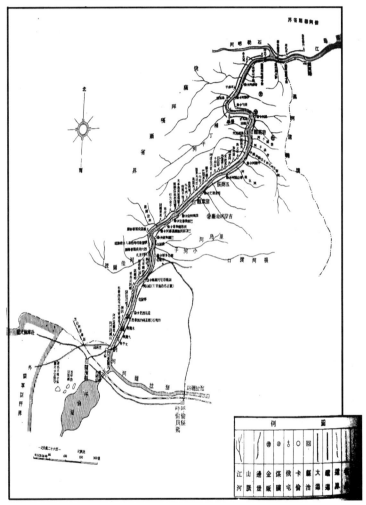

经纬度及昼夜时刻表（气候附）

经纬度及昼夜时刻表（气候附）				
	起讫别 经纬别	起		讫	
经纬度	经	东经 3 度		东经 5 度 30 分 48 秒	
	纬	北纬 46 度 11 分 28 秒		北纬 55 度 1 分 15 秒	
	南距热带	23 度 41 分 28 秒			
	北距寒带	9 度 59 分 45 秒			
昼夜时刻	时刻别 气候别	日出	日入	昼长	夜长
	夏至	寅初刻 13 分 54 秒	戌正初刻 1 分 6 秒	66 刻 2 分 12 秒	29 刻 12 分 48 秒
	冬至	辰正初刻 1 分 6 秒	申初刻 13 分 54 秒	29 刻 12 分 48 秒	66 刻 2 分 12 秒
备考	按表经度在京师偏东，系由北京天文台起算。纬度由赤道起算。又按《海国图志》载元伐北方，夏至昼长夜短，日入煮羊胛未熟，东方已曙。《异域录》云漠北夏至前后夜不甚暗，夜半犹能辨棋。今呼属夏夜极短无灯可辨字迹，足征古说不谬				
附记	按呼伦贝尔地势极高，昔人有上天边子之语。四时之气多风，春秋震漠，惊砂飞扬尤甚。夏历三月秒始解冻，兴安岭阴有经年不释之冰。四月不时雪霰。入夏偶暗，当午极炎。蚤莫仍凉如深秋。六月掘地五尺犹冻。七月已霜，草木黄落。八月降雪结冰。十月河道畅行扒犁。冬则严风砭骨，出门嘘气成霜。行旅每有冻坠耳鼻者。西清氏《黑龙江外纪》谓呼伦贝尔气候极寒良然				

山　水

　　呼伦贝尔地脉蟠结，山水雄奇。境内峻岭、大川、洪泽叠嶂，左潆右带，允为地理上之大观。其他岩岫支分，水流蓄泄，凡有名称可按地址可考者，各从其类亦备载焉。

山　岭

　　内兴安岭，一名大兴安岭，又曰西兴安岭［蒙语"大石"译言"兴安"二字］。曰内者，对外兴安岭而言之也。考其山脉自中国西部葱岭东走而来［按葱岭山脉分南北两干。北干为天山、为阿尔泰、为杭爱、为肯特。肯特之分支，则尼布楚岭，捏尔臣斯克岭也。其正干为外兴安岭。南干为昆仑（西藏北、新疆南）、为祁连、为焉支（青海北、甘凉一带）、为贺兰（阿拉善）、为阴山（河套及杀虎口）、为白岔（多伦诺尔东北）、为苏克斜鲁（巴林旗）、为内兴安岭］，至呼伦贝尔境内，结而为内兴安岭。傍额尔古讷河东岸及黑龙江南岸，蜿蜒于江省之北部，作半环形。其起脉在伦城西南六百七十余里，与喀尔喀车臣汗乌珠穆沁并科尔沁分界处，曰索岳尔济山。向东北行四十余里，曰霍谢嘎勒山［一作霍夏乌尔］。安巴尔辉河、吉哈尔详河［一作大温泉、小温泉］二水出其北麓。又东北曰特尔根山、特尔根河于山麓出焉。自此东北行一百二十余里，曰阿鲁塔尔奇岭。折而北行五十余里，曰穆克图尔山。依敏河出其北麓。再折东北三十余里，曰塔尔奇山，高与穆克图山相等，塔尔奇河出焉。自此稍北折而东行二百九十余里，至凯河发源处，土人始以兴安呼之。所出之水均归扎敦河而入海拉尔河。再北曰绰罗图山，扎敦河源所由出也。向西北分出一支，行一百五十余里，抵乌育勒和气河发源处。又西至扎敦河东岸止。正脉仍向北行六十余里，曰吉勒奇老山。海拉尔河源由西麓出焉。又北行七十余里，为哲尔古垒河发源处。再北一百六十余里，曰雅克岭〔一作叶克达巴干〕。支脉东出入布特哈界。正干北行一百三十余里，山势突起，众峰排列者曰伊勒呼里阿林山，为兴安岭之最高峰。特勒布尔河、喀布勒河、鄂勒霍诺河、根河、牛耳河均由山之西麓出焉。横出一干，东行走布特哈、墨尔根、黑龙江各界。北面所出之水入黑龙江，南面所出之水入嫩江。一干仍西北行二百五十余里，曰雉鸡场山。珠尔干河、乌玛河、伊穆河由西麓出焉。再西北六百余里直至额尔古讷河与黑龙江汇流处，曰浑特山。自索岳尔济山起，顶至浑特山结尾，正干盘旋蜿蜒一脉，延长二千六百余里，横六七百里，统名之曰内兴安岭。此一大山脉纵贯江省西部，隔绝呼伦贝尔。东境为嫩江与额尔古讷河两大川流之分水岭。其支脉四布盘结于嫩江之西岸，额尔古讷河之东岸。岭内富于森林，禽兽繁殖。其峰顶尖锐秀拔，高处由五千尺至六千尺，东西两面皆倾斜急峻。随处有断崖绝壁，叠巘重岩，平原之地甚稀。其形势如海波奔驰，鲜交通往来之路云。

索岳尔济山，即辽之七金山。在城西南六百七十余里，高三百余丈，周千有余里，为蒙古东四盟之界山，内兴安岭山脉由此起点。

霍谢嘎勒山，在城西南五百八十余里，高一百六十余丈，长六十里。

特尔根山，即《元史》帖里揭努克图山，在城西南五百七十余里，高一百五十余丈，长十余里。

阿鲁塔尔奇岭，在城南五百二十余里，高五十余丈，长二百二十余里。

穆克图尔山，即辽之木叶山。在城南四百七十余里，高一百七十余丈，长七十余里。

塔尔奇山，在城东南三百九十余里，高一百六十余丈，长四十余里。

绰罗图山，在城东南三百五十余里，高一百五十余丈，长九十余里。

吉勒奇老山，一作济勒奇克，在城东四百八十余里，高一百八十余丈，长一百三十余里。

雅克岭，即业克达巴干。在城东北四百七十余里，高一百一十余丈，长一百六十余里。

依勒呼里阿林山，在城东北八百九十余里，高二百二十余丈，长二百八十余里。

雉鸡场山，在城东北七百余里，高二百一十余丈，长百余里。

浑特山，一作挥拍山。在城东北一千四百余里，额勒和哈达河右岸，高一百余丈，长三百余里。

以上诸山均属内兴安岭之正干。惟距离远近及高低长短，前未详及仍析载之。

瓜尔班采罕哈达山，在城西南四百六十余里，三石高耸，相连成为三峰。高八十余丈，长一百九十余里。

霍门霍尔多恩山，在城南三百七十余里，高一百一十余丈，周百余里［一作霍玛拉胡尔敦山］。

喀拉图山，在城南二百五十余里，高七十余丈，周六十余里。

乌特浑图山，在城西南三百三十余里，高一百二十余丈，周八十余里。

汉山，在城西南三百四十余里，高八十余丈，周四十余里。

沙里鄂罗依山，在城西南三百六十余里，高八十余丈，周五十余里。

喀拉图山，在城西南三百八十余里，高九十余丈，周五十余里。

额勒斯山，在城西南三百九十余里，高五十余丈，周四十余里。

诺门布尔克图山，在城西南三百九十余里，高五十余丈，周五十余里。

尼楚浑山，在城西南三百余里，高五十余丈，周三十余里。

呼拉特山，在城西南三百二十余里，高五十余丈，周四十余里。

以上十一山均在呼伦南部，草木禽兽与索岳尔济山无异，惟木产矮不堪用，虎豹熊鹿亦稀。

嘎勒毕尔山，在城西二百六十余里，高一百一十余丈，周三十余里。

特克山，在城西北二百八十余里，高五十余丈，周二十余里。

希伯图山，在城西南九十余里，高四十余丈，周三十余里。

哈坦和硕山，在城西北二百二十余里，高一百五十余丈，周三十余里。

巴彦和硕山，在城南九十余里，高三十余丈，周二十余里。

察干托洛霍依山，在城西南一百三十余里，高五十余丈，周三十余里。

毕鲁特山，在城南一百七十余里，高八十余丈，周二十余里，多石。

依伯格勒图山，在城东南一百六十余里，高七十余丈，周三十余里。

西瓦金哈达山，在城东南二百五十余里，高二十余丈，周二十余里。

库克奇山，在城东南二百一十余里，高一百五十余丈，周三十余里。

巴彦温都尔山，在城东南一百五十余里，高一百一十余丈，周三十余里。

巴彦孟库山，在城东南一百三十余里，高四十余丈，周七十余里。

巴彦乌勒聚图山，在城东南六十余里，高五十余丈，周十余里。

察尔巴彦奇山，在城东北三百余里，高五十余丈，周三十余里。

青吉勒图山，在城东北二百七十余里，高三十余丈，周二十余里。

乌克西哈克奇山，在城东北一百九十余里，高三十余丈，周三十余里。墨尔根、特诺克二河出焉。

达尔钦图山，在城东北一百四十余里，高二十余丈，周三十余里。

喀拉霍硕山，在城东北八十余里，高三十余丈，周三十余里，多石无木。

图普乌勒聚鄂博图山，在城正北十余里，高一百余丈，周三十余里，多石无木。

尼克图鲁山，在城东北一百四十余里，高一百二十余丈，周五十余里。

萨尔奇图山，在城西北一百六十余里，高一百一十余丈，周三十余里。

达甘德勒山，在城西北二百四十余里，高七十余丈，周四十余里。

霍勒博山，在城西北一百七十余里，高八十余丈，周三十余里。

萨木依山，在城西北一百八十余里，高一百四十余丈，周三十余里。

西罗图山，在城西北二百二十余里，高一百三十余丈，周四十余里。

库里业尔山，在城北二百四十余里，室韦境内，高一百七十余丈，周五十余里。

以上二十六山环绕伦城，四围多在呼伦境内。皆系内兴安岭之支脉，分列于海拉尔河南北两岸及呼伦贝尔二湖以东一带，出产草木、鸟兽。与南部十一山略同。

胡察山，在城西五百八十余里，高一百一十余丈，周三十余里。

以上诸山在乌尔顺河东岸胪滨东南境。

瓜尔班哈达山，在城西五百三十余里，高七十余丈，周二十余里。

特克山，在城西四百七十余里，高一百五十余丈，周四十余里。

都兰喀拉山，在城西四百二十余里，高一百五十余丈，周四十余里。

额尔克图山，在城西稍北六百五十余里，高一百一十余丈，周四十余里。

库勒沙布山，在城西南三百三十里，高一百五十丈，周十五里。

哈勒锦布尔古特山，在城西五百九十余里，高一百二十余丈，周三十余里。

都勒山，在城西五百二十余里，高七十余丈，周四十余里。

阿尔达克山，在城西四百六十余里，高一百余丈，周四十余里。

喀拉图山，在城西四百九十余里，高一百一十余丈，周二十余里。

以上十山亦兴安岭之支脉，在克鲁伦河南岸，胪滨境内。或有乱石，或起小峰，间有不成材之杂木，并无其他出产。

墨尔根哈玛尔山，在城西北六百六十余里，高一百余丈，周四十余里。

阿敦奇罗山，在城西北五百四十余里，高四十余丈，周二十余里。

阿勒坦额莫尔山，在城西北四百五十余里，高五十余丈，周二十余里。

札拉山，在城西北五百九十余里，高八十余丈，周三十余里。

色格勒山，在城西北五百三十余里，高八十余丈，周三十余里。

额尔得尼山，在城西北四百五十余里，高七十余丈，周二十余里。

诺棍哈普察该图山，在城西北三百五十余里，高五十余丈，周三十余里。

鄂尔金山，在城西北三百三十余里，高一百二十余丈，周四十余里。

莫郭依图山，在城西北三百七十余里，高九十余丈，周三十余里。

巴彦山，在城西北三百五十余里，高一百四十余丈，周四十余里。

萨拉昌山，在城西北四百六十余里，高五十余丈，周三十余里。

塔尔巴干达呼山，在城西北四百五十余里，高四十余丈，周二十余里。

察罕敖拉山，在城西北四百余里，高八十余丈，周四十余里。

塔奔托罗海山，在城西北四百余里，高一百二十丈，周八里。

苏克特依山，在城西北三百二十余里，高七十余丈，周三十余里。

阿巴该图山，在城西北三百余里，高六十余丈，周三十余里。

以上十六山亦兴安岭之支脉，多在胪滨境内，分列于克鲁伦河暨呼伦湖之北，杂木乱石外，无他出产。

迈罕古克达山，在城东南一百四十里，高一百三十丈，周二十里。

室韦山，在城东南三百里，高三百二十丈，周二十余里。

乌苏约斯山，在城东南一百二十里，高八十余丈，周十余里。

乌特温都山，在城正南三百六十里，高六十丈，周二十余里。

都尔布斤山，在城西南一百六十里，高一百五十丈，周十余里。

锡窝山，在城西南二十里，高丈许，十一岗，周二十五里。

尼克图鲁山，在城正北二百里，高三百余丈，周十余里。

胡裕尔温都尔山，在城东北五里，高七十余丈，周二十里。

博沁图山，在城东北一百九十里，高一百八十丈，周二十里。

龙头嘴山，在城东北二百二十里，高三百五十丈，周二十余里。

伊兰哈达山，在城东北二百八十里，三峰相连，高三百丈，周二十余里。

以上十一山在呼伦境内，分列于依敏河东西岸，海拉尔河南北岸及根河南岸。

敦勒特格山，在城西南三百里，高一百丈，周十余里。

博克图山，在城西南三百里，高八十丈，周五六里。

格勒吉尔图山，在城西南三百二十里，高一百三十丈，周十余里。

以上诸山在乌尔顺河东岸胪滨东南境。

和罗博山，在城西二百五十里，高九十丈，周二十五里。

库库温都尔山，在城西二百里，高八十丈，周二十里。

温都尔山，在城西北一百八十里，高一百八十丈，周十余里。

巴图鲁山，在城西北一百八十里，高八十丈，周十余里。

吉列儿山，在城西北一百五十里，高三十丈，周八里。

室韦格特山，在城西北三百里，高八十丈，周十里，一名石威公特岭。

以上系胪滨东境诸山，分列于额尔古讷河上流右岸及海拉尔河北岸。

鄂尔普山，在城正西三百里，高一百丈，周五里余。

白拉格特山，在城正西三百里，高一百二十丈，周十余里。

罗尔奇图山，在城正西三百五十里，高一百五十丈，周二十里。

巴留台山，在城西北三百八十里，高八十丈，周五里。

莫该图山，在城西三百八十里，高一百丈，周十余里。

察罕奇老山，在城西南四百二十里，高一百三十丈，周二十五里。

绰罗温都尔山，在城西南四百五十里，高一百八十丈，周三十里。

以上系胪滨北境诸山，均在克鲁伦河及呼伦湖北岸一带。

黑山头山，在城东北二百五十里，高二十余丈，长二百十五里。

桦树山，在城东北三百八十里，高十五丈，长一百二十余里。

那敏山，在城东北三百四十里，高五十六丈，周五十余里。

那鲁特台山，在城东北三百八十里，高四十丈，周八十里。

绰博克图山，在城东北四百三十里，高六十丈，周一百四十里。

小泉山，在城东北三百里，高四十余丈，长二十四里。

巴雅斯胡郎图温都尔山，在城东北四百二十里，高八十余丈，长十余里。

巴彦鲁克山，在城东北四百七十余里，高三十六丈，长十余里。

等极台山，在城东北四百六十里，突临额尔古讷河岸，高九十丈，周五十里。

铁现山，在城东北四百九十里，高三十五丈，长十二里。

以上系室韦境内诸山，分列于根河北岸、额尔古讷河右岸、莫里勒克河西岸一带。

挥拍山，详前内兴安岭山脉浑特山注。

珠山，在城东北九百余里，珠尔干河东，平地突起，高十余丈，周二里余。

以上二山在额尔古讷河下流右岸，奇乾境内。查奇乾山岭重叠不绝，向无名称，可考者兹姑从缺。

按：全境山岭或走正干，或出分支，曲折盘旋，大抵皆兴安岭之一脉分段注载，以著名河湖为界划较易考证，与他志以县境区分者稍异。

河　流

喀尔喀河，一作哈勒哈果勒河。蒙语谓黑毡墙为哈勒哈。盖黑车子，室韦所居之地也。《金史》作合勒河。《元秘史》作合泐合河，又作合儿合水。在城西南四百九十余里，由达尔滨泡发源，向西流八十余里，喀玛尔河由东南来会。向西北流五十余里，巴达纳河由南来会。又向西流十余里，瓜尔班赛汗河由东北来会。又西流十余里，特尔根河由南来会。又西流四十余里，乌育勒和气河来会。又西流十余里，大温泉会。哈拉巴哈图河及小温泉由南来会。折向西北，经瓜尔班赛汗哈达山南麓流三十余里，图拉尔河由北来会。又向西流四十余里，讷墨尔根河由南来会。经哈拉图山南麓，流四十余里，汉达盖图河由东北穿松林而来会。又向西北流三十余里，经额勒斯山西麓，霍勒霍齐河由西南来会。又西北经胡拉特山及乌木克依布拉克卡伦西境，流一百一十余里，胡鲁斯台河会。乌勒聚图布拉克泉，由东北来会。自此向北流八十余里，至西林胡都克卡伦西境分为两支。一支东流为沙拉尔河，入乌尔顺河。一支西流十余里，入贝尔湖〔按：喀尔喀河由达尔滨泡至贝尔湖，计五百四十余里]。

喀玛尔河，在城南五百三十余里，由内兴安岭北麓发源，向西北流三十余里，入喀尔喀河。

巴达纳河，在城西南五百三十余里，由内兴安岭北麓发源，向西流五十余里，入喀尔喀河。

瓜尔班赛汗河，在城南四百余里，由内兴安岭西麓发源，自东北向西南流，折而西流八十余里，入喀尔喀河。

特尔根河，在城南五百二十余里。由特尔根山北麓发源，向西流七十余里入喀尔喀河。

乌育勒和气河，在城南三百四十余里，由乌特浑图山西南麓发源，向西南流一百二十余里入喀尔喀河。

大温泉河，在城西南五百七十余里，由内兴安岭阴发源，向北流四十余里，哈勒巴哈图及小温泉两河由东北来会。又向北流十余里，入喀尔喀河。

哈勒巴哈图河，在城西南五百八十余里，由霍谢嘎勒山北麓发源，向北流四十余里会大温泉河，而入喀尔喀河。

图拉尔河，在城西南三百五十余里，由乌特浑图山发源，向西南流一百四十余里入喀尔喀河。

讷墨尔根河，在城西南六百余里，由索岳尔济山东北麓发源，向西北流一百二十余里入喀尔喀河。

汉达盖图河，在城西南三百六十余里，由沙拉鄂里山发源，穿汉达盖图松林，经达哈拉图山北麓，向西南流七十余里入喀尔喀河。

霍勒霍齐河，在城西南六百余里，由索岳尔济山西北麓发源，向西北流一百二十余里入喀尔喀河。

胡鲁斯台河，在城西南三百五十余里，诺门布尔克图山发源，乌勒聚图布拉克泉由西来会，经德孚寺东北诺门汗布尔都卡伦，北向西南流一百八十余里入喀尔喀河。

沙拉尔济河，在城西南三百九十余里，为喀尔喀河东分之支水。向西北流八十余里，经额布都克布拉克卡伦西境，绕贝尔湖，由乌兰刚安卡伦北入乌尔顺河。

乌尔顺河，又名鄂尔逊。《元秘史》作兀儿失温。蒙语岗尽处也。在城西南三百七十余里，由贝尔湖发源，向北三十余里，经乌兰刚安卡伦西北，沙拉尔济河来会。折向东北二十余里，库勒霍罗河由东来会。再向北流三十余里，乌兰泉由西来会。又向东北流经官渡口流一百余里，由嘎勒巴尔山西入呼伦湖。此河计长一百八十余里，设渡口一处，小艒艄二只。

库勒霍罗河，在城西南三百五十余里，源由平地发出，向西流二十余里入乌尔顺河。

克鲁伦河，《汉书》卢朐河。《辽史》作胪朐。《金史》作龙居，又作龙驹。《元史》作怯绿怜河，又作怯鲁连。明改名饮马河。清曰克鲁伦河。在城西南五百余里，源出喀尔喀车臣汗部，肯特山南麓，至霍尔开图卡伦南，始入本境。经墨尔根哈玛尔山南麓，向东流一百五十余里，又经阿敦奇罗山南麓，向东流一百二十余里，至阿勒坦额墨尔山南麓分为二支。一支东南流为乌尔根嘎尔玛河。一支向东流三十余里入呼伦湖。此河在境内流长三百里，宽有十余丈，深可四尺余。

乌尔根嘎尔玛河，在城西北四百七十余里，为克鲁伦河分出之支流。向东南流三十余里注入乌珠尔鄂索泡，由泡溢出为布勒嘎那河。

布勒嘎那河，在城西四百三十余里，由乌珠尔鄂索泡溢出，向东流二十余里入呼伦湖。

海拉尔河，即开拉里河。辽作于凯里。《元秘史》作合泐里。《元史》作海喇儿。《盛京通志》则开拉。《黑龙江外纪》作海兰儿，又作凯喇。蒙语墨也。在城东四百七十余里，由兴安岭支脉吉勒奇老山之西麓发源，向西流五十余里。鄂尔克奇河由东南来会。又西流十余里，穆音河由北来会。又西流三十余里，漠果依图河由南来会。又西流三十余里，古尼尔河由东北来会。向西北流二十余里，恰拉河由南来会。复西流六十余里，乌育勒和气河由东南来会。又稍西北流四十里，库尔都尔河会。特尔莫勒金河由北来会。又西流十余里，札敦河会凯河、乔河、乌讷尔河、依勒克特河、鄂罗齐河、乌胡图河、噶勒丹河、乌兰布尔噶苏台河、塔尔巴哈台河诸水由东南来会。又西流六十余里，特尼克河由北来会。又西北流十余里，为官渡口处。经札拉木台台北，札拉木台河会。墨和尔图河由南来会。又西北流四十余里，至喀拉和硕山，奇弩图沟由南来会。经哈克鄂木台北向西流八十余里，依敏河、东纳塔尔齐河、洪果勒金河、鄂依那河、渭图和河、西尼克河、西纳辉河、奎特恩河、伯尔和河、朱恩莫果依河、巴伦莫果依河、察罕诺尔泡、乌兰泡、西巴尔台河诸水自南来会。又西北流八十余里，经图普乌勒聚鄂博图山南为官渡口处，库库诺尔泡会。墨尔格勒河，崇古林沟、哈吉沟、依尔嘎依图沟诸水由东北来会。又西流一百一十余里，为官渡口处。穿过那干台松林，经达干德勒山南，哈坦霍硕山北，又为官渡口处。折向西北流七十余里，经固勒特格旧卡伦之北，分为二支。一支细而小，绕至阿巴该图山南，向西南流为达兰鄂罗木河，行六十余里入呼伦湖。其一支为正流，由阿巴该图山之西，折向东北流，是为额尔古讷河。考海拉尔河自吉勒奇老山西麓起，至阿巴该图山止，长六百九十余里，深约一丈余，宽二三十丈不等。此河设有官渡口四处，小舰舫八隻（只）。

按：额尔古讷四字，蒙语以手递物之谓也。人曲腰以手递物，则成一六十五度之三角形。海拉尔河大势西北流，至阿巴该图山忽折向东北流，其折弯处亦成一六十五度之三角形，即如人以手递物之势。蒙人取其意义，故更名曰额尔古讷。是额尔古讷河之起点，即海拉尔河之终点。同河异名，实因其形势而更定者。旧说谓海拉尔河结尾注入呼伦湖。又有谓额尔古讷河源为自呼伦湖北口溢出，未经实地调查均属谬误。

克里河，在城东五百一十余里，由绰罗尔山北麓发源，向西北流五十余里，入海拉尔河。

鄂尔克齐河，在城东五百余里，由绰罗儿山北麓发源，向西北流五十余里，入海拉尔河。

穆音河，在城北四百三十余里，由察尔巴彦奇山南发源，向西流五十余里，入海拉尔河。

漠果依图河，在城东南四百四十余里，由绰罗儿山北麓发源，向西北流五十余里，入海拉尔河。

古尼尔河，在城东北四百一十余里，由察尔巴彦奇山南发源，向西南流五十余里，入海拉尔河。

恰拉河，在城东三百五十余里，由绰罗儿山北麓发源，向西北流六十余里，入海拉尔河。

乌育勒和气河，在城东二百八十余里，由绰罗儿山北麓发源，向西北流五十余里，入海拉尔河。

库尔都尔河，在城东北三百一十余里，由青吉勒图山南发源，向西北流五十余里，纳特尔莫勒金河又流四十余里，入海拉尔河。

特尔莫勒金河，在城东北一百八十余里，由乌克西哈克奇山发源，向东南流五十余里，会库尔都尔河，而入海拉尔河。

札敦河，《盛京通志》作几墩河。在城东南五百五十里，由绰罗图山发源，向西流五十余里，凯河由南来会。又流二十余里，乔河由东南来会。又西流六十余里，经免渡河［台名非水名，旧作们都克依，一作们特和依]台北，乌纳尔河会。依勒克特河、鄂罗齐河、乌胡图河、噶勒丹河诸水由南来会。又向北流三十余里，免渡河台西北之乌兰布尔噶苏台河由南来会。又向西北流三十余里，经雅克石［一作牙克什］台台北之塔尔巴哈台河由西南来会。又向西北流一百二十余里，由喀拉和硕台向东北流，入海拉尔河。此河起止计长三百余里。

凯河，在城东南五百二十余里，由内兴安岭西麓发源，向西北流七十余里，入札敦河。

乔河，在城东南四百一十余里，由内兴安岭阴发源，向西北流，经依尔勒克台北行七十余里，入札敦河。

乌纳尔河，一作乌努尔果勒河，即《辽史》乌纳水，《金史》兀纳水也。在城东南五百八十余里，由内兴安岭阴发源，向东北流八十余里，乌胡图河由东来会。又流十余里，噶勒丹河由西来会。又流十余里，依勒克特河、鄂罗齐河二水由东来会。又北流五十余里，入札敦河。

乌胡图河，在城东南五百九十余里，由内兴安岭阴发源，向西北流七十余里，入乌尔纳河。

噶勒丹河，在城东南四百五十余里，由喜瓦金哈达山东南麓发源，向东北流五十余里，入乌纳尔河。

依勒克特河，在城东南七百五十余里，由内兴安岭阴发源，向西北流八十余里南纳鄂罗齐河，又流二十余里，入乌纳尔河。

鄂罗齐河，在城东南六百五十余里，由内兴安岭阴发源，向北流六十余里，入依勒克特河，同入乌纳尔河。

乌兰布尔噶苏台河，在城东南四百二十余里，由喜瓦金哈达山阴发源，向东北流八十余里，入札敦河。

塔尔巴哈台河，在城东南三百余里，由平地发出，向东北流五十余里，入札敦河。

特尼克河，一作特诺克河，亦作帖诺河或作帖聂克河，又作帖尼贺鲁汗河，又作伊尔该图霍伦河，即元太祖败札木合处。在城东北二百七十余里，由乌克西哈克奇山南发源，向西南流九十余里，入海拉尔河。

札拉木台河，在城南一百三十余里，由平地发出，向东北流绕巴彦孟库山东麓，行四十余里，墨和尔图河由西来会。又流七十余里，入海拉尔河。

墨和尔图河，在城东南一百八十余里，由平地发出，向东北流绕巴彦孟库山西麓，又东北流五十余里，入札拉木台河。

奇弩图沟，在城东南百余里，由乌勒聚图山南麓发源，向北流三十余里，经哈克鄂木台东，入海拉尔河。

依敏河，一作依奔河，即《金史》伊米河。在城东南四百五十余里，由穆克图尔山北麓发源，向北流一百一十余里，塔儿奇河由东来会。折向西北流二十余里，鄂依纳河由东来会。复北流五十余里，洪果勒金河由西来会。又向西北流八十余里，经毕鲁图、依伯格勒图二山之西，延禧寺之东，渭图和河由东来会。又向北流六十余里，经光远寺之东，西尼克河由东来会。又向西北流十余里，经穆兰莫克敦屯，辉河会。奎特恩河、朱恩莫果依河、巴伦莫果依河、伯尔和河、西巴尔台河诸水及察罕诺尔、乌兰诺尔等泡由西来会。又向北流七十余里，经广慧寺及南屯之东，至呼伦贝尔城东北官渡口处，入海拉尔河。中东路铁桥架设于此。此河计长三百五十里，设有官渡口一处，小舢舻二只。

塔尔奇河，在城东南四百八十余里，由塔尔奇山发源，向西北流十余里，入依敏河。

鄂依纳河，在城东南四百余里，由内兴安岭发源，向西北流一百七十余里，入依敏河。

洪果勒金河，在城南三百三十余里，由喀拉图山东南麓发源，向东北流五十余里，入依敏河。

渭图和河，在城东南三百四十余里，由库克奇罗山西南麓发源，向西北流一百一十余里，由依伯格勒图山北经过，入依敏河。

西尼克河，在城东南三百二十余里，由库克奇罗山北麓发源，向西北流一百五十余里，经巴彦温都尔山北，入依敏河。

辉河，在城西南三百六十余里，由霍玛拉胡尔敦山西北麓发源，向西北流五十余里，奎特恩河由西来会。又流五十余里，朱恩莫果依、巴伦莫果依二河，穿过察罕诺尔泡，入伯尔和河由西来会。又向北流四十余里，自乌兰诺尔泡发出之，西巴尔台河由西来会。又向东北流二百五十余里，由察罕托勒霍依山南经过，入依敏河。此河计长三百八十余里。

奎特恩河，奎特恩，蒙语"冷"也。一作奎腾河。在城西南三百八十余里，由乌特浑图山东北麓发源，向北流六十余里，入辉河。

朱恩莫果依河，在城西南三百六十余里，由汉山东麓发源，向西北流三十余里与巴伦莫果依河相会。向东北流十余里，注入察罕诺尔泡。由泡流出之水与伯尔和河会而入辉河。

巴伦莫果依河，在城西南三百八十余里，由沙拉鄂罗依山东北麓发源，向北流五十余里会于朱恩莫果依河。向东北流注入察罕诺尔泡，由泡流出之水与伯尔和河会而入辉河。

伯尔和河，在城南三百七十余里，由乌特浑图山北麓发源，向北流六十余里与察罕诺尔泡发出之水相会，折向东流入辉河。

西巴尔台河，在城西南二百七十余里，源出乌兰诺尔泡，向东南流三十余里入辉河。

墨尔格勒河，在城东北二百七十余里，由乌克西哈克奇山西麓发源，向西流六十余里崇古林沟由南来会。又流三十余里，哈吉沟由北来会。折而西南流四十余里，依尔盖图沟由北来会。又向西北流六十余里，经博霍图台南官渡口处，向西流入库库诺尔泡，再入海拉尔河。此河长一百九十余里，设有渡口一处，小艒舼二只。

崇古林沟，在城东北一百八十余里，由达尔克图山北麓发源，向西北流五十余里入墨尔格勒河。

哈吉沟，在城东北二百八十余里，由尼克图鲁山西南麓发源，向西南流八十余里入墨尔格勒河。

达兰鄂罗木河，在城西北三百一十余里，系海拉尔河分支之水。向西南流六十余里，经郭勒特依卡伦北入呼伦湖。唯此河若遇极旱，中间有干涸之时，设有渡口一处，小艒舼二只。

额尔古讷河，《唐书》称为室犍（犍应为建，点校者注）河。南北朝时称为完水，《元秘史》名为额沘古涅。《元史》名为也里古讷。在城西北三百一十余里，源出海拉尔河。海拉尔分支处，一支西南流为达兰鄂罗木。正流自阿巴该图山西向东北流五里，霍尔金泡由西来注。又向东北流一百三十余里，经孟克西里卡伦，再流三十余里，经库勒图泡，向东流八十余里，经额尔得尼托罗辉卡伦及西拉图山，又向东北流八十余里，至库克多博卡伦。自阿巴该图山至库克多博三百余里，右岸并无支流汇入。由库克多博东北流三十余里，根河会。岳勒内河、哲尔古垒河、霍伦河由东南来注。又流三十余里，库烈业尔山北之特勒布尔河会。鄂勒霍诺河、喀布勒河由东南来注。又东流三十里，经巴图尔和硕卡伦之北，向东北流五十余里，至巴雅斯胡朗图温都尔卡伦南，有小河来注。向东北流五十余里至胡裕尔和奇卡伦，胡裕尔和奇河自东南来注。又向东北流四十余里至巴彦鲁克卡伦，珠鲁克图河会。罗奎河自南来注。又东北流六十余里，经西伯尔布拉克卡伦［雍正五年设，今废］，向东北流四十余里，至珠尔特依卡伦。东流十余里，布鲁河由南来会。又流三十余里，色木特勒克河由南来会，再向东北流四十余里，至拉林［今室韦县］哈喇尔河［即吉拉林河］由南来会。向东北流三十五里，至莫里勒克卡伦，有莫里勒克河由东南来注。又东北流五十里，至毕拉尔河卡伦。毕拉尔河、纳额尔木奇河、毕拉克产河、克尔布奇河，各小河自东来注。又东北流六十余里，阿木毗河会，吉林子河来注。又流四十余里，至牛尔河卡伦，牛尔河自东南来注。又北流六十余里，至珠尔干河卡伦，珠尔干河自东来注。再北九十余里，至温河卡伦，温河自东来注。再北流二十余里，乌玛河自东来注。再东北流三十余里，札克达奇河来注。再北流四十余里，至长甸卡伦。又东北流九十余里，至伊穆河卡伦，伊穆河自东来注。再北流九十余里，至奇雅河卡伦，奇雅河自东南来注。又东北流三十余里，为奇乾县旧治，奇乾河自南来注。又东北流七十余里，至永安山卡伦。又东流三十余里，阿拉坎河自东南来会。又东北流四十余里，至额勒和哈达卡伦，额勒和哈达河自南来注。又东流二里许，由与俄分界之光辉石以南经过，而入黑龙江。额尔古讷河大势东北流，自阿巴该图山西起，至与黑龙江汇流处止，计长一千五百里，宽自七丈至十二丈不等，深二三丈不等。按额尔古讷河源出海拉尔河，已于海拉尔河内述明。惟《前清会典·水道提纲》以及《黑龙江述略》《黑龙江外纪》诸书皆谓额尔古讷河上源为克鲁伦河。其实克鲁伦河同乌尔顺河入呼伦湖后，均潴而不流。由海拉尔分支之达兰鄂罗木河，入呼伦湖亦潴而不流。彼以呼伦湖并克鲁伦河为额尔古讷河发源者，皆以讹传讹之误也。就近今考查知旧说未足为据。又以上胪举注入额尔古讷河之水，均系我界右岸河流。其左岸俄境大小河流，略见于江省全图，兹姑从阙。

根河，一作旱河，或作门申源河，又作健河。《元史》作坚河。《元秘史》作刊木涟河。《明史》作赶河。在城东北七百五十余里，由依勒呼里阿林山西麓发源，向西流二百七十余里，经根河废卡伦，北岳勒内河由南来会。又流七十余里，哲尔古垒河、霍伦河由南来会。又向西北流二百一十余里，经察勒齐口卡伦、北库烈叶尔山南向西北流，至官渡口处入额尔古讷河。此河计长四百余里，设渡口一处，小艒艎二只。

岳勒内河，即伊闾里河。在城东北四百八十余里，由内兴安岭西发源，向西北流二百余里入根河。

哲尔古垒河，在城东北四百六十余里，由叶克岭西发源，经哲尔古垒废卡伦东，向西北流八十余里，霍伦河由南来会。又流一百九十余里入根河。

霍伦河，在城东北三百余里，由察勒巴齐山北麓发源，向西北流八十余里入哲尔古垒河。

特勒布尔河，一作得尔布尔河。《元史》作秃律别尔河，又作迭列木儿河。在城东七百余里，由伊勒呼里阿林山西麓发源，向西流二百七十余里，经迈罕图废卡伦北，喀布勒河、鄂勒霍诺河由北来会。又流十余里，经巴图尔和硕卡伦南向西流，至官渡口处，入额尔古讷河。此河长二百八十余里，设渡口一处，小艒艎只。

喀布勒河，一作喀拉布河。在城东北七百五十余里，由内兴安岭阴发源，向西北流一百五十余里，鄂勒霍诺河由东南来会。又向西南，由西伯尔安嘎废卡伦北经过，流五十余里入特勒布尔河。

鄂勒霍诺河，在城东北七百四十余里，由内兴安岭阴发源，于鄂勒霍诺废卡伦北经过，向西北流一百一十余里入喀布勒河。

布鲁河，在城东北七百四十余里，由内兴安岭北麓发源，经布鲁河废卡伦之南，向西北流一百八十余里，由珠尔特依卡伦北入额尔古讷河。

色木特勒克河，在城东北七百五十余里，由内兴安岭西北发源，向西北流八十余里入额尔古讷河。

哈喇尔河，即吉拉林河之上源。在城东北七百八十余里，由内兴安岭北麓发源，向西北流一百九十余里入额尔古讷河。

莫里勒克河，一作眉里尔河，又作买里尔堪河。在城东北七百八十余里，由内兴安岭北麓发源，向西北流六百余里，由莫里勒克卡伦北入额尔古讷河。

毕拉尔河，在城东北八百余里，由内兴安岭北麓发源，向西北流五十余里，由毕拉尔河卡伦北入额尔古讷河。

牛尔河，一名贝斯尔得河，或名贝斯特拉雅，又名契丹伊拉雅，俗曰白子河。在城东北八百二十余里，由内兴安岭西北发源，向西北流三百余里，由牛尔河卡伦北入额尔古讷河。

珠尔干河，在城东北九百余里，由内兴安岭西北发源，向西流二百二十余里，由珠尔干河卡伦北，入额尔古讷河。

温河，在城东北千余里，由内兴安岭西北发源，向西北流二百一十余里，由温河卡伦北入额尔古讷河。

乌玛尔河，在城东北一千一百余里，由内兴安岭西北发源，向西北流二百八十余里入额尔古讷河。

伊穆河，《盛京通志》作益母河。在城东北一千三百余里，由内兴安岭西北发源，向西北流一百余里，由伊穆河卡伦北入额尔古讷河。

奇雅河，在城东北一千四百余里，源出内兴安岭，向西北流四十余里入额尔古讷河。

阿里雅河，一名阿拉坎河。在城东北一千四百余里，源出内兴安岭，向西北流一百余里入额尔古讷河。

奇乾河，在城东北一千四百余里，源出内兴安岭，向西北流七十余里入额尔古讷河。

额勒和哈达河，一名博罗舒斯洛甫喀河。在城东北一千五百余里，由内兴安岭支脉挥拍山西北麓发源，向西北流二百八十余里，经额勒和哈达卡伦之东，入额尔古讷河。宽十丈，深丈许，产鱼甚夥。

按：境内河流以喀尔喀、乌尔顺、克鲁伦、海拉尔、札敦、辉河、依敏、根河、墨尔格勒、特勒布尔、吉拉林、莫里勒克、牛尔河、额勒和哈达诸大河流为之经。其他细流支渠分别注入于就近之巨川而终，以额尔古讷河为归宿。兹依此例举其大者于先，各以会合之水连及之，以清眉目于各河发源，或汇流之泉泡，另列于泉泡类，以免混杂。

湖　泊

呼伦湖，旧作枯伦湖。《唐书》作俱轮泊。《元秘史》作阔连海子。《元史》作呼图泽。明谓阔滦海子。《清一统志》作库楞湖。《朔漠方略》作呼伦诺尔，《龙沙纪略》作枯轮海。土人又谓为达赉诺尔。在城西北二百九十余里，为诸河潴水之区，椭圆形。面积广阔，在唐时为最大，今缩小，自西南而东北，长约二百余里，东西广百余里，周可五六百里［经度自中偏东六分至东一度四分。纬度自北四十八度七分，至五十度四分］。湖之来源有四，一为乌尔顺河自东南流入，一为克鲁伦河自正南流入，一为布鲁葛河［克鲁伦河之分支，或作巴勒序纳鄂模，即《元史》之班来尼河］自西南流入，一为达兰鄂罗木河自东北流入。各河入湖后皆潴而不流（旧说为湖之北端开一口，湖水溢出。东北流为额尔古讷河，注入黑龙江）。据近今调查该湖系容受湖，非交与湖。其由东北注入者曰达兰鄂罗木，乃海拉尔之分支，非海拉尔之正流。系入湖潴蓄之水，非由湖吐出之水。其以额尔古讷河为源，出呼伦湖者非是。湖西三十里有巴留拉台山，东北近岸有噶尔巴里山，正北有塞克咸山。湖水深不可测，蒙人不习舟楫，向无探其深浅者。冬日严寒，中间不冻，酷暑日蒸，则水色变绿，人不敢饮。风起则潮浪鼓荡，水溢数丈。潮退如初，马饮湖水不深入头，必向岸似防潮来，不时易于趋避之意。湖中渔产甚丰，蒙人神话向有鱼为马魂之说，禁不敢捕。近年与俄商订约包租，迷信之风已渐破除矣。又《黑龙江外纪》载湖产五色盐不煮可食。

贝尔湖，旧作布伊尔湖。《元史》作杯亦列州，又作拜里川。《元秘史》《明史》均作捕鱼儿海子。《清一统志》作布雨尔湖。《朔漠方略》作波衣尔。《蒙古游牧记》作贝尔诺尔。《康熙图》作布育尔鄂模〔满语湖为鄂模〕。在城西南三百九十余里，形如瓜瓠。自西南至东北斜长百四十余里，宽七十余里，周三百余里。湖之上源曰喀尔喀河，出内兴安岭支脉阿鲁塔尔奇岭西北麓，合诸水西北流，自湖之东北注入。于湖之北开一口，溢出之水为乌尔顺河，以注入呼伦湖。其他因风潮涨及鱼产、盐产，均与呼伦湖略同。

牛尔泊湖，在城东北七百余里，牛尔河上流左岸。

阿拉焦莫湖，在城东北七百余里，额尔古讷河右岸，阿木毗河以北，牛尔河以南。

泉　泡

达尔彬泡，在城西南四百九十余里，由内兴安岭支脉阿鲁塔尔奇岭西北麓发源，周五十余里，深一丈余，向正西流出，为喀尔喀河之源。

乌勒聚图布拉克泉，在城西南三百二十余里，尼楚浑山迤东，由平地涌出，周五里余，向东流二十余里入胡鲁斯台河，而入喀尔喀河。

乌兰泉，一作乌兰布拉克。蒙语"红泉"也。在城西南四百余里，由平地涌出，周五里余，向东流入乌尔顺河。

乌珠尔鄂索泡，在城西四百三十余里，为乌尔根河。所潴周六里余，向东流出，为布勒嘎那河，再东流入呼伦湖。

察罕诺尔泡，在城西南三百余里，周七里余，为朱恩莫果依、巴伦莫果依二河合潴之水，由泡向东发出一支流三十余里，汇伯尔和河，而入辉河。

乌兰诺尔泡，在城西南二百八十余里，源由平地发出，周六里余，向东流出十余里，入西巴尔台河，转入辉河。

库库诺尔泡，在城西七十余里，为墨尔格勒河，容纳诸水合流，所潴周二十余里，向西南流出二十余里，入于海拉尔河。

霍拉尔金泡，在城西北三百二十余里，阿巴该图卡伦之北，源由平地发出，周二十余里，向东南流十余里，入额尔古讷河。

以上八泉泡或为河源，或汇入河流，均系流动之水。

哈克泡，在城东六十余里，由平地涌出，周五里余，潴而不流，哈克鄂木台在泡之东，相距五里。

东哈拉胡吉尔碱泡，在城东南一百四十余里，巴彦温都尔山西北五里许，由平地涌出，周十余里，潴而不流，干则成碱。

西哈拉胡吉尔碱泡，在城正南一百五十余里，延禧寺西南三里许，由平地涌出，周十余里，潴而不流，干则成碱。

西勒林布尔都泡，在城西南一百三十余里，周六里许，由平地涌出，潴而不流。

公诺尔泡，在城西南二百余里，由平地涌出，周十余里，潴而不流。

珠尔博特盐泡，在城西南二百一十余里，公诺尔泡之南，周十余里，水由地中浮出，干则成盐，白而可食。

布彦图布尔都泡，在城西南二百九十余里，寿宁寺东三里许，由平地涌出，周十余里，潴而不流。

诺门汗布尔都泡，在城西南三百九十余里，诺门汗布尔都卡伦东北五里许，由平地涌出，周八里余，潴而不流。

瓜尔班西巴尔台三泡，在城西南五百二十余里，即与喀尔喀车臣汗争执划界处，三泡相距各七八里，水由平地涌出，周各五里余，均系潴而不流。

阿鲁布拉克泉，在城西六百六十余里，阿鲁布拉克卡伦东五里许，由平地涌出，周八里余，虽时有涨溢，亦不流动之水。

阿鲁齐布拉克泉，在城西六百余里，由平地涌出，周六里余，时涨时缩，潴而不流。

沙拉苏苏泡，在城西北一百五十余里，由萨勒克图山东发源，向东流五里许，潴为沙拉苏苏泡。

色格尔济泉，在城北二百余里，色格尔济卡伦北二里余，由平地涌出，周五里余，潴而不流。

郭尔毕泉，在城北二百二十余里，郭毕泉尔[1]卡伦北二里余，由平地涌出，周五里余，潴而不流。

库勒图泡，在城西北二百七十余里，北距额尔古讷河五里，由平地涌出，周八里余，潴而不流。

依克讷尔泡，在城西北二百七十余里，北距额尔古讷河六里，由平地涌出，周围五里，潴而不流。

布恩伯诺尔泡，在城西二百五十余里，布恩伯诺尔卡伦东五里许，由平地涌出，周六里余，潴而不流。

阿尔山布拉克泉，在城西北三百二十余里，阿尔山布拉克卡伦北五里，由平地涌出，周六里余，潴而不流。

乌噶勒济布拉克泉，在城西北三百五十余里，乌噶勒济布拉

---

① 原文如此，疑误。

克卡伦北五里，由平地涌出，周七里余，潴而不流。

达西玛克布拉克泉，在城西北三百九十余里，达西玛克布拉克卡伦北五里，由平地涌出，周六里余，潴而不流。

大乌尔克图泡，在城西北四百一十余里，南距莫郭依图山八里，由平地涌出，周围四里，潴而不流。

小乌尔克图泡，在城西北四百里，距大乌尔克图泡八里，由平地涌出，周三里余，潴而不流。

西巴尔图泉，在城西北五百三十余里，西巴尔图泉卡伦西北五里，由平地涌出，周五里余，潴而不流。

克勒木图泉，在城西北五百三十余里，克勒木图卡伦西五里余，由平地涌出，周五里余，潴而不流。

以上二十六泉泡或潴当低洼或涌自平地，均为固定不流之水。

按：右载山水名称纯由蒙语译音，于各图籍间有差异之处，然参互道里方向以拼音求之，可以吻合。

方舆沿革

呼伦贝尔一隅，为国防边疆重地，位于黑龙江省之西北部。山河交错，土地广漠，东据内兴安岭西南界，喀尔喀部车臣汗西及北临额尔古讷河，东北抵黑龙江，处处与俄为邻。考之前史，不唯完全为中国领土，实包举今俄罗斯界，黑龙江以东以南之土地。《北史》载，黄帝二子昌意，昌意少子受封北国，有大鲜卑山，统幽都之北，广漠之野。其后世为君长，传及元魏宣帝推寅迁于大泽。近世舆地家谓鲜卑山，即外兴安岭〔今属俄界〕。大泽即呼伦湖。据此，则呼伦贝尔上古时代，已在黄族封域之中。《尧典·宅》朔方曰幽都。《山海经》北海之内有幽都之山，黑水出焉。西清氏《黑龙江外纪》谓黑水即黑龙江。魏氏辑《龙江旧闻》谓幽都当黑龙江省。黑龙江省既属幽都，呼伦贝尔当在幽都疆索以内。《清一统志》齐齐哈尔，古肃慎氏地。《左传》周景王曰："肃慎燕毫，吾北土也。"《后汉书》肃慎国界南包长白山，北抵弱水。近世舆地家谓弱水，亦即黑龙江。额尔古讷河为黑龙江上游汇入之水。呼伦贝尔当额尔古讷河流域。在三代时，为肃慎故地。可知，战国之季史称燕国，北有东胡山戎，秦筑长城以御之。呼伦贝尔介在中国本部东北，遂与黑龙江同弃于塞外。汉时匈奴扰边，武帝遣卫青出塞北征匈奴，至胪朐河［即克鲁伦河］，为中国兵力至呼伦贝尔之始。匈奴既灭，恢复禹疆。呼伦贝尔隶辽东郡西安平地［见《清一统志》］。晋为挹娄，国境亦属地豆干国地。南北朝北魏宣帝推寅徙居于此。按魏先世都今俄境锡伯利部，其后一再南迁，通中国。乌洛侯［《艾儒略地图》谓即俄罗斯］徙据其地。魏真君四年，乌洛侯来朝，称其国有魏先帝石室［在乌洛侯国西北，当尼布楚城西，见《北史》］，室有神灵。是岁，遣中书侍郎李敞致祭，刊祝文于室壁，斩桦木以置牲醴而还。所立桦木成林，其民愈神奉之。今额尔古讷河两岸及俄界多产桦木，可知呼伦贝尔迤西北一带之地，实为当日元魏故墟。隋时突厥盛强，并契丹拓境日广，周齐皆畏之。自辽海至西海，自漠北至北海，五六千里分东西两部，呼伦贝尔属于东部。唐灭突厥置黑水府都督，黑龙江一带属黑水部。五代勿吉部内靺鞨种人强大，得扶余、沃沮之地五千里，建国于室韦山［在今胪滨县境内］，山东西南北皆属焉。国号室韦。凡八部［南室韦、北室韦、大室韦、小室韦、钵室韦、深末怛室韦、黄皮子室韦、黑皮子室韦］，巍然为东北一大国［《北魏书》① 室韦在勿吉北千里］。呼伦贝尔当南室韦地［《朔方备乘》载北室韦在外兴安岭北，钵室韦、深末怛室韦皆今俄罗斯锡伯利亚部］。当日室韦国土殆包有呼伦贝尔之全境焉。宋时契丹复强，奄有故地，改国号曰辽。太祖专征讨破室韦于厥奚霫诸国，室韦之地尽属焉。东至海、西至金山、南至白沟、北至胪朐河，筑城于胪朐河北岸，曰古可敦，以呼伦贝尔属上京道［见《一统志》②］。金源代舆兴，呼伦贝尔属上京路地［见《一统志》］。世宗大定二十一年，以东北泰州境临潢路，旧设堡障参差不齐，用奚胡失海言筑堡垒

① 《北魏书》应为北齐魏收所撰《魏书》。
② 《一统志》即《清一统志》。

为边防久计。自今之西布特哈依布齐南行，蜿蜒一线，绕呼伦贝尔西南行，直抵直隶围场。山西归化城设二百五十堡，是为当日泰州边堡。而今呼伦贝尔境内西北两方并有曲折断续边墙遗址，其即所谓金初之旧设堡障也。元兴朔漠称帝于黑龙江之斡难河，呼伦境西额尔得尼托罗海［车臣汗东界］，为其勃兴起兵地［袭之钥《后出塞录》］。是呼伦贝尔实当日戎马蹂躏之场。其时乌尔顺河［《秘史》作兀儿失温］有塔塔尔部，与元世仇［元先世俺巴孩、也速该俱为所害］，扎木合［勃端察儿五世孙］与元始合终离。《元秘史》载，鸡儿年合答斤等十一部落顺额沜古涅河［即额尔古讷河］，至刊木涟河［即根河］共立扎木合为古儿合［皇帝之谓，一作局儿罕］。其后塔塔儿部、扎木合俱灭于元。宏吉剌从元征讨立功，世为姻戚。于是南破兀术界垣［今中东路成吉思汗车站］，西震欧洲俄罗斯，尽为所有。大启土宇，分封诸王。以额尔古讷河、枯轮淖尔湖［即呼伦贝尔］一带，为烈祖次子搠只哈儿［《秘史》作合撒儿］封地。枯伦淖尔以东、嫩江东西为烈祖四子铁木哥斡赤斤［《秘史》作帖木格］封地。迨世祖都燕京，置岭北中书行省统和林路制杭爱山以北，呼伦贝尔又为和林路控制之区。明兴，元顺帝北徙，其孙脱古思帖木耳继立，扰边，驻贝尔湖［《明史》作捕鱼儿海］。洪武二十年，遣蓝玉率师十五万，兼程驰进，乘夜抵贝尔湖，大破之。脱古思帖木耳以数十骑遁，获其次子地保奴。永乐七年，元嗣主本雅失里杀明使郭骥。八年，成祖亲征至胪朐河，更名曰饮马河。本雅失里西奔以遁，命刘才筑城于饮马河上。永乐二十年，鞑靼阿鲁台犯边，帝二次出塞至呼伦湖［《元史》作阔滦海子］，阿鲁台弃辎重马畜于湖侧，东走兀良哈，可知呼伦贝尔乃明代征服之地。惜未置重兵镇守，移农民实边。自三卫弃后［初设泰宁、朵颜、扶余三卫遥制北边］，积久空虚仍为蒙古游牧之场。延至清初，其游牧呼伦贝尔者，索伦达呼尔外，则有四子部落，先世之诸延泰科尔沁部，祖之昆都伦岱青。茂明安部先世之多尔济弟，兄乌喇特之布尔海［俱元太祖弟之后裔］诸部于天聪年间先后率属归清［见《游牧记》］。索伦达呼尔于崇德年间以地归清，清既抚有呼伦贝尔全境，以属黑龙江省。

其规划设施自开国逮于今，兹以大端言约可分为三事。一曰国界。《柳边纪略》黑龙江所属东至海，西至尼布楚。考尼布楚、雅克萨二处，向均为中国属土。尼布楚为茂明安游牧之所。雅克萨为达呼尔总管倍勒儿故墟。及茂明安部众南徙，布特哈、乌梁海仍在尼布楚，林居捕貂［清时称为树中人］。崇德年间，俄人乘虚袭据其地，筑城以为巢窟，于是东侵雅克萨，南侵额尔古讷河，扰害索伦诸部垂四十年。康熙二十四、五年间用兵雅克萨二次，终结《尼布楚条约》。以额尔古讷河为界，立有五体文界碑。此约定后，额尔古讷河西北土地丧失无算，而黑龙江上游之形势自是全失。宣统三年，又以额尔古讷河中间洲渚界点，与我争持河流。两国派员交涉，迄今案未解决。一曰官守。清雍正十年，于呼伦贝尔设副都统一员、总管五、副管八及佐岭以下各官。同时由布特哈移来索伦达呼尔、陈巴尔虎各旗兵丁分界游牧，以资防守。额鲁特兵丁亦于是年移驻。雍正十二年，复移驻新巴尔虎旗。光绪二十年，于呼伦贝尔设协领一员专管收笼鄂伦春事宜。其旧有之托河路鄂伦春，一路两佐，划归呼伦贝尔副都统管辖。光绪三十四年，裁副都统改称呼伦道。同时，并设胪滨府、呼伦直隶厅、吉拉林设治局。宣统三年，民国告成，库伦独立，呼伦蒙旗响应，汉官退避，呼伦贝尔遂陷于混沌之中。民国九年，蒙旗归政，副都统官阶仍旧，增设善后督办兼交涉员办理道尹事宜，而镇守使、特别法厅、警察厅、征收局，呼伦、胪滨、室韦三县，奇乾设治局及满洲里各官署亦均于同时设置。民国十年，设市政局，奇乾局改设县治。其呼伦贝尔城池之建设，初拟筑城于扎兰木台。雍正十年，将军珠尔海奏议扎兰木台霜降太早，改勘地址定于海拉尔〔今城东临依敏河，缭以土垣，南北二门有楼，何时建筑无考〕。城西门外旧有副都统署〔雍正年间设〕，光绪二十六年毁于俄。三十三年，创建道署，今为副都统署借用。一曰边防。沿边卡伦之设置属于西南者，雍正十二年设十六卡伦，道光二十七年增设三卡。此十九卡与蒙古喀尔喀各部接界。东部则于咸丰十年设有六卡与布特哈接界，其属于西北东三方与俄接界者，始于雍正五年《恰克图条约》中俄派员勘定界址设卡伦五十九处，属于呼伦贝尔者十有二，轮派蒙古官兵戍守，设总卡官一员，曰外卡伦。嗣因防守多疏，十一年添设内卡十二，以资联络。咸丰七年复移内卡驻地，接近外卡，更定名称，裁去三卡改设三台，日久废弛不存。光绪十年，于额尔古讷河下游就外卡十二接设五卡，归瑷珲副都统管辖。呼伦贝尔境内是时共十七卡。庚子之乱卡伦尽毁。光绪三十三年，副都统苏那穆策麟重设十一卡伦。三十四年，呼伦道宋小濂增设至二十一卡，每十卡设总卡官一员。宣统三年，蒙旗独立，边卡沦陷。民国九年独立取消，善后督办钟毓并为十八卡伦，以胪滨、室韦、奇乾两县一局为总卡官，十八卡官分隶焉。〔廷恒〕受事抚绥兹土，当规复之初溯经营之迹，顾此广大河山不胜抚今思古之慨。爰掇拾前闻，以存其梗概云。

沿边形势

呼伦贝尔一大区域为狭长形，面积约占全省三分之一。东西广九百五十余里，南北斜亘二千余里。大兴安岭［即内兴安岭，亦曰西兴安岭］纵贯其东南，额尔古讷河环绕于西北，表里山河，天然形胜。《盛京通志》谓北控俄罗斯，南抚喀尔喀，山河险固并重，龙江城西北部一重要屏藩也。境内山峦盘结，以大兴安岭为正干，寻其脉络，自索岳尔济山起顶，向东北行，重岩叠嶂，起伏蜿蜒，亘六百余里，至凯河发源处，土人始名曰兴安岭。其间高处曰伊克古克达，东清铁路由此通过焉。迤北支脉有吉勒奇老山，海拉尔河源所由出也。又北为雅克岭，过雅克岭一百三十余里，峰峦陡起，群山排列，曰伊勒呼里山，为兴安岭之最高峰。根河、牛尔河出焉。横出一干，东行入龙江黑河。两道界此一大山脉，乃流入嫩江与额尔古讷河两水之分水岭也。正干西北行二百五十余里曰雉鸡场山、珠尔干河、乌玛河、伊穆河出焉。由此东北行达额尔古讷河口与黑龙江汇流处，为浑特山［亦曰挥拍山］。自索岳尔济山至浑特山，长约二千六百余里，统曰大兴安岭。岭之西群山奔赴，皆兴安岭之支脉。水之著者，南有喀尔喀河，西南有克鲁伦河，此二水与地理要塞无关。其著要者曰海拉尔河，呼伦城在其南岸。其注入额尔古讷河处，则中俄国界所由分也。曰根河，元初合答斤等十一部立扎木合为局儿罕于

此［《元秘史》作立扎木合为帝于刊木涟河］，水宽十丈，深一丈
五尺，距河三十余里为官渡口。华俄商旅必由之道也［俄人贩运
烟酒避彼国禁令，皆由此潜越。华人贩运烟酒及入金厂工作者亦
必由此渡河。统计华俄来往各车日十数辆，为边防卫要之区］。
曰吉拉林河［一作哈喇尔河，亦作和伦河］，我金厂所在地，山
内金矿称富有焉。沿额尔古讷河右岸，支水汇归，皆发源于兴安
岭西麓。自根河以上山不甚高，状如波涛之起伏。至根河以南陡
起三峰［满语曰依兰哈达］，高一百一十丈，长二十余里。越根
河而北，山势仍断续不绝。过吉拉林至额尔古讷河口一带，沿岸
多悬崖峭壁，不可攀跻。就中红土崖［河岸有石色如赤霞，故
名］、金刚峰［当河之右岸，壁立千仞］、卧虎石［河岸怪石蹲踞
如虎］尤为险峻，无路可通，来往行人非假道于俄，即须河冰时
方可畅行。修治沿岸道途，洵为边务之急。抵额尔古讷河口，数
岭相连曰浑特山。山以东即黑龙江南岸矣［黑龙江南岸旧属瑷
珲，今为黑河道辖境］。

纵览沿疆形势，东以兴安岭为屏障，南及西南与外蒙车臣汗
接壤。旧设卡伦十九处，类皆介在平野，无高山大河以为间阻。
其为国防攸关者自西北以及东北厥为千五百里之额尔古讷河一水
流域。计其扼要之处凡五。最要者曰满洲里。地邻俄界，为东清
铁路入境首站。商埠既开，俄蒙杂处，江省边境第一门户也。次
曰根河口。当俄人入边之孔道，为水路之要冲，库克多博卡伦设
此［旧为总卡］。今于根河迤北河坞地方移驻警察第二署，以资
镇慑焉。次曰吉拉林［已设室韦县治］。是处为沿边适中之地，
金厂所在，流民丛集，土脉膏腴。时有俄民越垦，诚边防重要之
区也。次曰珠尔干河。当吉拉林与额尔古讷河口之间，东北一带
以此处为扼要。总卡伦旧设于此，以资控制。今以奇乾县治移
此，裁去旧有之珠尔干河一卡，于下游改设奇雅河卡伦焉。次曰
额尔古讷河口。地当伦边终点，距珠尔干河［奇乾县治］五百余

里，去奇乾河［奇乾旧治］二百里。其与黑龙江合流处，为俄轮往来之孔道。边务进行设治屯兵，此为重地。盖伦境被山带河，土地寥旷，巍然为西北重镇。清初锐意经略中原，仅以羁縻视之。其后划界设卡，迁蒙驻守，稍事措置，而日久废弛，俨同虚设。清季以来，几经整顿，防务略具规模，然而盈盈一水，航苇可通，窜越侵扰，无险可扼。固我藩篱，保我土宇，是则筹边事者所宜兢兢者也。

全境疆域方里表

事别＼方向	界至地点	接界地名	距伦城里数	全境道里		
				东西宽	南北长	面积
东	兴安岭伊勒克特山	布特哈	380 里			
南	索岳尔济山	喀尔喀车臣汗部右翼前旗镇国公	680 里			
西	墨尔根、哈玛尔山胡尔海图卡伦	喀尔喀车臣汗部中前旗扎萨克固山贝子	570 里			
北	巴彦鲁克卡伦、额尔古讷河中流	俄国扎拜嘎尔省俄屯	630 里	1 060 里	1 200 里	1 278 750 方里
东南	内兴安岭绰尔河源	布特哈	420 里			
东北	额尔古讷河口	黑河道漠河县界额尔古讷河与黑龙江汇流处	1 500 里			

续表

方向 \ 事别	界至地点	接界地名	距伦城里数	全境道里		
				东西宽	南北长	面积
西南	西林呼都克卡伦	喀尔喀车臣汗部中右旗扎萨克多罗郡王	320 里	1 060 里	1 200 里	1 278 750 方里
西北	塔尔巴干达呼山	俄国扎拜嘎尔省	450 里			
备考	按：呼伦贝尔区域南广北狭，为裒长形。统四周道里计之，截长补短得方里如表列之数					

各县区域道里表（附沿革）

县别	事别方向	界至地点	接界地名	距县治里数	全境道里			沿革
					东西宽	南北长	面积	
呼伦县	东	兴安岭伊勒克特山西麓	布特哈	280里	375里	812里	250 000方里	唐室韦地。辽属上京路。金属北京路。明季为索伦达呼尔所居。清初属呼伦贝尔副都统辖地。光绪三十四年设呼伦直隶厅。民国三年六月，正名为县。九年蒙旗反正，始实行县制。
	南	索岳尔济山北麓	布特哈内蒙古科尔沁右翼前旗、左翼中旗、乌珠穆沁左翼前旗	512里				
	西	赫勒洪德车站	胪滨县界赫勒洪德车站	130里				
	北	根河南岸	室韦县界根河北岸	280里				
	东南	内兴安岭绰尔河源	布特哈	420里				
	东北	根河右岸	室韦县界根河左岸	310里				

续表 1

县别	方向	界至地点	接界地名	距县治里数	全境道里 东西宽	南北长	面积	沿革
呼伦县	西南	阿鲁布拉克旧卡伦	车臣汗中右翼及前旗辉河源迆南	560 里				
	西北	孟克西里卡伦迆南	胪滨县孟克西里卡伦	300 里				
胪滨县	东	赫勒洪德车站	呼伦县界赫勒洪德车站	250 里	650 里	615 里	399 750 方里	清以前与呼伦县悉同。清初,属呼伦贝尔副都统辖地。光绪三十四年,置胪滨府。民国三年六月,正名为县。九年蒙旗反正,始实行县制
	南	贝尔湖	外蒙喀尔喀车臣汗中右旗扎萨克罗多郡王	600 里				
	西	墨尔根、哈玛尔山胡尔海图卡伦	外蒙喀尔喀车臣汗中前旗扎萨克固山贝子	400 里				
	北	十八里草地	俄国扎拜嘎尔省	15 里				
	东南	鄂尔都克布拉克	外蒙喀尔喀车臣汗右翼前旗镇国公	500 里				
	东北	由阿巴该图卡至库克多博卡、额尔古讷河	俄国扎拜嘎尔省俄屯	80 里、120 里不等				
	西南	胡尔海图	外蒙喀尔喀车臣汗右翼后旗扎萨克固子贝子	500 里				
	西北	马蹄页子车站	俄国扎拜嘎尔省	18 里				

续表 2

县别	事别方向界至	界至地点	接界地名	距县治里数	全境道里			沿革
					东西宽	南北长	面积	
室韦县	东	兴安岭山麓	布特哈	285里	330里	300里	99 000方里	清以前及清初，均与呼伦县同。光绪三十四年，拟设直隶厅，旋置吉拉林设治局。九年，蒙旗反正，改设县治
	南	根河北岸	呼伦县界	320里				
	西	额尔古讷河	俄国敖罗其包打雷屯					
	北	莫里勒克河	莫里勒克河北沿一勺缶俄屯	32里				
	东南	根河上游兴安岭山麓	布特哈	450里				
	东北	莫里勒河克上游山麓	奇乾县	320里				
	西南	敖维曲力海	敖维曲力海	340里				
	西北	额尔古讷河	俄国敖罗其包打雷					
奇乾县	东	挥拍山	漠河县界挥拍山	300里	530里	100里	530 000方里	清以前及清初均同呼伦县，光绪三十四年归珠尔干河总卡伦属，宣统三年蒙人自治。民国初，划归黑河道属，九年，蒙旗反正，设奇乾设治局，十一年，改设县治
	南	兴安岭	嫩江县界、兴安岭	1 000里				
	西	额尔古讷河	俄国扎拜嘎尔省					
	北	额尔古讷河	俄国扎拜嘎尔省					
	东南	挥拍山	呼玛县界挥拍山	500里				
	东北	额尔古讷河口	漠河县界、额尔古讷河与黑龙江汇流处，以河口为界点	300里				
	西南	莫里勒克河	室韦县界莫里勒克河上游	600里				
	西北	额尔古讷河	俄国扎拜嘎尔省					
备考	各县疆界系十年会议划界。案就全境区分四县，所定蒙旗牧地包在各县区域以内，其分牧地段另以图志详之。按呼伦贝尔从前拟设县治，除呼伦、胪滨、室韦外，未设者尚有舒都一县（地点定在铁路东北与扎拉木台遥对）。又民国三年，规画县治凡十一，曰奇乾、洪郭（雅克山南）、甘珠、胪南、兴都［元兴都故城东］、库博、根河、托河、牛耳、温河、伊穆，今只奇乾设县							

海拉尔市街

海拉尔西山雪景

建　置

营建昭垂例由内以及外，呼伦贝尔经营草昧，在昔具有规模。兹仍依照旧例先城池、官廨、市镇、村屯，推而至于国界鄂博以及国防卡伦分为志表，以详之。其余祠庙、驿站、路航、路桥梁各项，另行分类列表不加入焉。

城　池

呼伦贝尔城，在伊敏河左岸，中东铁道南，以近海拉尔河，又名海拉尔城。清时初议建城于扎拉木台。雍正十年，将军珠尔海以扎拉木台霜降太早，暂作游牧及试耕场所，改勘海拉尔河一带，水草丰茂，树木丛茂，禽兽繁殖，土地膏腴可以开垦，形势利便，可以建城。奏请改设定议后，迄未兴筑。嗣因交易往来越兴安岭而至齐齐哈尔道险而远，始于伊敏河左岸筑土房为围，划清街道，招山西行商市易为蒙旗会集场。以其地介呼伦、贝尔两湖间，遂名曰呼伦贝尔城。城周四里余，就商户市房为垣，缺处间筑土障，高丈许。道光二十七年，创建南北二门，起砖楼于其上，街心建中门一座，东西二门初以木栅为之。光绪三年，改修土平门，并去街心中门，城内南北街二，东西街一，城外街道四。西门外南北街最长，南通孔道，北接站界新街。

官　廨

副都统署，清雍正年间建。设副都统府与公署前后相连。周围各绕土墙高六尺。公署原设有大堂，穿堂印务处，左右司印房，银库、军械库、火药库、子弹库、册档房、各旗军械库、堆拨房、大门、东西栅栏门、演武厅、监狱房。都统府设正房、东西厢房、书房、二门、大门等项共三十一所，计一百零三间。光绪七年，副都统改设实缺，添建册档房、堆拨房、库房、万寿宫、税课司、前锋营、街道厅、满官学房及都统府之穿堂、东西配房、大门、左右配房、东西栅栏门等项共十八所，计四十九间。光绪二十六年，尽毁于俄乱，迄今未修。旧址在城西门外偏北，西沙山之阳。

旧呼伦道署，在城西门外偏南，清光绪三十三年建筑，周围砖墙，计瓦房七十二间。今为副都统借用，西院设蒙旗学校。

旧设呼伦厅署，在旧道署前，与道署同时建筑，计瓦房五十四间，今为副都统公署及左右两厅借用，东院设蒙旗钱局。

督办公署，铁路南新街向北楼房一所，初系租赁。民国十二年，由俄人马利亚出售呈准购置。

交涉员公署，尚待建筑，暂借铁路官房。

交涉分署，设满洲里，借用俄殖民局。

镇守使署，暂借铁路官房。

军用营房，在城西门外，西沙山迤南，旧呼伦道署西北。民国五年建，计土平房四十八间，周围土墙，旧为蒙旗前锋营，今镇守使军队屯驻其地。

警察厅署，在城西门外西大街路东，面积二百七十二方丈。清光绪三十四年建，东厢五间。宣统二年，续建正房八间，均土平房，旧为警察局驻所。九年复治，改设警察厅署，附设屠兽场在伊敏河右岸。民国十年建筑。

呼伦县署，尚待建筑，暂由租赁呼伦县监狱。在旧呼伦厅署之右，与厅署同时建筑。昔之监狱房也，瓦房九间，周围木墙。

胪滨县署，在满洲里铁道南。清光绪三十四年，建瓦房十八间。民国九年，增修监狱五间。

室韦县署，在吉拉林额尔古讷河东岸。清光绪三十二年，设治员卞调元建筑署房十四间。民国十年，知事郭文田添造客厅三间，监狱三间。

奇乾县署，在珠尔干河。原有卡房一所，计三间。新筑东西两厢各三间，拘留所一间，监狱尚待建筑。

按：上列以外，呼伦贝尔各机关现用衙署，大率出自租赁与借用俄房两端。属于官有者，盖鲜不复备载。又改建道署后，旗署旧有之军械火药各库、街道厅、堆拨房诸名称概行裁废，惟监狱房仍旧。

市　　埠

甘珠庙会场，即寿宁寺道场，一名万人市。在城南三百二十里，呼伦贝尔城外。此为绝大市场，岁以八月为集期。远近商贾辐凑，列肆陈货，穹庐遍野，车马喧阗，颇极一时之盛。内外蒙古及本境各旗民趁墟者，率驱驼马、牛羊为交易品，国税收入额亦甚巨。地方官亲临监视，以资镇压，并调兵保护贸易。说者谓比之江省城西北当日布特哈每岁楚勒罕［译言盟会也］之盛，不稍逊让云。

满洲里商埠，光绪三十三年由中国自行开放。同时并设中国海关定名曰满洲里关。

呼伦商埠，又名海拉尔商埠。光绪三十三年由中国自行开放。东三省总督徐世昌初拟于海拉尔设满洲里分关，继以各国商人无来承认租建者，苏副都统体察商业情形请俟，办有成效，再行临时添设。

各县村屯表

县别	名称	境界	位置	方向	距县里数	附记
呼伦	西屯	索伦正黄旗界	海拉尔河南、依敏河西	西南	3 里	
	南屯	索伦厢黄、正白两旗界	海拉尔河南、依敏河西	正南	15 里	
	扎拉木台	索伦厢黄旗界	扎拉木台河口北岸	正东	90 里	
	墨和尔图	索伦正白旗界	墨和尔图河口北、扎拉木台河西	东南	100 里	
	莫拉艮	县界	根河南	东北	270 里	
胪滨	察罕敖拉	县界	煤矿西北	西南	20 里	此村附近煤矿
	扎兰诺尔	县界	车站南	东南	60 里	此村开有煤矿
	春发屯	孟克西里卡伦界	额尔古讷河南岸	东北	160 里	
	红山嘴	孟克西里卡伦界	额尔古讷河南岸	东北	190 里	
	芳盛屯	额尔得尼托罗辉卡伦界	额尔古讷河东岸	东北	250 里	
	喇布得林	库克多博卡伦界	兀术长城西	东北	300 里	

续表1

县别	名称	境界	位置	方向	距县里数	附记
泸滨	阿金挠克	库克多博卡伦界	兀术长城西	东北	300里	
	大库里	库克多博卡伦界	兀术长城西	正东	300里	
	根河	库克多博卡伦界	根河西岸	东北	300里	
	得盟古锥	警察第二署界	根河南岸	东北	320里	
	那布扎林	警察第二署界	根河南岸	东北	400里	
	五西库力	警察第二署界	根河南岸	东北	500里	
	月拉乎库力	警察第二署界	根河南岸	东北	450里	
室韦	小河子	巴图尔和硕卡伦界	额尔古讷河西岸	西南	300里	此村向东百余里与六七八九等卡相接
	地列木	珠尔特依卡伦界	额尔古讷河西岸	西南	70里	
	水磨	珠尔特依卡伦界	额尔古讷河西岸	西南	60里	此村东北60里为室韦县，又30里为莫里勒克卡
	古力不挠	珠尔特依卡伦界	额尔古讷河西岸	西南	40里	
	各日木	县界	额尔古讷河西岸	西南	30里	
	独木林斯	县界	额尔古讷河西岸	西南	12里	
	卧牛怀	县界	额尔古讷河西岸	西南	3里	
	各留其	莫里勒克卡伦界	额尔古讷河西岸	东北	10里	
	南鲁沟	莫里勒克卡伦界	额尔古讷河西岸	东北	20里	
	吉拉林金厂	县界		东南	36里	
	一万挠司克	警察第二署界	河坞河北	西南	290里	

续表 2

县别	名称	境界	位置	方向	距县里数	附记
室韦	巧纳五西	警察第二署界	河坞河北	正南	280 里	
	纳尼拉	警察第二署界	河坞河南	东南	250 里	
	一立尼钦	警察第二署界	河坞河北	东南	250 里	
	白茶	警察第二署界	河坞河北	东南	230 里	
	包大交拉	警察第二署界	河坞河北	东南	200 里	
	各拉司纳牙	警察第二署界	吉尔布拉河南	西南	320 里	
	拉不扎过	警察第二署界	吉尔布拉河南	西南	300 里	
	苏沁	警察第二署界	吉尔布拉河北	正南	300 里	警察厅警察二署驻此
	巴比来	警察第二署界	吉尔布拉河北	正南	290 里	
	各拉各纳	警察第二署界	吉尔布拉河北	东南	320 里	
	五西各棉司	警察第二署界	吉尔布拉河北	东南	350 里	
	下土龙堆	警察第二署界	吉尔布拉河北	东南	350 里	
	上土龙堆	警察第二署界	吉尔布拉河南	东南	350 里	
	各拉乔维	警察第二署界	吉尔布拉河北	东南	520 里	
	比料子	警察第二署界	吉尔布拉河北	东南	320 里	一名桦树屯
	古斗克	警察第二署界	吉尔布拉河南	东南	320 里	
	卜拉扎贯	警察第二署界	吉尔布拉河南	东南	320 里	
	大拉克存克	警察第二署界	吉尔布拉河南	东南	350 里	
	月拉申卜拉扎贯	警察第二署界	吉尔布拉河南	东南	360 里	
	古立也里	警察第二署界	根河北	西南	400 里	

续表3

县别	名称	境界	位置	方向	距县里数	附记
室韦	雪得过力	警察第二署界	根河北	西南	400里	
	哈拉吉	警察第二署界	根河北	西南	370里	
	支大	警察第二署界	根河北	东南	380里	
	扎不过河	警察第二署界	根河北	东南	390里	
	五西五拉根	警察第二署界	根河北	东南	400里	
	五拉根	警察第二署界	根河北	东南	415里	
	月拉乎五拉根	警察第二署界	根河北	东南	430里	
	五由各七	警察第二署界	根河北	东南	445里	
奇乾	太平庄	毕拉尔河卡伦界	毕拉尔河南	西南	295里	
	姑苏屯	毕拉尔河卡伦界	毕拉尔河南	西南	280里	此村正北15里，为毕拉尔河卡
	开通村	毕拉尔河卡伦界	额尔古讷河右岸	正南	258里	
	大兴屯	毕拉尔河卡伦界	额尔古讷河右岸	正南	25里	
	西安屯	毕拉尔河卡伦界	额尔古讷河右岸	正南	238里	
	木通庄	毕拉尔河卡伦界	额尔古讷河右岸	正南	230里	
	一留站	毕拉尔河卡伦界	额尔古讷河右岸	正南	210里	
	扎马屯	牛尔河卡伦界	沿山	正南	285里	
	隐逸村	牛尔河卡伦界	沿山	正南	160里	
	及第庄	牛尔河卡伦界	沿山	正南	135里	此村东北24里，为牛尔河卡
	常隆屯	牛尔河卡伦界	沿山	正南	85里	

续表4

县别	名称	境界	位置	方向	距县里数	附记
奇乾	常安屯	牛尔河卡伦界	卡伦西北	正南	80里	此村东北70里，为珠尔干河卡
	马鞍屯	温河卡伦界	额尔古讷河右岸	东北	50里	此村北行40里，为温河卡
	乌玛站	温河卡伦界	温河口东岸	东北	120里	此村正西70里为长甸卡，东北70里，为伊穆河卡
	大通屯	伊穆河卡伦界	额尔古讷河右岸	正北	300里	
	王家窝堡	奇雅河卡伦界	额尔古讷河右岸	正北	300里	此村东北25里为奇雅河卡
	奇雅河屯	奇雅河卡伦界	奇雅河西岸	东北	368里	
	兴隆镇	奇乾第二派出所界	奇乾河西岸	正北	400里	旧奇乾县治，即奇乾金矿局之西口子
	中兴屯	奇雅河卡伦界	额尔古讷河右岸	东北	410里	即奇乾金矿局之腰口子
	奇乾金矿局			东北	430里	
	王家地营子	永安山卡伦界	额尔古讷河右岸	东北	410里	即奇乾金矿局之东口子。此村正东18里，为永安山卡
	暴头沟			东北	500里	在永安山卡西南80里
	周家地营子	永安山卡伦界	额尔古讷河右岸	东北	450里	
	石灰窑	永安山卡伦界	额尔古讷河右岸	东北	520里	
	额河口	额勒和哈达卡伦界	额尔古讷河右岸	东北	560里	额勒和哈达卡设此

续表5

县别	名称	境界	位置	方向	距县里数	附记
备考	右表所列系各属散在村屯。其沿边卡伦暨孤单旅店已见于卡伦暨通道表者，兹不复及。又表列方向里数均系就各县计算。表载各属村屯名称，汉蒙俄三方语音互见歧出，一沿旧称以从习惯。其附记之六七八九等卡，系沿用一时之符号，即巴雅斯、胡郎图、温都尔、胡裕尔、和奇巴彦鲁克、珠尔特依各卡					

境内中俄陆路国界鄂博表

名别＼事别	方向	地点	设立年月	号数	附记
塔尔巴干达呼山	伦境西北	塔尔巴干达呼山向北草地上	雍正五年	58	塔尔巴干蒙语"旱獭"也。达呼"斗蓬"也。以山形似之故名
察罕敖拉	伦境西北	察罕敖拉向北贴近于沙罗岭上	雍正五年	59	山名，蒙语"白色"为察罕，山为敖拉
塔奔托罗海	伦境西北	塔奔托罗海向北贴近托罗海岭	雍正五年	60	塔奔蒙语"五色"也，托罗海，山顶也。山有五顶故名
苏克特依	伦境西北	苏克特依向北附近岭上	雍正五年	61	山名，一作索克图
额尔瓜里托罗海	伦境西北	额尔瓜里托罗海向北附近之最高处	雍正五年	62	山名，一作额尔库里托罗海
阿巴该图	伦境西北	额尔古讷河西岸，正对海拉尔河中间，在阿巴该图岭之凸处	雍正五年	63	山名，一作阿巴哈依图，解见卡伦

续表

| 备考 | 按：古无所谓鄂博之称。《清会典》载，游牧交界之所无山河为志者，垒石为志，谓之鄂博。盖即封堆之说。土人又谓为敖包乃一音之转也。呼伦贝尔西北邻俄，分划国界，设立鄂博。自雍正五年，《恰克图条约》始查。当日东路鄂博。全案由布尔古特依山南、巴彦梁起向东至阿巴该图，共设六十三处。属于呼伦贝尔边界者凡六则，其终止之点也。右表所列准此。按《恰克图条约》第三条载，自察罕敖拉卡伦之封堆至额尔古讷河岸，蒙古卡伦之封堆以外，两国派人验明妥议挖立封堆为界，是为呼伦设有国界鄂博之证。又初议自布尔古特山至阿巴该图设鄂博四十八处，旋于本年定阿巴该图之约，设鄂博六十三处，鄂博界点结尾号数均在呼伦边界。又表列方向号数系由西向东计算。查旧有鄂博每处各设两个，年久备驰，悉为俄人残毁，迄今基址强半模糊。然其地点、名称、界点、号数存于政府案档，并散见各图籍者，犹可考证云 |

沿边国界卡伦沿革表

事别名别	音译	设置年代	复设年代 第一次	复设年代 第二次	距伦城各卡里数	对岸俄屯	现在存废
塔尔巴干达呼山	塔尔巴干蒙语"旱獭"也。达呼"斗篷"也,以山形似之故名	光绪三十四年			距伦城450里		废
察罕敖拉	蒙语"白色"为"察罕","山"为"敖拉"	雍正五年	光绪三十三年		距上卡60里	沙尔松	废
苏克特依	山名	雍正五年	光绪三十三年		距上卡60里		废
阿巴该图	山名,雍正五年中俄两国专员勘边会此,值口渴,一妇人以水饮之,因以名山	雍正五年	光绪三十三年	民国九年	距上卡70里	阿巴该图	存
孟克西里	孟克,泊名。西里,"土阜"之意	雍正五年	光绪三十三年	民国九年	距上卡90里	开拉苏台	存
额尔得尼托罗辉	蒙语"额尔得尼""多宝贝"也。"托罗辉","山"也	雍正五年	光绪三十三年	民国九年	距上卡70里	都垳	存
库克多博	蒙语"青岭"也	雍正五年	光绪三十三年	民国九年	距上卡70里	司大列矣粗鲁图	存
巴图尔和硕	巴图尔,即巴图鲁勇号之意。和硕山角也	雍正五年	光绪三十三年	民国九年	距上卡50里	挪维矣粗鲁海图	存

续表1

事别 名别	音译	设置 年代	复设年代		距伦 城各 卡里数	对岸 俄屯	现在 存废
			第一次	第二次			
巴雅斯胡郎图温都尔	蒙语"巴雅斯","富"也。"胡郎图","红"也。"温都尔",高峻之谓	雍正五年	光绪三十三年	民国九年	距上卡50里	杂勒阔夫	存
胡裕尔和奇	地名	雍正五年	光绪三十三年	民国九年	距上卡40里	布拉	存
巴彦鲁克	蒙语"富足"之意	雍正五年	光绪三十三年	民国九年	距上卡46里	别勒维矣布得雷	存
西伯勒布拉克	泉名	雍正五年			距上卡60里		废
珠尔特依	蒙语"有狍子"也	雍正五年	光绪三十三年	民国九年	距上卡46里	洽罗布其	存
莫里勒克	河名	光绪十年		民国九年	距上卡105里	一勺缶	存
毕拉尔河	河名	光绪三十四年		民国九年	距上卡50里	西连音	存
牛尔河	河名	光绪十年		民国九年	距上卡110里	巴西洛夫	存
珠尔干河	河名	光绪三十四年		民国九年	距上卡70里	乌西洛夫	民国十一年十一月奇乾县治迁设珠尔干河,其珠卡迁移奇雅河
温河	河名	光绪十年		民国九年	距上卡90里	葛其牙	存

续表2

名别＼事别	音译	设置年代	复设年代 第一次	复设年代 第二次	距伦城各卡里数	对岸俄屯	现在存废
长甸	未详	光绪三十四年		民国九年	距上卡90里	鲁毕	存
伊穆河	河名	光绪十年		民国九年	距上卡90里	乌留毕	存
奇雅河	河名	光绪三十四年		民国元年，归黑河道管辖。九年划回。因近奇乾设治局裁废，并归伊穆河	距上卡100里	穆赤干	此卡于十一年十一月以珠尔干河卡伦移此
永安山	即额勒和哈达。蒙人谓之额勒和哈达。永安山，汉名也。添设卡伦，因以名之	光绪三十四年		民国元年，归黑河道。九年划回	距上卡100里	一大各其	存
额勒和哈达	蒙语"平安岭"也	光绪十年		民国元年，归黑河道。九年划回	距上卡70里	司大了克	存
备考	按右表卡伦雍正五年十有2卡为初设，至光绪十年所设下游五卡为增设，二十六年俄人之乱卡伦尽毁，至光绪三十三年苏副都统重设十一卡伦，三十四年宋副都统改为21。宣统三年，蒙旗自治，卡伦再废时，仅存有奇永额3卡。民国元年划归黑河道节制。九年复设3卡，划回重设。今之18卡伦兹列表距里数均由西向东计算，又珠尔干河驻卡地点，较奇乾县治扼要。十一年县卡驻地相互移置						

内卡设置表

初设各卡名称	设置年月	改设各卡名称	设置年月	方向地点	距离里数
库里多尔	雍正十一年				
特勒墨勒津	雍正十一年	西伯尔昂阿	咸丰七年	城东北喀布勒河岸	距伦城500里
特尼克	雍正十一年				
崇古林	雍正十一年	迈罕图	咸丰七年	城东北特勒布尔河南岸	距上卡60里
依拉该图	雍正十一年	察拉奇昂阿	咸丰七年	城东北根河南岸	距上卡57里
哈济	雍正十一年	色楮勒吉舍哩	咸丰七年	城北色格勒吉泉东岸	距上卡55里
沙拉鄂苏	雍正十一年	郭尔毕舍哩	咸丰七年	城北郭尔毕舍哩河南	距上卡50里
萨勒奇图	雍正十一年	阿鲁胡都克	咸丰七年	城西北萨木依西南	距上卡50里
翁昆	雍正十一年	西里呼都克	咸丰七年	城西北霍勒博山西	距上卡70里
温都尔鄂勒苏	雍正十一年	布木伯诺尔	咸丰七年	城西北布木伯诺尔泡西岸	距上卡40里
乌兰刚阿	雍正十一年	固勒特格	咸丰七年	城西北海拉尔河口南岸	距上卡39里
布拉克图	雍正十一年	阿尔山布拉克	咸丰七年	城西北阿尔山布拉克泉南岸	距上卡50里
莫贵图	雍正十一年				
托洛郭图	雍正十一年	乌噶拉吉布拉克	咸丰七年	城西北乌噶拉吉布拉克泉南	距上卡49里

续表

初设各卡名称	设置年月	改设各卡名称	设置年月	方向地点	距离里数
乌尔图布拉克	雍正十一年	达西玛克布拉克	咸丰七年	城西北达西玛克布拉克泉南岸	距上卡70里
备考	右表所列 15 内卡系外卡防备疏漏，初次所增设。惟内外相距一二百里不等，仍不足资联络，故复移内就外，相距三四十里。另立名称与地点，改设 12 卡伦，并裁去 3 卡，改作三台（三台见驿站表）。改设各卡相距里数系由东向西计算，初设各卡地点、里数无考，方向与改设同今并废				

喀尔喀布特哈两边接界卡伦表

界别\方向\事别	方向	地点	设置年代	距伦城各卡里数	现在存废	附记
锡拉产	城西北	锡拉产山南	道光二十七年	距伦城810里		
克勒木图	城西北	克勒木图泉东岸	道光二十七年	距上卡80里		
西巴尔图	城西北	西巴尔图泉东岸	道光二十七年	距上卡92里		
哈普奇该图	城西北	额尔得尼山西	雍正十二年	距上卡18里		
阿鲁勒图	城西北	扎拉山东	雍正十二年	距上卡59里		
扎拉	城西北	扎拉山东	雍正十二年	距上卡60里		
布尔克尔	城西北	克鲁伦河北岸	雍正十二年	距上卡70里		
霍尔开图	城西北	墨尔根哈玛尔山西	雍正十二年	距上卡58里		
哈沙图	城西	平野地方	雍正十二年	距上卡65里		城西平野地方有干井一。蒙人谓井干曰"哈沙图"
音陈	城西	平野地方	雍正十二年	距上卡70里		
阿鲁布拉克	城西南	阿鲁布拉克泉西岸	雍正十二年	距上卡58里		
莫端哈沙图	城西南	平野地方	雍正十二年	距上卡104里		

（喀尔喀）

续表1

界别 方向 事别	方向	地点	设置年代	距伦城各卡里数	现在存废	附记
喀尔喀 扎密呼都克	城西南	贝尔池之西	雍正十二年	距上卡51里		
布隆德尔苏	城西南	贝尔池西北	雍正十二年	距上卡50里		由呼伦赴北京、张家口通道
乌兰刚阿	城西南	沙拉尔吉河口	雍正十二年	距上卡50里		
额尔都克布拉克	城西南	沙拉尔吉河东岸	雍正十二年	距上卡67里		
西林呼都克	城西南	沙拉尔吉河源之东	雍正十二年	距上卡60里		
诺门罕布尔都	城西南	诺门罕布尔都泉西	雍正十二年	距上卡70里		
乌木克依布拉克	城西南	呼拉特山西	雍正十二年	距上卡56里		
布特哈 库鲁格	城东稍北	兴安雅克岭西	咸丰十年			
哲尔古里	城东北	哲尔古里河源	咸丰十年	距上卡55里		
根河	城东北	根河南岸	咸丰十年	距上卡120里		
鄂勒霍诺	城东北	鄂勒霍诺河北岸	咸丰十年	距上卡110里		
布鲁	城东北	布鲁河南岸	咸丰十年	距上卡120里		
莫里勒克	城东北	莫里勒克河南岸	咸丰十年	距上卡110里		

续表 2

备考	按：右列喀尔喀界各卡系与喀部分界而设。雍正时之 16 卡为初设，道光时之 3 卡为增设。其方向里数系由西北绕向西南计算，旗署原载志稿于锡拉产下注明距伦城里数以为起点，兹表列后设各卡于前，一仍其旧。旗署志稿又载自阿鲁布拉克至乌木克依布拉克共 9 卡，前与喀部车臣汗郡王托克托胡图鲁争执牧地案未解决，卡伦封堆以是未能修治。右（上）表布特哈界各卡系就伦城方面起算，由近及远以次而列

沿边国界卡伦弁兵数目一览表

弁兵别\卡伦别	卡官	卡副	通事	卡目	马兵	步兵
阿巴该图	1	1	1	1	2	7
孟克西里	1	1	1	1	2	8
额尔得尼托罗辉	1	1	1	1	2	8
库克多博	1	1	1	1	2	7
巴图尔和硕	1	1	1	1	2	7
巴雅斯胡郎图温都尔	1	1	1	1	2	9
胡裕尔和奇	1	1	1	1	2	9
巴彦鲁克	1	1	1	1	2	9
珠尔特依	1	1	1	1	2	9
莫里勒克	1	1	1	1	2	9
毕拉尔河	1	1	1	1	2	9
牛尔河	1	1	1	1	2	9
珠尔干河	1	1	1	1	2	12
温河	1	1	1	1	2	9
长甸	1	1	1	1	2	9
伊穆河	1	1	1	1	2	9
永安山	1	1	1	1	2	12
额勒和哈达	1	1	1	1	2	12
统计	18	18	18	18	36	163
备考	右表18卡为现行制。旧于库克多博、珠尔干河两卡各设总卡官一，今废，改以胪滨、室韦、奇乾三县知事为总卡官。其分隶界划，首4卡属胪滨，中6卡属室韦，末8卡属奇乾。又从前沿边水陆各卡弁兵驻防情形已见《边务略》中，兹不赘述。查阿巴该图、库克多博两卡为俄商民入境贸易必经之地，禁暴诘奸两卡为最要关隘					
说明	按：卡伦为古区脱遗制［区脱"土室"也，胡儿所在居边境，以更番候望］。满语谓之"喀伦"，俗称卡路。关隘设兵瞭望之所也。呼伦贝尔地处三边，当水陆要塞，自清雍正时与俄分界筑立鄂博，后沿边三面并设卡伦。惟其间建设既非同时，变置又不止一次。以上各表，系今昔卡伦制分录而汇存之，并入一类，以资考证					

呼伦贝尔督办公署全影

黑龙江呼伦贝尔交涉员公署

驻满洲里呼伦贝尔交涉员公署

官 制

呼伦贝尔一大区域，广袤千里，土旷人稀，各民族在昔游牧其地，转徙无常。所谓行国制，非如内地郡县制也。清以来，一再经营，始由酉长部落易而为屯戍驻防，复由屯戍驻防进而为设官分治。考其措置之沿革，自雍正五年《中俄恰克图条约》设立国界鄂博。后注重边防，于雍正十年拨来索伦、额鲁特、新巴尔虎各部落，先后分设五翼、五总管及副管以下等官分辖各部。由京简派大臣一员加副都统衔，以三年为任期，坐镇其地资统率焉。乾隆八年，改为副都统衔总管，十六年，铸发关防。至光绪六年，黑龙江将军定安奏以副都统衔总管实任与各总管品秩相当，分位难资，表率且中外交涉日繁，总管职微权轻，责任不属，遇事毫无把握，每贻外人讥笑，请准改设副都统实缺，改发银印以重事权。其索伦、额鲁特、新巴尔虎三部各总管等官设置，仍旧一归副都统管辖。副都统直隶于将军。光绪二十年，黑龙江将军增祺奏准收笼管理鄂伦春牲丁等，变通章程。案将兴安城原设鄂伦春总副管各官裁撤，于黑龙江、墨尔根、布特哈、呼伦贝尔四城各添设协领一员，专管鄂伦春事宜。呼伦贝尔此设有协领，其原设之托河路一路两佐划归呼伦贝尔副都统管辖。副都统署内则设有三司。曰印务处堂司，掌管副都统印信。曰左司，掌收发官兵俸饷及经理别项财政。曰右司，掌验放官兵各缺及征调审判诸事。此三司由各旗总副管、佐领、骁骑校轮值充差。光绪三十三年，拟改民治，奏派宋小濂护理副都统，嗣因蒙旗风气未开骤难变革，将各项行政事务分别缓急，次第举办。所有例行关系旗务事项，仍归各司承办。而五翼总管以下等官兵，悉如旧制。惟创办各要政，以旗员情形隔阂，别于署内设文案处，而以调查局副之。设会计，所以综核度支。三十四年，设边垦总局办理全伦垦务及添设沿边卡伦，前设之会计所及后立之官货局，俱附属焉。满洲里则设边垦分局于吉拉林，设设治委员，其他巡警交涉各局暨税课司、发审处亦均先后成立。凡此草创规模已树，改设民治之先声。宣统元年，实行民治。东三省总督徐世昌、黑龙江巡抚周树模奏准裁撤江省各副都统，改设道员，以瑷珲、呼伦两处交涉关税事务较重，且有统驭部属之责。呼伦贝尔改设兵备道加参领衔兼辖旗务，于道所驻在地添设呼伦直隶厅，满洲里设胪滨府知府。同时，又于海满两埠各设驻防兵一营，并经奏准拟将吉拉林设治局改设室韦县于免渡河，添设舒都厅。其从前副都统所辖旧设之五翼总管暨副管以下等官兵，统归道员节制。副都统署所属之处司员额亦次第裁撤，改由道署自辟掾属分股办事。前设之发审处、税课司亦酌量裁，改其府厅审理民刑诉讼。以蒙汉言语不通情实难尽，则另订陪审章程，由各旗选送合格蒙员委充陪审员旁听翻译，不准干预审判。此清时呼伦贝尔旗民官制之大略也。

宣统三年，蒙旗独立，民官一律停废，唯一铁路交涉局［光绪二十八年设］时尚存在。民国四年，以中俄会定条件，蒙旗取消独立，定为特别区域，复设副都统原职。副都统署之左右司，改为左右两厅，各设厅长一员。裁印务处，另立文案处，设处长一员及顾问、帮办、办事员各职。民国八年，蒙旗归政，取消特别区域，副都统归督军节制，增设陈巴尔虎总管一员暨总管以下各官。民国九年，恢复民治制，改设善后督办兼交涉员一员，官制与道尹同。由省署拟订《督办公署暂行条例》[条文附后]，咨请国务院核准奉行。旗署设官仍旧，所有旗务复归副都统管辖督办。所属设警察厅一改设呼伦、胪滨二县，添设室韦一县，奇乾设治局，一以各县知事兼各县警察所长。督办公署兼交涉员署内分设四科，各设科长一员。一曰外交，承督办兼交涉员之指挥，办理所属及关于呼伦旗属一切交涉事件。二曰总务，承办本署、筹办边防国界、征榷、测绘、收发、会计、庶务及不属于各科事件。三曰民治，承办本署所属一切民治、边垦并兼核各属司法行政事项。四曰教育兼实业，承办本署所属汉蒙各学校及一切渔盐、牧矿、工商各实业事项。旋以经费裁减征榷、司法、教育、实业各项，另归直接统系实行，并为外交、行政、财政三科分科办事。于满洲里设交涉员办事处，专办交涉事宜。同年复移调镇守使一员，统带陆军江省第二混成旅驻海拉尔。于所属三县一局各增设征收局，一归财政厅直辖。民国十年，善后督办兼任清乡会办，奇乾设治局改设县治，就原有铁路交涉局改兼市政局。是年中东路权收回，于海拉尔、满洲里两埠治外区域，分设特别区第五、第六两法庭，并特别区警察第五总署及分署。此外属于中东铁路部分者，如驻满之护路军哈满司令部兼海满警备司令部、铁路警察第三段，分驻海满之铁路技术部及属于税捐之中国海关建设年期先后不等，统属机关不一 [详各分表]。要皆为呼伦贝尔之各种重要官制，兹就今昔所设施，厘为旗官制、民官制附以统系，现制职官各表存其梗概，其他不属官制分别列入各门以类相从均散见焉。

旗属官制

副都统一员，雍正十年初设，由京派员加副都统衔。乾隆八年，改设副都统衔总管。光绪六年，改设副都统实职。宣统元年裁废，改设兵备道加参领衔。民国元年，道职复废。民国四年，复设副都统，今存。

总管六员，雍正十年初设。索伦二员，额鲁特一员。十二年，设新巴尔虎二员。民国八年，陈巴尔虎由索伦部属分立，增设一员，今存六员。

协领一员，光绪二十年增设，今存。

副管九员，雍正十年初设。索伦八员［左右翼各四］，新巴尔虎八员［左右翼各四］，额鲁特一员。乾隆七年，索伦裁四员，八年，新巴尔虎裁四员，额鲁特裁一员。民国八年，陈巴尔虎增设二员，索伦左翼一员，今共存九员。

佐领五十九员，雍正十年初设。索伦五十员，额鲁特一员。十二年，设新巴尔虎四十员。乾隆［年岁无考］索伦裁二十六员，拨回布特哈，留二十四［左右翼各十二］。八年，新巴尔虎裁十六员，留二十四［左右翼各十二］，额鲁特增设一员。光绪二十年，由兴安城移来两佐，计二员。民国八年，陈巴尔虎增设十二员，索伦左翼裁五员。今存索伦左翼七员，右翼十二员，新巴尔虎两翼二十四员，陈巴尔虎一部［不分左右翼］十二员，额鲁特二员，鄂伦春二员，共五十九员。

骁骑校六十一员，各员设裁额数，年月均与佐领同。内惟额鲁特增设二员，今存共六十一员。

护军校二员，雍正十年额鲁特设二员，今存。

副都统署笔帖式，同治十二年设二员。光绪七年设二员，今存。

［委额外］笔帖式，乾隆四年设二员，七年设四员，光绪七年设六员，共十二员，今存十员。

蒙文翻译笔帖式，雍正十年初设一员，由理藩院拣派。乾隆七年，理藩院笔帖式调回，改由本处副都统于领催披甲内拣放，并增设一员，共二员今裁。

满文笔帖式，雍正三十一年设二员，拣放同蒙文翻译，今裁。

索伦各部笔帖式，乾隆四十八年设五员。同治十二年设五员。民国八年，陈巴尔虎设二员，共十二员，今存。

鄂伦春［办事委］笔帖式，光绪二十年设一二员，今存。

十七台管台笔帖式，光绪七年设二员，今裁。

满官学教习，光绪八年设一员，共二员，今裁。

按：右载旗属各官员，增减存裁，系就清制。越及今兹而言，其今职改定详细额数，见下现制表。

民治官制

善后督办兼交涉员一员，宣统元年初设呼伦兵备道。民国元年道缺废止。民国九年改设今职。

警察厅长一员，民国九年初设。

呼伦县知事一员，宣统元年初设呼伦直隶厅，民国元年厅缺废止，民国九年改设今职。

胪滨县知事一员，宣统元年初设胪滨府，民国元年府缺废止，民国九年改设今职。

室韦县知事一员，光绪三十四年初设吉拉林设治局，民国元年废止，民国九年改县设今职。

奇乾县知事一员，民国九年初设奇乾设治局，民国十年改县设今职。

按：右载民治官制，仅以行政方面直接统属为限，其他军事、路政、征榷、司法各官，另表分别各门可参考焉。

副都统属现官制统系表

副都统	本署	左厅〔左司改设〕		
		右厅〔右司改设〕		
		文案处		
	旗属	索伦	达呼尔部旗附内	左翼二旗右翼四旗	各设总管以下等官
		新巴尔虎	左翼四旗	各设总管以下等官
			右翼四旗	
		陈巴尔虎二旗	无左右翼,统为一部,设总管以下各官	
		额鲁特一旗	无左右翼,不设副管,归总管直辖	
		鄂伦春一旗	无左右翼,不设副管,归协领直辖	

旧设道属统系表

兵备道兼参领衔	本署	文牍兼司法股	由道员自委僚属,不拘汉满蒙人
		边垦兼交涉股	
		蒙旗股	
		财政兼会计所	
		收发兼庶务处	
	民官	呼伦厅	
		胪滨府	
		吉拉林设治局	
	旗属	与副都统表同	
	边卡	沿边二十一卡伦	

善后督办各属统系表

善后督办兼交涉员	本属原设	外交科	改并	第一外交科
		总务科		第二行政科
		民治科		第三财政科
		教育兼实业科		交涉员办事处〔分设满洲里〕
	民官	警察厅		
		呼伦县		
		胪滨县		
		室韦县		
		奇乾县		
	边卡	沿边十八卡伦		

副都统属现制官长员书额数表

署别	职别事别	员额\额数		
		现制	旧制	比较
副都统公署	副都统	1	1	无增减
	厅长	2	无	增2
	文案处长	1	无	增1
	顾问	1	无	增1
	帮办	2	无	增2
	办事员	5	无	增5
	汉文主稿	1	无	增1
	主稿笔帖式	6	22	减8
	委笔帖式	8		
增17	书记	17		无
各旗署	总管	索伦 左翼 1 / 右翼 1；新巴尔虎 左翼 1 / 右翼 1	5	增1

续表1

署别	职别 事别 员额	别	额数		
			现制	旧制	比较
各旗署	总管		陈巴尔虎	1	5	增1
			额鲁特	1		
			统计	6		
	协领		鄂伦春	1	1	无增减
	副管	索伦	左翼	1	8	增
			右翼	2		
		新巴尔虎	左翼	2		
			右翼	2		
		陈巴尔虎		2		
		统计		9		
	佐领	索伦	左翼	7	52	增7
			右翼	12		
		新巴尔虎	左翼	12		
			右翼	12		
		陈巴尔虎		12		
		额鲁特		2		
		鄂伦春		2		
		统计		59		
	骁骑校	索伦	左翼	7	52	增9
			右翼	12		
		新巴尔虎	左翼	12		
			右翼	12		
		陈巴尔虎		12		
		额鲁特		4		
		鄂伦春		2		
		统计		61		

续表 2

署别 \ 职别 \ 事 \ 员额 \ 别		额数			
		现制		旧制	比较
各旗署	笔帖式	索伦	左翼	2	
			右翼	2	
		新巴尔虎	左翼	2	增2
			右翼	2	
		陈巴尔虎	2	13	
		额鲁特	2		
		鄂伦春	3		
		统计	15		
	护军校	额鲁特	2	2	无增减
备考	右表现官制系入民国后改定，副都统公署所列笔帖式旧制额数包有已裁满蒙译员4员，17台管台笔帖式2员在内。又旧制达呼尔部并入索伦以内，今仍之				

历任职官表一

职别\事别	姓名	字	籍贯	到任年月	纪事
副都统衔	哈达哈		京都旗佐失考	雍正十三年	由内大臣简放
	色楞额		京都旗佐失考	乾隆二年	
	堆讷		京都旗佐失考	乾隆三年	
	玛尔柏		京都旗佐失考	乾隆四年	
副都统衔总管	帕图		齐齐哈尔正蓝旗满洲	乾隆八年	本年改设副都统衔总管
	失名		呼兰厢白旗满洲	乾隆十四年	
	胡尔奇		齐齐哈尔厢蓝旗满洲	乾隆十九年	
	卓里雅		齐齐哈尔厢白旗满洲	乾隆二十四年	
	胡尔奇		齐齐哈尔厢白旗满洲	乾隆二十五年	
	悦屯		布特哈正黄旗	乾隆二十九年	
	喜瑞		布特哈正白旗	乾隆三十一年	
	通安岱		齐齐哈尔正黄旗满洲	乾隆三十八年	
	三保		布特哈正红旗	乾隆四十四年	
	赓杰苏		布特哈正黄旗	乾隆五十四年	
	依林保		宁古塔旗佐失考	乾隆五十五年	
	噶塔布		京都正黄旗满洲	乾隆五十七年	
	当绅保		京都正红旗满洲	嘉庆元年	

续表1

职别\事别	姓名	字	籍贯	到任年月	纪事
副都统衔总管	托尔托保		墨尔根厢蓝旗	嘉庆四年	
	色玉绅		京都厢蓝旗满洲	嘉庆十二年	
	胡勒岱		齐齐哈尔正黄旗满洲	嘉庆十四年	
	舒尔哈善		吉林厢白旗满洲	嘉庆十九年	
	精新保		京都正白旗满洲	嘉庆二十四年	
	色尔滚		布特哈正黄旗	嘉庆二十五年	
	希郎阿		齐齐哈尔厢白旗满洲	道光七年	
	博多浑		布特哈正白旗	道光九年	
	巴雅尔		布特哈正白旗	道光十四年	
	花山泰		京都正黄旗满洲	道光十九年	
	丰绅		京都厢白旗满洲	道光二十年	
	额勒恒额		京都正白旗满洲	道光二十三年	
	德常		吉林正黄旗满洲	道光二十五年	
	奎福		吉林正黄旗满洲	咸丰二年	
	依成额		吉林旗佐失考	咸丰四年	
	吉拉明阿		齐齐哈尔正黄旗满洲	咸丰六年	

续表 2

职别＼事别	姓名	字	籍贯	到任年月	纪事
副都统衔总管	珠勒格讷		布特哈正黄旗	咸丰七年	
	明通		京都厢黄旗满洲	同治二年	
	布尔和德		京都正白旗满洲	同治九年	
	萨克信		京都正白旗满洲	同治十三年	光绪六年，奏准改副都统实缺
副都统	双龄		京都正白旗满洲	光绪十四年	
	乌善		齐齐哈尔正白旗满洲	光绪二十一年	
	依兴阿		齐齐哈尔厢蓝旗满洲	光绪二十四年	
	苏那木策林	荣轩	齐齐哈尔厢红旗满洲	光绪三十一年	
兵备道	宋小濂	友梅	吉林	光绪三十三年十月	初任护理副都统，宣统元年改道
	毛祖模	艾孙	江苏太仓		光绪三十四年，请补未到任
	于驷兴	振甫	安徽寿县	宣统三年四月	
	黄仕福	火焱	浙江山阴	宣统三年十一月	
	庆善	同甫	旗佐失考	宣统三年十二月	
	庆山		旗佐失考		民国元年委，未到任

续表3

职别 \ 事别	姓名	字	籍贯	到任年月	纪事
副都统	胜福	介轩	索伦正黄旗达呼尔	民国四年	
	贵福	绅五	索伦正黄旗达呼尔	民国八年十二月	
督办兼交涉员	钟毓	辑五	奉天沈阳	民国九年二月	
	程廷恒	守初	江苏昆山	民国十年四月	
备考	按：右列副都统、兵备道、督办三职均属同级官制，惟民国九年以前系就历任先后载入。民国九年以后兵备道改称督办，副都统设置仍旧，同时并立两署机关。又到任栏内月份失考者，概从阙注				

历任职官表二

职别 事别		姓名	字	籍贯	到任年月	纪事
呼伦警察厅厅长		郎官普	菊辰	奉天新民	民国九年三月	
呼伦	直隶厅同知	王莘林	可耕	吉林榆树	宣统元年六月	
		王英敏		失考	宣统三年四月	
		翟文选	锡仁	吉林双城	宣统三年六月	
	县知事	何如铭	云台	甘肃狄道	民国九年二月	改设县治初任
		郭曾煜	亦廉	福建侯官	民国十年十二月	
胪滨	知府	张寿增	鹤延	顺天	光绪三十四年六月	
		锡廉		失考	宣统三年九月	呼伦税局专办代理府篆
		张寿增	鹤延	顺天	宣统三年十一月	回本任
	县知事	赵春芳	香圃	直隶滦县	民国九年二月	改设县治初任
		杨凤旭	东生	福建侯官	民国十年八月	
		董文瑞	纪五	吉林双城	民国十一年九月	
室韦县知事		郭文田	雅亭	热河赤峰	民国九年二月	本年吉拉林设治局,改设县治初任
		冯润章	宪侨	奉天昌图	民国十一年八月	
奇乾县知事		李玉琛	献廷	奉天庄河	民国九年十月	原充奇乾设治局委员。民国十年改设县治初任

备考：按：右列职官系就前后兵备道督办直接统属为限，其解直隶之他项职官。详见各分表，兹不赘列。又呼伦厅、胪滨府，入民国后二职废止。民国九年改设呼伦、胪滨二县

《呼伦贝尔督办公署暂行条例》

第一条　呼伦贝尔隶属于黑龙江省设善后督办公署，置督办一员，由大总统简任。依其职权办理该区域内一切善后事务，兼理交涉事项，监督所属职员暨该区域内之各县知事，并受省长之特别委任督办一切事务。

第二条　督办公署得自委掾属，分设各科处理各项事务，其执掌员额由督办拟订，呈请省长核定，并咨部备案。

第三条　督办公署为缮写文件管理档案得酌用雇员。

第四条　督办于所属各县知事之命令或处分，认为违背法令、妨害公益或侵越权限时，停止撤销其命令或处分，仍呈报省长。

第五条　督办于所属各官吏认为，有应行奖惩之事实者，分别呈请省长核办。

第六条　督办于所属各县知事遇有事故或出缺时，得委员代理，并就分发黑龙江省之知事或荐任职内遴员，呈请省长核择任用。

第七条　督办对于特别官署之监督方法，各依其官制定之。

第八条　督办受省长命令，对于所属驻扎之巡防警备各队得节制调遣之。

第九条　督办于非常事变之际，需用兵力或为防卫起见，需用兵备时，得呈由省长请驻扎邻近之陆军派兵处理，但因特别情形不及呈请时，得径向各该军队长官请其出兵。

第十条　督办遇有非常紧急或特别重要事件，于呈报省长外，得径呈大总统。

第十一条　督办公署处务细则暨各科员额分配俸给数目，由督办按照该处情形详细拟订，呈请省长核定，并咨部备案。

第十二条　督办公署之经费另定之。

第十三条　本条例自公布日施行。

边　务

　　自来筹边事者不外移民垦殖、屯兵戍守二端。呼伦贝尔游牧成风，草莱未辟，边线绵远，堡障必严，安内御外，在在胥资。擘画以境界言，西南两方接喀部车臣汗，西北一带与俄罗斯为邻，三面介在边陲，均为冲要地点。而以边患言，喀部在清初已倾心内属，列为外藩。今更五族融洽，疆域相安，向无侵扰。呼伦贝尔之最重边防，实惟额尔古讷河一千五百里之天然界限。考额尔古讷河一水中流，为中俄国界所由分。而中国最初之国界，原不仅止于额尔古讷河。自康熙二十八年缔结《尼布楚条约》，以外兴安岭、额尔古讷河、格尔毕齐河为两国国界。举额尔古讷河西北一带土地，轻以界敌［详见外交］。中国界务在江省西北者，于是划分。而呼伦贝尔之边防，亦即于是开始经营。在未设副都统之先，初归黑龙江将军管辖，定察边之制于中俄分界处。岁以五六月间派齐齐哈尔、墨尔根、黑龙江协领各一员，佐领、骁骑校各二员，共兵二千四百名分三路至格尔毕齐、额尔古讷、莫里勒克［在额尔古讷河右岸现设卡伦］、楚尔海图［即粗鲁海图河在巴图尔和硕卡伦对岸，今属俄境］等河巡视有无牧痕，以防侵越碑界。察边卓帐处，齐齐哈尔在格尔毕齐、额尔古讷二河，墨尔根在莫里勒克河，黑龙江在楚尔海图河。定例每齐齐哈尔协领与墨尔根协领会，墨尔根协领与黑龙江协领会，各书姓名年月于木牌瘗山上。明年察边者取归，呈将军、副都统复各瘗木牌，以备后来考验［其时行程漫无轮迹，择大树去皮识之，以认归路。或就地埋之，隆土作冢形糇粮不能携则囊挂树上以寄之］。至雍正十年，始设副都统专员，由布特哈、阿尔太车臣汗等处先后拨来索伦、达呼尔、巴尔虎、额鲁特、新巴尔虎各旗兵丁六千五百名，分牧驻防，归副都统轮派。官兵戍守其布防界线及支配方法，喀部车臣汗界先后设十九卡，每二卡官一员，兵十名，每月一换。东路布特哈界之六卡，每卡兵五名共官一员，两月换防。沿边防俄，则根据《恰克图条约》初设十二卡伦［陆界三卡，水界九卡］，总卡官一员，分卡官各一员，兵各三十名，防期三月一换。两卡间设一鄂博，逐日巡查俄人越界牧垦情事。继以卡防单薄，重设内卡十五处，藉壮声援。乾隆五年，复增设总卡官一、佐领二、蒙古包四十八［每卡四包］。咸丰七年，以内外卡伦相距窎远［一二百里不等］，呼应不灵，移内就外，相距三四十里以便接近。光绪十年，为防俄人越界采金，复于额尔古讷河下流增设五卡。此清室历代防边之大较也。

在昔经制之初，寓兵于牧，既宏休养生息之图，复合劳逸平均之道，非不意美法良。无如承平日久，故事敷衍。沿边卡务饷少兵单，甚至士呼庚癸，鼻息仰人。俄人利用我饥馁士卒，施以一饱之惠，即甘为守牧牛羊之隶役，边务至斯不堪言状。至光绪二十六年庚子一役，沿边卡伦尽毁于俄。迨三十三年，苏副都统重设十一卡伦，期复旧制［下流各卡时尚阙如］。三十四年，护副都统宋小濂莅任，慨边务废弛，仿古屯田遗制，为实边政策。以蒙人不习耕稼，一律改用汉人。增设至二十一卡，每卡弁一员，兵二十二名。五卡设一卡官，十卡设一总卡官。以耕为戍，分给牛马各项垦资。经此一番整顿，越垦土地渐次收回，伐木刈草皆知敛迹，商贾闻风而来，农民日渐附聚，从兹一意，进行不难，渐臻充实。乃自辛亥，民国告成。蒙旗被煽独立，汉官退让，兵匪纷起，卡制大扰。其时珠尔干河总卡官赵春芳与额勒和哈达卡官李玉琛招抚叛兵，编练马步队保护奇漠两金厂，支持下游残局，奇永额三卡赖以未陷。至民国九年俄党内讧，蒙旗以种族大义幡然内附，请命中央取消自治，一时复设有汉蒙各官。沿边县治、海满两埠分屯重兵两旅，而呼伦一隅至是重放光明。历考呼伦贝尔边务情形，在光绪三十三年以前纯取游牧备兵主义，光绪三十三年，以后改用屯田实边主义，因时制宜均属筹边善策。徒以法久弊滋，蒙兵轮戍之制几同虚设。兼之外侮内乱事变迭乘，经庚子、辛亥两役边局残破，几有不可收拾之状。民国十年，善后督办钟毓规复边防，重设十八卡伦，每卡官一员，兵十余名，以沿边三县知事兼充三总卡官，边卡制度渐复旧观。廷恒继任，鉴于前人经画，参酌目前局势，就沿边三县十八卡，拨地招垦，减缓租赋，以符固圉实边之计画，并于河坞要隘移驻警官三员、警士五十名资镇戍焉。而额尔古讷河下游各县电报、电话亦同时筹设，节节进行力谋发展。惟是国防所在水陆地带冲要繁多，起视额尔古讷河两岸，彼则村屯蚁聚，我则汛地星疏。满洲里一埠，彼则路线横穿，我则形势莫扼。况乎自珠尔干河以下，山岭险峻，道路急待开通，海拉尔河以北土质膏腴，树艺更须兴作，又均为筹边务者不容置诸缓图者乎！

附录宋小濂《筹边条陈》

[钦帅、大帅] 钧座敬禀者，窃 [职道] 能薄识寡，政略未娴，猥蒙宪台知遇，奏护呼伦贝尔副都统，深惧弗克胜任，上负朝廷眷念边陲、宪台委任责成之至意。到任以来，业将大概情形暨添设各局处章程，分别禀呈在案。嗣于逐日接见官商，详加谘访，并证以平素之所见，闻于地方形势，蒙旗情状似已得其要领。未尝不喟然于经营之未免过晚，而又懔然于更张之不敢过骤也。查呼伦贝尔虽系江省辖境，然兴安一岭横绝其东，俨有天然瓯脱之势，而又西北东三面与俄国接壤，西南与各蒙为邻，铁轨贯穿腹地，间道直达京师，边防之重莫重于此。庚子变后，外人乘机进取不遗余力。而所属各蒙旗犹浑浑噩噩，纯在游牧时代，语以大局懵然罔知。犹顽癣，然搔之不痒，割之不痛。故近数年来权利放弃殆尽，若辈尚处之晏然。谈边略者怵于时局之危，多谓非锐意经营极力改革，如裁撤旗官，驻扎新军，设官招民大兴屯垦以及学堂实业各新政，均一一毅然实行。弗稍迁就，恐不足以固我边圉。消彼觊觎，夫论者诚是矣。然愚以为理无或易，势有难行。窃虑夫百废俱兴，无论需款浩繁，一时无从罗掘，而张皇过甚，易招强邻之忌。变更太骤，或失蒙旗之心。此贰彼虞两相勾结，恐我之政策未行而边事已不堪问矣。为今之计莫若通盘筹画，预定办事宗旨，以备逐渐兴举，固不敢因循以误事，亦不必急遽以求功。惟当分别缓急，择要切实作去，徐图进步，冀收得寸得尺之效，则边务庶有豸乎！兹将豫筹各事办法开列于左。

一旗务。查呼伦贝尔所属各蒙旗计口三万有余，人情朴厚，牧畜蕃滋，且皆节俭耐劳，奉法维谨。前 [职道] 到任时，奉宣德意不过数言，官兵皆同声感激。若能开诚布公，逐加开导，尚能为国效用，屏蔽边疆。但僻处荒野，风气锢塞，习惯所结开化骤难。倘操之过激，各蒙疑惧生心，转于事机有碍。非加意安抚，不易为力。顾安蒙之道有二。一副都统以下等官暂勿裁改。查本属各蒙旗系新旧巴尔虎、达呼里索伦、额鲁特各种部落错居杂处，较扎赉特郭尔罗斯杜尔伯特各蒙之只系一族。又有王公贝子为之镇慑，及各城满汉旗人之渐开化者，迥乎不同。全资副都统、总副管以下各官层递管辖，而各蒙旗心目之中又只知有副都统，故二百年来极为帖服。本年春间，宪台奏定东三省官制内，有裁撤各城副都统一条。原以既建行省，自应添设民官。惟此间现在无民可治，熟察情势尚非其时。裁减额兵，各蒙官已有连累而及之。惧似应将不即裁改之意，早日决定宣布以安其心。况蒙官均属半俸，国家岁费无几。又何惜此虚名，不暂留以资维系耶。一旧有旗务与现行各事须画分办理，缘各蒙旗狃于故，常于新政不知。所谓若骤令其革故从新，必非所愿。[职道]前请另设文案、会计、调查、审判各局处，即为别立行政机关振兴一切。其副都统衙门及各旗向日例行，如官府文书、司员、差事、征收、税务、民间、习尚等事一切暂仍其旧。但于事之有弊者，逐加整顿。迨新治推广濡染既深，然后随时变通以归一致。职道非敢依违两可，特以边务关系重要。此无侵扰，彼无阻抗乃可安心布置，放手作去也。

一边务。查呼伦贝尔辖境三面邻俄，沿边一千余里，西北自塔尔巴干达呼山起，东北至额尔古讷河口止，一望荒凉，几同无人之境。俄境则屯镇相望，星罗棋布。庚子变后，彼族乘势侵越，如采矿、开垦、捕猎暨取木、植羊草等事一皆听其所为，无人过问。近虽漠矿收回，而边境空虚如故，所失仍属不少。然必迁民实边或大兴屯垦，则又需费甚巨，财力实有未逮。规时度势，唯有略仿屯垦之意。先从小处切实办起，立定基础，徐求扩充。其办法仍由卡伦入手，查沿边旧有卡伦经乱废置。上年前任苏副都统复设十一处，每卡蒙兵数名，饷薄兵单异常困苦，不惟不能守边，且恐借以盗卖草木，为俄人利用。现拟变通办理，每四十里设一卡伦，每卡设卡弁一名，卡兵三十名。每五卡设卡官一员，每十卡设总卡官一员。再于扼要处所，酌设地方官节制各卡官弁，主持一切行政事宜。其各卡弁兵均须招集安分农民，每卡以十名巡查边境，二十名开垦荒田，更番轮替。暇则练兵习操，俾力农讲武，两俱不废。所得粮米，即作各该卡兵津贴。俟其力能自给，即将所垦之地分给为业，酌量升科停饷。其卡弁即改为屯官，另行招兵驻卡逐渐更换，庶边民日见繁庶。至沿边出产如羊草、木植、皮张等类，或由卡兵自行采伐售给俄人定章收税或定地发照，由俄人采伐，但收税课。沿边金矿最多，应由守卡官弁及地方官随时查勘。有则开办，俾无遗利，且利之所在，人必争趋，即可借以多聚人民。然交通不便，办理仍多窒碍。或提官款或招商股，设立应筹轮船公司驶行黑龙江、额尔古讷河等处，以资运输。既有观音山、漠河等金厂，应用粮货之多，当不望其亏本。冬令则仿俄站办法，令各卡均备快马冰橇以传递公文，便利行旅。夫卡与卡近则照料易周，即可开通道路，逐渐招徕垦户。既有卡兵保护，又有已耕之田，食粮居处，后至者不至缺乏，族戚滋引来者必多。较之骤迁多数人民仓促到边，安插不易，似为得法。且夏有轮船，冬有冰橇，则交通便利，自不难日见繁昌。征收羊草皮张税课，广开金矿，则筹款有资于行政各费不无小补。如此循序办起，边境可望日充藩篱，可期渐固。如能多拨巨款，将全省边务照此统一办理，尤为妥善。〔职道〕前曾草拟边务节略上呈，谅蒙鉴纳。盖江省应办事务虽多，总应先从边务作起。边务就绪，得纾后顾之忧，乃能将一切内治次第推行。以上各节均系大概办法。其详细章程，俟派员分路调查，明确绘图贴说，再行分别酌订，呈请鉴核。

一垦务。查呼伦贝尔地方广袤一望荒芜，可垦之地所在皆是。只以蒙人不知耕作，一米一粒由千里外购运而来，道远费重何可以常。沿边既设卡伦，略仿屯垦之法，逐渐开辟腹地，亦应招垦以尽地力。惟蒙旗夙以牧畜为业，其素所游牧之地未便即行开放，致有侵扰，应用耕牧并兴之法，将沿铁路两旁各三四十里择腴招放。既于牧场无碍，而往来捷便，领户亦易招徕。但年来垦务已成弩末，如杜尔伯特、墨尔根等处地近省城，领户尚不踊跃。况此天寒地远，孰肯舍易就难，非变通办理难以收效。拟本属各处荒地均不收押荒银两，俟其垦辟成熟再行照章收科，并拟酌定奖章。如有能招垦户若干，或设垦务公司若干者，参仿垦务收款部章，分别异常、寻常请奖，以示鼓励。盖能为国家招垦实边，其功亦不在放荒各员下也。再能筹拨巨款开设垦牧银行，专为垫办垦户牛种、房井各项，并振兴牧政之用，则发达尤为较易。其办法章程俟查看详订呈请核夺。似此办理，负耒受廛之氓，当能源源而至。数年而后，地方渐臻繁盛。蒙汉杂处，观感有资游牧之民，当进而为耕稼之民也。

一外交。查本处外逼强邻，中贯东清铁路，加以满洲里及海拉尔两处业经宣布自开商埠，交涉极为繁难。原有交涉税务局专理外交，兼办新添各税，仍饬照常办事。惟局务章程尚须参酌改订。其满洲里、海拉尔、博克图铁路交涉分局原隶哈埠总局，惟于本处时有关连，请并由副都统就近节制，以便呼应灵通。且既经开埠，所有外人税务应设关道办理，则本处关税无多。然既有哈尔滨、满洲里总分各关，仍应归副都统兼管。俟设有知府同知等地方官，再行责其承办。如是则交涉不至分歧，遇事方有把握。抑〔职道〕更有进者，外人交涉手段备极狡狯，往往此正一意坚持，彼又设法牵动，声东击西，因应为难。向来外交失著弊多生此，拟请以后无论何项交涉，彼族有向省城哓舌者，均推由本处定办，免致入彼圈套。至于重大事件仍一面磋商，一面咨请省署主裁。

一设官。查呼伦贝尔所属全系蒙旗，副都统以下等官既拟暂勿裁改，则本处地方事务即可由副都统兼办，民官稍从缓设。惟是边境寥廓，铁路横亘，既欲经营屯垦，并开放沿路荒地，非择要设官不足以专责成而系民望。查边境应设官之处三，一满洲里、一吉拉林、一额尔古讷河口。铁路两旁应设官之处二，一呼伦贝尔、一雅克石及免渡河一带均系紧要处所，万难任其空虚。但创办之初又未便一时并举，除吉拉林业饬卞令前往试办，额尔古讷河口即暂由该令就近兼顾，免渡河一带俟查看情形再行拟办外，惟满洲里地当边要，又系东清铁路入境首站，且已开作商埠，而俄蒙往来复以该处为冲途，不免时有交涉，左近沿边各卡亦须有人稽查。其呼伦湖一带鱼盐、柳条等项出产甚饶，并应设法经理，实较各处更为重要。应即设知府衔边防同知一缺，以资控制。建设之始，事务稀简，拟仿局所办法，同知下设文案委员一员、差遣委员二员、书记二名、警兵十名、巡防兵一哨，已可敷用，费款不多而为益匪浅。如可行即当拟定章程，咨明办理。

一民政。查本处人民稀少，所有地方官既拟暂缓添设，而旗署各员又于吏治民事苦无所知。前虽设审判局员专理词讼案件，然该员只有审判之权，一切民政非其范围所及。拟将审判附入巡警局内，另派专员。民政司法暂为合办，俟地方发达再行分设，以符立宪政体。

一军事。查呼伦贝尔地当边要，蒙旗散居，原设各旗额兵业经裁撤，仅恃旧有巡防马队一营，照顾实有难周。本应设驻重兵以资震慑，无如时艰饷绌，力有未逮。除沿边卡伦另行筹办外，拟再添驻马队一营，藉敷分布。惟查近来防营气习往往恃符骚扰，未收剿匪之功，而居民先受其害。本处全系蒙旗，若另拨旧营前来或不免从前积习，致有侵扰各蒙情事，转多不便。拟将此项马队由省城拨给，全营饷乾由本处另行招募以便参用汉蒙。业经另文，咨呈省署在案。缘蒙人坚忍耐苦、谨朴守法，且系土著关切尤亲，若加以训练，万不至染防营旧习。但全招蒙人不通汉语，于行政机关不免隔膜。故令汉蒙各半共处一营，久之自当接洽情形，互换语言。汉兵既不至滋扰，蒙人亦借以开通于边境，实多裨益。至蒙旗世隶军籍，本有当兵义务。以现在人口计之，老幼男丁统共一万有余。即减半练兵，尚可得劲旅五六千人。将来项稍充，欲练重兵，仍应酌量参用也。

一实业。查呼伦贝尔物产虽富，然以地利未辟、人工未兴，所有各项实业尚无萌芽。而外人又时时垂涎，亟应设法振兴以维权利。其原有之利，惟以牧畜为大宗。各旗生计均在于此，与汉民之耕稼正同。尤宜提倡改良，俾图进益。此外如森林、矿产、鱼盐、羊草、皮毛等物，天然之产最为饶衍。拟俟派员逐一调查，明确再行拟定办法。次第兴办。

一学务。查呼伦贝尔地当要边，国家设旗之意原系重在养兵，故各蒙旗素安朴质，汉文汉语均不学习，即通汉蒙文者亦属寥寥。现当文明进步、教育普及时代，自应令其向学，用期开化，但各旗穹庐游牧，迁徙无常，家塾党庠无所附丽。应先从本城办起，现设小学堂一所，谕令各旗子弟相率入学。其教法以满蒙汉为主，求能操汉语通汉文，即为及格。至于普通科学，不求完备精深，只略知大义不至迷于向往。惟体操一门最应注重兵式，并应编辑粗线兵学教科书于第三学年内添入教授，以冀造成军人资格。既与蒙人性质相近，亦与国家边防初意相同。其有姿资聪颖勤奋向学者，随时挑送省城学堂。俾与满汉学生一律授课，藉图深造，一切章程俟拟定咨呈。

一巡警。查警务为民政之一，系行政上紧要机关，欲谋地方幸福，人民秩序非是莫由。自应赶紧办理，藉资进化。惟属专门学问语其精深完备，内地各省尚有未能办到之处，况呼伦贝尔地处边荒更难。骤语及此，除各蒙旗皆系军籍，人多习于当兵。现在牧地安静，颇足自卫，四乡巡警暂应勿庸筹办外，但于本城街市设局招练警兵五六十名，蒙汉各半。其警章现只教以小心火烛、清理街道、禁止赌博、解散争斗、稽查匪类、查拿盗贼各事以便易记易行。俟此数条均能作到，再行逐渐增练，徐图完备。否则条目太繁，匪惟不能行，且不能记，转有困难废弛之虞。

一财政。查事务巨细非财莫举。故欲筹办一事，必先即出入款项，通盘预算妥为部署，然后乃有把握。本处每岁大宗进款只有俸饷一项。然且连年欠发，近复裁减，额兵进项愈少，虽物产饶裕而向未举办，及今为之亦非数年或十年以后不能收效，实属缓不济急。就目下所得者，只有牲畜税及木植、草羊、鱼盐等税数款。牲畜税系属旧有，向归衙门税科司经征。以近三年收数比较，计三十一年收银三万六千余两最为多数。三十二年收银三万零三百余两次之，本年正月至九月底收银二万三千余两，冬腊两月已无大宗税项又次之。连岁以来递见减少，此后尚不可知，每年收税官兵饭银除本处留支公用暨解省额税外，余作副都统及衙门各司办公已觉支绌万分，何能拨作别用。木植、羊草、鱼盐等税系属新设，归交涉税务局试办。自光绪三十一年九月开办起至三十三年九月底止，计二年共收鱼盐、木植、山本税银二万三千两有奇，羊草税羌洋四千七百余卢布，折银三千三百两，上下共二万六千余两，除去该局经费银二万一千五百余两，草税一项备支巡警兵饷，所余已属无几。无论办理边务创兴实业，款无所出。即本处行政各费，亦苦不敷甚巨。查呼伦贝尔边线之长，地方之大，关系最为紧要，岂国家不费一钱所能经营。拟以后统核出入，除本地进款若干抵补外，其余不敷之款均由国家筹给。俟数年后地利渐兴，查看情形，如果力能自给，即请停拨。其一切出入细类，容俟查明列表咨呈。如能照第三条办法拨款设立银行，则财力稍纾尚可借资周转也。

一事权。查呼伦贝尔隔绝兴安岭外，各蒙旗散处荒野，边境尤为僻远，省城实有鞭长莫及之势。现拟设法经营，似应界副都统以重权。凡用人行政一切事宜统由副都统主持，省署但责成功不为遥制。即将来新设地方各官，亦暂由副都统拣选，调来本处当差熟悉情形人员。咨请补署，庶几情意接洽，指臂相联，至上下应行公牍。省城但由公署或各司局咨行副都统查核办理，无庸径札本处所属地方官暨各局处所。而本处地方官暨各局处所遇事，但禀呈副都统核转，不得径报省城，以归统一而免牵掣。[职道] 非敢揽权怙势，良以边地与腹地性质不同，腹地各道但司察吏，故省署与各地方官可以通札通禀。本处副都统担任边疆重任，负用人行政之权，宜专一不宜分歧。前在省时畅论边事，宪台曾谕以"开诚布公，疏节阔目"此八字，实自来办理边务者之金科玉律，钦佩莫名。[职道] 并为下一解释曰：委任而专责成，倘蒙宪台俯念边事艰棘，假以便宜不复绳以文法，俾得勉竭驽骀藉图展布。[职道] 之幸，又非徒 [职道] 之幸也。以上十二条皆本处应行之事，切要之端，而其中尤以边务为首。边务未修，则诸事难理。譬之居家垣墉不设，四面任人出入。但在室经营布置曰吾以治家矣。能乎不能，但绝徼荒凉毫无基础。蒙俗固蔽未易开通，如能宽以岁月，逐渐推行或不难收桑榆之效。所可虑者，[职道] 材力不逮，有其言论未必能有其事实，伏望宪台指授督饬。窃愿扼定宗旨力效驰驱。[职道] 为通筹边务全局起见，是否有当理合禀请宪台核示，以便遵行。如蒙采择，入告早日决定尤为幸甚。

外　交

　　中外缔结条约于尼布楚［俄语谓涅尔臣斯克］，一役肇其端。中俄交涉问题，亦即于尼布楚割弃开其渐。今欲考呼伦贝尔一隅封堆之始末，自不得不远溯交涉之发。凡考尼布楚本属中国领土［《东三省纪略》载清之疆域东至海，北至尼布楚，西北至贝加尔湖。《柳边纪略》谓黑龙江所属，东至海，西至尼布楚，北至黑龙江］，据黑龙江上游［按黑龙江满语曰萨哈连乌拉，俄名阿穆尔。其上源有二。一在俄境，出萨拜喀尔省绰功土山之北曰因戈达河，即水道提纲之昂依得河。一在中国境，出外蒙古喀尔喀部中肯特山东麓曰敖嫩河，即《元史》之斡难河。敖嫩河东北流入俄境萨拜喀尔省，与因戈达河会，东流为石勒格河，经尼布楚城南，左岸纳尼布楚河入省北境，受西南之额尔古讷河，经雅克萨城折而东南流，受北来之精奇里江，又东南会流同江入吉林境］，当呼伦贝尔西北地带，旧为蒙古各民族游牧采捕之地。尼布楚考载清圣祖三十九年谕旨曰："尼布楚等处旧为中国属土，乃布拉忒、乌梁海诸部落之地。彼皆林居，以捕貂为业，人称为树中人［即《元秘史》所谓林木中百姓］。后俄罗斯强盛遂并吞之，已五六十年矣"［事在崇德年间，以康熙三十九年庚辰上溯崇德六年辛巳恰六十年］。据此在额尔古讷河国界未划以前，中国疆域实奄有尼布楚土地。自十六世纪以来，俄人经营远东蓄意蚕食，当明末清初之际［明崇祯十二年，清崇德四年］，略有贝加尔湖［即麦加湖］及庵雅腊河附近之地。又数年进攫尼布楚，以为根据。由是东寇雅克萨，南侵额尔古讷河，扰害索伦诸部落［自顺治七年始］垂四十年。时清方有事中原，不遑兼顾。至康熙二十二年始移师北征，命萨布素瓦礼祜、马喇等统兵前进。二十三年，马喇奏称罗刹［即俄罗斯］情形，尼布楚、雅克萨二处各止五六百人，其得以盘踞多年者，惟赖额尔古讷河口至雅克萨十余处。雅克萨至布尔马夫河口十余处筑室散居，耕种自给，因以捕貂。尼布楚田亩不登，但取资纳米雅儿贡赋。喀尔喀、巴尔虎人时贩牲畜等物至尼布楚，与之交易得以生存。又据由尼布楚逃回之布赫德云纳米雅儿八姓之人，并我根特木尔党内逃人亦同，彼游牧根河、额尔古讷河等处。臣请敕喀尔喀车臣汗收其所部附近尼布楚者，兼禁止交易，并敕黑龙江将军水陆并进，攻取雅克萨收其田禾，则罗刹不久自困，上允其奏。诏车臣汗诺尔布严饬所属与绝互市，并宣谕罗刹责归逋逃，退回雅库［俄部名亦曰亚谷斯科］，不报。二十四年、二十五年迭命都统彭春、将军萨布素两次用兵雅克萨，毁其木城，擒获俘虏，贻书俄帝述其历年寇边之曲，约以收回乱民，划界议和。时俄彼得大帝弱冠登位，受制异母弟，无实权以统驭群下。远东战事弗克应援，方欲媾和，清书适至，俄帝利用此机遣使覆书请罪，并请先解雅克萨之围。清命萨布素退兵，瑷珲议和之局遂开。二十七年，俄使费辉多罗至色冷格地方，期清使至彼会议。清以内大臣索额图、都统公国舅佟国纲、尚书厄尔尼等往主其议，并命都统郎坦率重兵偕行。是役军容甚盛，合徒役计之约二万人。索额图奏言，尼布楚本系我茂明安部游牧之所，雅克萨系达呼尔总管倍勒儿故墟，非罗刹所有，亦非两国隙地也。况黑龙江最为扼要，环江左右皆我属鄂伦春、奇勒儿［一名鱼皮鞑子］、毕拉儿及赫哲、费雅喀等民人所居之地，不尽取之，边民终不获安。臣以为尼布楚、雅克萨、黑龙江上下游及通此江之一河、一溪皆属我地，不可弃之于俄罗斯。又我之逃人根特木尔等三佐领，及续逃一二人悉应索还。如一一遵行，即归彼逃人及俘获招抚者，与之划疆分界贸易往来。否则臣当即还，不与彼议和矣。上报可。寻以准部与喀部构兵道梗，约俄使缓议而还。二十八年，俄使费耀多罗至尼布楚请续前议。清复命索额图等前往，官兵量增于前。濒行，索额图申奏尼布楚、雅克萨既系我属地，臣请仍如前议。以尼布楚为界，此内诸地均归于我。圣祖谕曰："今以尼布楚为界必不与俄罗斯，则彼遣使贸易无栖托之所，势难相通。尔等初议时仍当以尼布楚为界，彼若垦求尼布楚，可即以额尔古讷河为界。"及索额图抵尼布楚，俄使费耀多罗、额礼克谢仍以尼布楚、雅克萨为彼所扩之地，固执争辩。索额图抗议，谈判历述二地旧属中国原委，斥其侵踞之非，并宣谕清帝好生之德。俄使气沮，于是年九月议定界约。雅克萨归我，尼布楚归俄，以外兴安岭、额尔古讷河为两国国界。于格尔必齐河东岸、额尔古讷河南岸用汉、满、蒙、俄、拉丁五体文字刊载条约，立碑为识［条文列后］。是役也，清廷兵力方张，使臣索额图复交涉强硬，加以俄廷争权掣肘不暇东顾，我师压境，不难一举降服严定国界。如曾纪泽、左宗棠于伊犁一役收回国土无如其时昧于外势，边隅荒徼，率以瓯脱视之。既信其悔祸之诚，复悯其交通之困，姑息迁就，遂结《尼布楚条约》。此约既结，由表面言之，俄人城下受盟似近屈辱，然实际上则毫无损失。在我徒博宽大之名，而土地割让实启外人以窥伺之端。而关于呼伦贝尔之种种交涉，遂亦自此萌芽。雍正五年，由清郡王策凌、侍郎图理琛同俄使萨瓦夫拉梯斯拉费齐会订《恰克图条约》。中俄分界自布尔特依山南、巴彦梁［库伦边境］第一鄂博起向西，二十四界点向东，六十三界点每点设立鄂博两个，标牌为识。其向东六十三界牌属于呼伦贝尔者，由塔尔巴干达呼山至额尔古讷河源之阿巴该图山凡六点［详见鄂博］。同年，又于中国沿边设立卡伦五十九处。呼伦贝尔水陆两界，自察罕敖拉至珠尔特依分设十二卡伦［详见卡伦］。自时厥后，俄人扰边为患稍息，而呼伦卡防守亦谨。嘉庆二十三年，中俄界务曾为一次之会勘。迨同治二年中国败俄于伊犁。俄人越界至孟克西里一带刈草垦田，总管三都克多尔济出而禁拒，收回越垦夹心滩地［库克多博巴雅斯湖，郎图温都尔两卡间］，是为界务之交涉。甲午中日战后，光绪二十二年，清使李鸿章赴俄，贺俄皇尼古拉斯二世加冕礼。是我新败于日，深嗛日本马关之约要索逾分。而俄秉政大臣老雄伟托野心勃发，方挟胁制日本归还辽东之大德，暗索巨价之报酬，机缘凑拍，施其敏妙手腕，歆我以联俄之利益，遂订《中俄密约》，并结后贝加尔、赤塔驿连贯乌苏里铁路之契约。俄因攫得东清铁路之敷设权［《南满租借约》尚在二年以后］。中国旋命驻俄大使许景澄与俄订铁路合同十二款［条款列后］，建筑权委诸道胜银行，另设铁路公司，以为专辖之机关。其路线正干自西伯利亚赤塔驿起，入中国境。首由呼伦贝尔南部东西横贯，而满洲里车站实当第一要冲。次经海拉尔商埠，穿西兴安岭山洞，出呼伦界，绕江省城，南入吉林境，而达乌苏里江路线。是为筑路之交涉。

光绪二十六年，拳匪肇祸，东三省屈于俄人势力范围，呼伦一隅权利任便攘夺，无从过问。光绪二十八年路工已成，时俄人援引筑路合同第六款谓防护铁路及取用沙土、石块、石灰等类，需地甚夥，私与驻哈尔滨铁路交涉局总办周冕商订《展购铁路附近地亩合同》。周冕不察，遂与铁路公司代办达尔聂会衔签押。其后达尔聂屡执合同要求实行展地，东督拒而未允。三十一年冬，黑龙江将军程德全遣道员宋小濂赴都备顾问，将此案始末陈于政府。由外部与俄使璞科第再三确商，始允派员会同公司酌量议减。三十三年，吉省派道员杜学瀛、江省派道员宋小濂与公司总办霍尔瓦特会议［自铁路合同定后，华总办久悬未派］，允将周冕所订合同作废，更订《吉省展地合同》十三条、《江省展地合同》十四条。属于江省者共展地十一万一千九百零二晌 [铁路实需地六千零九十八晌在外]，呼伦贝尔计展去四万一千九百一十一饷。在周冕擅订《展地合同》之同年，俄人并引筑路合同六款要请铁路附近煤矿开采权，经外部驳令另议。惟时当日俄战后，俄人恃强横取于沿路各矿，肆行采掘。呼伦贝尔之扎兰诺尔煤矿，亦当日强权攫得者也。迨三十三年，改设行省后，外务部以东省铁路煤矿事件与俄使交涉。复将此案交道员杜学瀛、宋小濂在哈尔滨与东清公司就近商办，经岁磋磨，始克定议。俄人所享有开矿地段，以铁路两旁各三十里为界。当经订立吉江两省煤矿合同十二条 [条文见后]，彼此签押，由是铁路沿线六十里内之矿山遂以法津形式而入于俄人之手矣。矣又自筑路工兴所需材木极夥，利用沿路森林，然率由私取。初非指划地段订定契约，公然授以利权也。光绪二十九年，由周冕与公司擅订合同指定水陆两路区域凡三段 [水路两段属吉省界，从略]，陆路一段属江省界，自成吉思汗站至雅克石 [一作雅克山] 站铁路两旁计长六百里，宽六十里。属于呼伦贝尔境内者 [自雅克石至宜立克都约在三分之一]，归铁路公司自由砍伐。迭经江省大吏驳拒，以合同未经认可应为无效。然俄人恃强侵占视为已得之产。至三十四年，始由吉江两省派员与公司磋商就绪，将周冕所订合同及从前所指地段，声明作废更立合同。由两省另定森林区域，供公司采集材料。属于江省地段均在呼伦贝尔境内，曰火燎沟，长约三十里，宽约十里。曰皮洛，以各长约三十里，宽约十里。曰沿杈林河，由河口溯流而上，长五十里，右岸宽二十里，左岸宽十五里，划归铁路公司砍伐。自此以后，吉江境内铁路附近森林为俄人攫取者不一而足。大率由公司购取材料，渐变而为个人营业。由中国官厅之授予，渐转而为私人授予，利权所在转以资敌。此不能不致憾于作俑者，阶之厉也。是为改订合同之交涉。

宋小濂于三十三年就呼伦副都统之任，沿边垦芟相戒裹足。其时适有争持国界案发生，原因俄人在额尔古讷河南岸芟割羊草。其草甸面积南北约十里，东西约五六十里，北临额尔古讷河。考额尔古讷河发源于海拉尔河，海拉尔河流至距阿布该图山十五里许处分而为二。一沿东岸流，一沿西岸流［西岸水流较东岸水流宽二丈余］至下游合而为一［即额尔古讷河起点处］。中间淤为洲渚，产草丰茂，确在额尔古讷河南岸中国界内，乃移牒俄官，严重禁阻。俄人欲侵占河洲之地，遂以沿西岸之水为支流，而指沿东岸之水为正流，谓为两国交界之处。狡执草甸系在俄国界内，而于我拟设卡伦之阿巴哈依图山［即阿巴该图山，按，《中俄恰克图条约》以阿巴哈依图山为两国分界之点。山在今额尔古讷河之西岸，依界约单内所载第六十三号鄂博当设于此］。反谓侵占彼界，继经两国派员［中国黑龙江巡抚周树模、俄国廓米萨尔］会商于齐齐哈尔。中国答辩条文具有充分之理由［条文附后］，并有将额尔古讷河两岸二百八十洲渚中俄划清之议，反覆驳诘迁延未决。宣统三年冬季，呼伦贝尔蒙旗独立，此案遂致搁置。是为界水之交涉。

独立以后边卡既毁，俄人越界垦芟，又复自由行动。由俄屯四打拉一曲里海（库克多博卡对岸）、鄂洛气屯（吉拉林对岸）一带俄民移住我界三百余户，延长三百余华里，宽约五十余华里，大举耕垦，略无顾忌。驻海拉尔俄领事吴萨缔复诱惑我蒙旗，订立林矿渔垦地皮各合同五十余份［条文见蒙旗复治始末］。就合同内容考之，意在举呼伦全境利权、主权作一网打尽之计。民国四年，与我订定《中俄呼伦贝尔条件》八条［条件附后］。以呼伦贝尔为特别区域，由中国节制，仍以愚我蒙旗，攘我利权为主旨。民国八年，蒙旗请愿取消特别区域。《中俄会订呼伦贝尔条件》明令取消，所有根据此项条件之蒙俄合同［各种合同表见《蒙旗复治始末》］，遂亦失其效果。九年，政府简任钟毓督办

善后兼交涉事宜。由蒙署移交前项合同三十余份次第取消。是为
契约之交涉。

当民国六年三月之际，俄国内起革命推翻帝制，皇族大遭杀
戮，新旧党乱日炽。东省铁路公司总办俄人霍尔瓦特乘机而起，
图反革命举动，在中东路线内宣布独立，并自称全俄政府总裁。
于是俄之革命大波，由东省铁路荡入我国。哈尔滨地方，一时道
里道外治安惊扰。同时，又有驻防中东路伊尔库次克后备军中之
下级军官留金被举为赤党［即新党］首领，组织军士团思欲夺取
路权，反对霍氏。谓霍系著名旧党，不去霍氏，将予新俄政府以
不利。我国此时犹认霍为名义较正之俄员，加意保护。由滨江县
知事张曾榘募警备队一营，派赴道里巡逻。关营长德山带队过哈
留以巡防，此为我军警进入道里之始。并由吉督加派陶旅长祥贵
带兵三营来哈协助。旋以陶为中东路一带警备司令，么团长培珍
为副司令，东路沿线于是均有布置。留金鼓动去霍，初由我晓以
国际大义劝其全体解散出境。初则佯允，继忽变，议定期驱霍。
我以霍氏要求必须武力压迫，遂由陶么两司令派兵将附和留金之
俄军队解除武装。留金乱事由我解决。霍复大肆活动，谋反革命
野心未已，潜招俄军并募华蒙人为兵，与普利士廓夫组织政府及
救国会义勇团等名目，以谢米诺夫为前敌司令，赴西伯利亚与新
党接仗［在（民国）七年五月间］。利用原有俄军警，自称铁路
界内总长官发布告。我与抗议无效，且擅挪公款供其政争活动，
积欠工资。俄工愤激，全体罢工誓去霍氏。我当局亦以不去霍
氏，乱源未已，遂以东省铁路督办名义照会霍氏去职。霍以环境
所迫，不能恋栈，铁路总办名义遂以取消。自此风潮发后，当局
知非一律解除武装，不足以遏乱萌。于沿路军警无论俄新党、旧
党，概予解除武器。俄军警亦均俯首帖服，轩然大波一朝敉定。
在民国六七年之交，护路责任由吉黑二省分担，各就界内设置警
备司令。吉省设置既如上述。黑省东路所经路线，自满洲里起，

至哈尔滨之北对青山止，历二十三站，计长一千六百余里。于七年二月由黑省鲍督军贵卿设置护路警备司令部，以张参谋长焕相为总司令，张明九、张奎武为左右副司令。八年，经监管会议决中东铁路完全由我担任保护，乃由吉省鲍督军兼任护路总司令。以哈尔滨为中心点，分哈满、哈绥、哈长三路各置司令一员。嗣后编制虽有变更，然大体无甚出入，并经张总司令焕相于呼伦贝尔边境八十六号小站设军事检查处。朱将军庆澜定《绥站俄党难民请求入境办法》十条［从缺］，先后由哈满、哈绥两路运送俄旧党败军，资遣回国。解除武装者，一为谢米诺夫之败军，退至满洲里运往绥站出境。一为斯莫林之败军，退至绥芬河运由满洲里出境。路界内之军权既由我主张布置。而往日所丧失之警察、司法、市政各权亦复次第收回。

属于警察者，民国七年二月，因俄新旧党在我境内活动政争，始有临时警察局之组设，在路界内与俄警分区维持治安。九年，霍尔瓦特被逐后，由内务部颁布《东省特别区警察大纲》［从缺］。依据大纲，复颁布《警察总管理处组织章程》［从缺］，于是改临时警察局为东省特区警察管理处。规定由哈尔滨沿中东铁路，南至长春，北至满洲里站，东至绥芬河站，概为东省特别区警察管理处施行。警察权之区域，就全区域画分五区，以为管辖地点。以哈尔滨道里及附近八站三十六棚、秦家冈、马家沟、香坊、顾乡屯等处为第一区。由哈尔滨车站至长春车站为第二区。由哈尔滨向东至绥芬河［即五站］为第三区。由哈尔滨向北至免渡河为第四区。由海拉尔至满洲里为第五区。十年四月复设中东铁路路警处，颁布《路警处组织大纲》［从缺］。中东路全线各站路警，统归该处节制。于哈埠设四区，分沿路线为六段，满洲里为第三段，海拉尔为第三段第五分段。路警处又定有《路警暂行护车章程》［从缺］。

属于司法者，自民国九年停止俄使领待遇后，司法部提议收回俄国法院，阁议通过，派张司法次长一鹗至中东沿路调查视察，继派殷汝熊为筹备接收主任，一面颁布《东省特别区法院编制条例》［从缺］及《甄拔特种司法人员章程》［从缺］，并任外国咨议等章程［从缺］。俄国法院卷宗于十一月十日由殷主任接收报部。而高等及地方审判厅并地方分庭，复次第设立。计哈尔滨设高等审判厅、地方审判厅各一处。沿铁路线设地方分庭六处，海拉尔为第五分庭，满洲里站为第六分庭，专理铁路界内关涉俄人诉讼案件。凡新民刑事案件，终审机关悉照我国现行律办理。

其属于市政者，按中东路界内俄人攫取行政权，华商大为反对，数四交涉，仅订《自治大纲十八条》［从缺］，约以一个月再订。公议会及租放地亩、地丁、警察各项章程，乃屡经延宕未果。并核夺公议会议决事件之，铁路总办亦久不简派［自庚子许景澄遇害后，至民国六年始行特派改称督办］。俄人乘隙蹈瑕，遂根据其单独擅订之《民政处大纲》，于民国元年发布《自治会详章》，将该会隶属于铁路管理局之民政处下加以监督。一面又与英国协定条约，冀彼详章永存有效，借以巩固其殖民政策。历史如此把持，可知今幸有挽回之机。我苟从根本纠正，按照光绪三十一年《中日满洲善后附约》开放哈尔滨、宁古塔、珲春、三姓、齐齐哈尔、海拉尔、瑷珲、满洲里为商埠之条文，查照自辟商埠章程从新改组，在我大权不至旁落，在列国咸受通商利益，断无违言，即英亦难出而抗议。乃我当局慎重太过，以英俄协约关系，恐惹起国际交涉，仅于十年二月设立东省特别区市政管理局，置正副局长二员。就各处旧有之铁路交涉局，设市政分局，由内务部颁布《市政管理局章程》，《英俄协约》继续履行，国家主权甘于放弃。嗣经我国议员全体退席力争挽救，卒无效果。至今自治公会依然为铁路附属机关，名存实亡不无遗憾。又在俄新旧党水火激烈之际，劳农政府第一次向我宣言［民国八年］，对于中东铁路更特别声明一概无条件交还中国。嗣于九年二月，新俄外交代表喀拉岑又通牒我外交部，宣布所有俄国各从前政府与中国所定各条约为无效，放弃中国领土之侵占，及在中国境内各租界，并将从前俄帝国政府及中级社会人士所掠夺者，俱以无报酬永远还付中国。新俄外交总长卡那康又自伊尔库次克省致我外交部通牒［宣言书、通牒均从缺］，复重言声明广义，政府愿将中国中东铁路及租让之一切矿产、森林、金产及他种产业由俄皇政府与克伦斯基政府及谢米诺夫、郭尔恰克等贼徒与从前俄国军官、商人及资本家等侵占得来者，一概无条件归还中国云云。并恐前项宣言、通牒等他国中途截留不能达到，特派代表赍送中国，请本宣言及通牒主旨另订通商条约。此时我外交当局所持方策，若以广义政府为有诚意，则就彼三次宣言为彻底的磋商，谋根本之解决。所谓前俄帝国时代政治经济的种种侵略，一扫而空。我之所得，夫岂在鲜？否则认广义政府之宣言犹未能断定为有代表俄国之能力，不遽与开谈判。则此中俄两国合办之东省铁路，一方之主体消灭，一方存在之主体应出而为全权之主持，以维持其既成之局。即此东省铁路完全移归中国管理，不但名正言顺，抑亦情允理当。乃不及出此，竟与以经理名义不能为契约主体之道胜银行缔结管理东省铁路续订合同。天与不取，坐失事机，殊为可惜［自当民国六年三月之际句起至此，节录《最近十年中俄交涉》］。钟督办任事之时，中东路权已完全归我管领，沿边沿路避难俄侨来者日夥。在我边防政策以人道主义，不得不由限制攘斥，一变而为保护管理。九年四月十一日，日本驻海拉尔队官认为铁路从业员有激党分子，径行逮捕八人，拟即解满。督办钟毓、镇守使张奎武以主权所在，向日队官交涉引渡，正开议间，值捷克军［捷军旧为奥属，欲脱奥专制，故俘于俄。驻军崴埠，嗣经列国承认于捷在奥原领土内，划出一部自成新邦］归国过埠，愤与日人冲突，激成混击，双方互有死伤，捕获逸去。我国兵民亦被误毙八人，钟毓据理向日捷两方调停。日本突由满洲里调来联队分据山隘，限期作战，声势汹汹，市面惊慌。钟毓见事危急，只身闯入日军战线力与交涉，约同日捷两军代表集议和解。结果由捷军让步，日兵撤满。嗣由日提议调查海站冲突事实，中日捷三方各派委员长［中国钟毓、日本石坂少将、捷克中校诺瓦克］会议于哈尔滨。中国提出宣言三项极为确实公平，议未终结，捷代表以不满意退席，案遂中止。是为挽回主权之交涉。

是年十一月，俄旧党谢米诺夫败退满站地方，我国虑其窜扰边境，勒令缴械。尔时俄党战争剧烈，西比利亚与中东路两线久已遮断交通，继为救济旅俄华侨及德奥俘虏起见，开议局部通商。俄亦急求互市，遂于十一年三月，由黑龙江官府派交涉员钟毓与赤塔政府所派交通次长瓦连勒夫拉基米罗维赤亮宾克夫协定，暂时开通边界条件及开通车辆条件［条文附后］，并于中国国界八十六号小站地方［满洲里北］设军事检查处，以遏乱萌。东赤两路，于是相接通车。是为交通之交涉。

廷恒受事，于沿边越垦土地一律改招华人承种，以免将来土地之缪辖。孟克西里等卡俄人越界刈草一案，并经迭向赤俄代表坡霍瓦林斯基郑重交涉。此案谈判在彼坚以齐齐哈尔商定未及实行之案为依据，指刈草沙滩为彼有。在我则以该案未经两国政府批准，并未及约期测勘会立界碑，缺欠两种手续不能认为有效抗议，终以暂泯刈草争端。不涉边界问题由彼允认立据欠税，将来划分国界，此亦可为佐证之一端。蒙俄合同则继续取消，别罗克雷洛夫库子聂错夫之渔业两起，葛罗火夫斯克之矿业一起。其间惟瓦大果夫之贝尔湖渔业合同，谢夫谦克之权东沟、巧沟、五奴尔沟等三处森林合同不惟欸抗不缴，而居心叵测，反假日人参加投资为抵抗。引起驻江日领无理干涉，经省长吴公俊升再三驳拒，迄未解决。嗣于席伯洛夫四犯勾通巴龙谋乱案，内事连瓦大果夫、谢夫谦克助匪有据［在席犯身畔搜获瓦致谢函，托其招徕俄匪帮助进行等语］，遂由廷恒先后将二犯捕获解省，并由省署派员在该林场起获枪支、炸弹私藏军火情事。两合同由是同时均归无效，结果贝尔湖渔业由省署派员接收。权东沟等三处森林由省署派政务厅长史纪常商同驻奉日总领事赤塚正助、南满公所所长镰田弥助，就原有林场改组、中日俄合办札免采木公司，另订协定书办法大纲及札免采木公司合同各条［条文见后］，两案于是完全结束。而察罕敖拉煤矿合同由义商别力诺与蒙署所订开采多年，亦复迭经磋商，始得以金卢布十四万八千元购归广信公司承办，并缴合同。

历考呼伦贝尔交涉情形，地邻俄界，对外政策亦惟与俄相周旋。在路约未结以前，侵扰问题重在沿边，自轨道驶入，铁路侵略政策实现内地。因应对待，则又兼在沿路。最近接触繁剧日滋，海满两商埠实与沿边水陆界，同为至要关键。而沿边沿路一带之土地、林木、矿产、垦植为他族所垂涎所染指者，尤足动吾人以门户洞开、卧榻鼾睡之警悚。前车可鉴，来轸方遒。主权、利权是又不得不特别注视者也。

交涉事项各条文依次附载于下。

《尼布楚条约》

（一）将自流入黑龙江之绰尔纳［一作镠尔那雅］，即乌鲁木河［一作乌伦穆］附近之格尔毕齐河为界。沿此河口之外兴安岭［一作石大兴安岭］至海，凡岭阳流入黑龙江之河道悉属中国；其岭阴河道悉属俄罗斯。惟乌地河以南、兴安岭以北中间所有地方河道暂行存放。俟各还国察明后或遣使或行文，再行定议。

（二）将流入黑龙江之额尔古讷河为界，南岸属中国，北岸属俄罗斯。其南岸墨里克河口现存俄罗斯卢舍，著徙于北岸。

（三）雅克萨地方俄罗斯所筑城垣尽行拆毁，居民诸物悉行撤回察罕汗处。

（四）分定疆界两国猎户不得越过。如有一二宵小私行越境打牲偷窃者，拿送该管官，分别轻重治罪。此外，十人或十五人合伙执仗杀人劫物者，务必奏闻即行正法。其一二人误犯者，两国照常和好，不得擅动征伐。

（五）除从前一切旧事不议外，中国现有之俄罗斯人及俄罗斯国现有之中国人免其互相索还，著即存留。

（六）两国既永远和好，嗣后往来行旅如有路票，听其交易。

（七）自会盟日起逋逃者不得收纳，拿获送还。

（八）两国大臣相会议定，永远和好之处奉行，不得违误。

此条约成立后，中国所失之地甚巨，一为外兴安岭以北地［乌地河以南虽定为两国共有之地，其后《中俄恰克图条约》复经规定，然此地久为俄人所侵占矣］，一为额尔古讷河以西地，就中尼布楚尤为重要［以后瑷珲、天津、北京各条约均与呼伦无关，从缺］。

《东省铁路公司合同》十二款

驻俄大臣许景澄奉光绪二十二年七月二十日旨，允准与华俄道胜银行订定建造经理东省铁路合同。中国政府现以库平银五百万两入股与华俄道胜银行合伙开设。生意盈亏，均照股摊认。其详细章程另有合同载明。

中国政府现定建筑铁路与俄之赤塔城及南乌苏里河之铁路两面相接，所有建造经理一切事宜派委华俄道胜银行承办，所有条款列后。

第一款　华俄道胜银行建造经理此铁路，另立一公司名曰中国东省铁路公司。该公司应用之钤记由中国政府刊发。该公司章程应照俄国铁路成规一律办理，所有股票只准华俄商民购买。该总办由中国政府选派，其公费应由该公司筹给。该公司总办可在京都居住，其专责在随时查察该银行暨铁路公司于中国政府所委办之事是否实力奉行。至该银行暨该公司所有与中国政府及京外各官交涉事宜亦归该总办经理。该银行与中国政府往来账目，该总办亦随时查核。银行应专派经手人在京都居住。以期一切事宜就近商办。查此条及诸条所称政府字样，洋文系作古威勒芒，即近来译为国家之称。又所称总办字样，洋文系作伯理玺天德，亦有总办之义，而名目较大〔西语无论公署、商会其首领人皆称为伯理玺天德。译者以此称专属民主，甚误〕。以所译与洋文无甚出入，故皆仍之其原译。薪俸字样，现改为公费，措辞较为得体。

第二款 凡勘定该铁路方向之事，应由中国政府所派之总办酌派委员同该公司之营造司暨铁路所经之地方官和衷办理。惟勘定之路所有庐墓、村庄、城市皆须设法绕越。

第三款 自此合同批准之日起十二个月为限，该公司应将铁路开工。并自铁路勘定及所需地段给予该公司经理之日起，以六年为限，所有铁路应全行告竣。至铁轨之宽窄应与俄国铁轨一律。即俄尺五幅地约合中国四尺二寸半。

第四款 中国政府谕令各该管地方官，凡该公司建造铁路需用料件、雇觅工人及水陆转运之舟、车、马，并需用粮草等事皆须尽力相助。各按市价由该公司自行筹款给发。其转运各事，仍应随时由中国政府设法使其便捷。

第五款 凡该铁路及铁路所用之人，皆由中国政府设法保护。至于经理铁路等事需用华洋人役，皆准该公司因便雇觅。所有铁路地段命盗、词讼等事，由地方官照约办理。

第六款 凡该公司建造经理防护铁路所必需之地，又于铁路附近开采沙土、石块、石灰等项所需之地，若系官地，由中国政府给予，不纳地价。若系民地，按照市价或一次缴清，或按年向地主纳租，由该公司自行筹款付给。凡该公司之地段，一概不纳地税，由该公司一手经理，准其建造各种房屋工程，并设立电线，自行经理专为铁路之用。除开出矿苗处所另议办法外，凡该公司之进项，如转运搭客、货物所得票价，并电报进款等项俱免纳一切税厘。

第七款　凡该公司建造修理铁路所需料件，应免纳各项税厘。查此条定议时，该法文修理下尚有经理字样。据税务司柯乐德称当时李相谓与本条修理语意重复，因将原译汉文删去经理二字，然非有故驳改，未令将法文并删。故汉文微有详略等语，合并声明。

第八款　凡俄国水陆各军及军械过境，由俄国转运经此铁路者，应责成该公司径行运送出境，除转运时或必须沿途暂停外，不得借故中途逗留。

第九款　凡外国搭客经此铁路概于中途入内地，必须持有中国护照方准前往。若无中国护照责成该公司一概不准擅入内地。

第十款　凡有货物行李由俄国经此铁路，仍入俄国地界者免纳一概税厘。惟此项货物除随身行李外，该公司应另装车辆。在入中国边界之时，由该处税关封固至出境时，仍由税关查明所有书记并未拆动，方准放行。如查出中途私行开拆，应将该货入官。至货物由俄国经此铁路运往中国，或由中国经此铁路运赴俄国者，应照各国通商税则，分别交纳出口、进口正税。惟此税较之税则所载之数，减三分之一交纳。若运往内地，仍应交纳子口税，即所完正税之半子税。完清后，凡遇关卡概不重征。若不纳子税，则逢关纳税，遇卡抽厘。中国应在此铁路交界两处各设税关。

第十一款　凡搭客票价、货物运费及装卸货物之价，概由该公司自行核定。但中国所有因公文书、信函，该公司例应运送，不须给费。至运送中国水陆各军及一切军械，该公司只收半价。

第十二款　自该公司路成开车之日起，以八十年为限，所有铁路所得利益全归公司专得。如有亏折，该公司亦须自行弥补，中国政府不能作保。八十年限满之日，所有铁路及铁路一切产业全归中国政府，毋庸给价。又从开车之日起，三十六年后，中国政府有权可给价收回。按计所用本银，并因此路所欠债项，并利息照数偿还。其公司所赚之利除分给各股人外，如有盈余应作为已归之本，在收回路价内扣除。中国政府应将价款付存俄国国家银行，然后收管此路。路成开车之日，由该公司呈缴中国政府库平银五百万两。查此条给价收回一节，因恐将来讲解有异，复商该总办另缮凭函附于合同之后，以期相信。

附件：照译华俄银行总办罗启泰来函

启者本公司账目按年结算，刊布其中载明各项账目及一岁出入款项，并所欠之债、所借之款、还本付息等情。将来中国给价收回此路，应以每年结算刊布之账为凭。其收回缘由，详载公司章程之内。

光绪二十二年七月二十五日 俄历一千八百九十六年九月五日

《吉林、黑龙江省东清铁路煤矿合同》

第一条 中国东省铁路公司有在吉林、黑龙江省议定界内勘挖煤矿之权。其开挖应在何处、应用何法，均由该铁路公司自择。惟勘矿之时，仍须会同华官前往验明实在无碍，方准勘办。所谓碍者，系指离民居或坟墓远近而言。如有市场之处，所开矿口不得在二里以内。如不过十家之乡村，矿口相距不得在一里内。如有大坟地或森林，矿口相距不得在半里内。

第二条 铁路路线两旁三十华里内之煤矿由公司勘办，但中国民人亦可享在该路两旁三十里内挖采煤斤之利益。只要于该公司已开煤矿无碍，该公司不得拦阻。或有他项洋人或华洋合股在三十里内挖煤，应商准华官及该公司方能办理。其路线三十华里以外与该公司无涉，无论华洋人等，勘挖煤矿准否，应由华官自主，该公司不得过问。欲在三十里外勘挖煤矿，仍须先禀准本省巡抚，方可施行，亦与各项华洋人等无异。

第三条　铁路公司自开之煤左近居民日用，不妨可至煤窑价买煤斤。惟各处情形不同，价值自难一律。某处何价均应由哈尔滨铁路公司酌定开单通示，一面知会哈尔滨交涉局，亦行通示华民。

第四条　如遇寻得煤苗之处或房子三五所或小块坟茔不过十坟之茔地而其必须为应用，则铁路公司可向地主、房主商酌移房、移葬等事。价值派交涉局员秉公商定妥办，随时禀明本省巡抚立案。

第五条　凡勘明某处实可开挖煤矿，应需地段若干，由公司会同交涉局员向业主查看地势，公平议价或租或买，即准开办。其勘采不用之地，应由该公司出资填平交还原业主。该公司无地面业主之权，若有损伤树木及践毁禾苗之处，亦由该公司会同交涉局员向业主和平议价偿给。

第六条　煤矿应需木料在购定界内者，由公司随意砍伐。如在界外民地，应与地主和平议价。按照与公司所定木植章程办理其官地，办法亦须按照木植章程办理。

第七条　开出之煤每千斤，铁路公司交纳［吉、江］省平银一钱二分，每年分四季交纳。第一次俄三月底，第二次俄六月底，第三次俄九月底，第四次俄十二月底。又每座出煤窑洞，每年交纳山课［吉、江］省平银十七两六钱四分。此项山课，俄六月底一次交清。

第八条　凡系官地亦须会同华官勘明划定界址，由公司议定租价。唯须比照垦荒，按等交纳不得或过。

第九条　铁路公司与该处中国官家或华民有尚未商定事件，将来就地商议。不合之事，均归哈尔滨铁路交涉总局查核定办。

第十条 以上章程系专为铁路公司自开之矿而定。其华人自办之矿，无论新旧均仍照中国各章办理，铁路毫无干预。

第十一条 本合同应用华俄文缮写二份核对，如遇辩论，以华文为凭。

第十二条 公司所办各矿由［吉林、黑龙江］省交涉局派员驻厂稽查出煤若干，会同该矿办事俄人登簿记数。委员驻房由公司预备。该厂必须指定地段或圈一围墙以内，巡警不可拦入。倘有犯事华人逃匿矿界内，应随时由地方官知照厂员，派人协同中国巡警前往查拿。

华历光绪三十三年七月二十二日、俄历一千九百零七年八月十七日立于哈尔滨。

《齐齐哈尔会议中国答辩条文》清宣统三年

（一）原约界单内所载额尔古讷河之右岸，正对海拉尔河口，在阿巴哈依图岭凸出处设立第六十三号鄂博可证。

（二）第六十三号鄂博原约既载明在阿巴哈依图岭之凸出处，并载明在额尔古讷河右岸。是约内所载额尔古讷河最高处之阿巴哈依图岭，即现在额尔古讷河左岸之阿巴哈依图山，并无两个阿巴哈依图也。

（三）俄人所指达赉诺尔湖［即呼伦湖］为额尔古讷河源未免有误，证据如下：

（子）自达赉诺尔湖至额尔古讷河相距甚远，距海拉尔河口亦甚远，中间之小河名达兰鄂罗木，并不名额尔古讷。

（丑）此河每逢夏秋天旱，其流甚为细小且有干涸之时。

（寅）此河之水由海拉尔河流出，向南偏西流入湖中，并非流入额尔古讷河。

（卯）此河各水既南流入湖，并非湖水北流入河，即不得指为额尔古讷河源。

（四）原约界单内载额尔古讷河之右岸正对海拉尔河口，在阿巴哈依图岭凸出处设立第六十三号鄂博。既曰河之右岸，则阿巴哈依图岭凸出处必贴近额尔古讷河。而额尔古讷河亦即在山脚下为起点，断无中隔一河另寻河岸之理。此处之河汊必应以北趋一支为额尔古讷河，其余旁汊小港及水势别向者，均不得误称为额尔古讷河。

（五）额尔古讷河有东西两山。西山自河面起，高十一丈。东山自河面起，高十四丈五尺。东山高于西山者三丈五尺，则东山自系额尔古讷河之最高处。况原约鄂博单内第十五俄国卡伦，今在额尔古讷河旁，贴近鄂博，并对海拉尔河之中间，在阿巴哈依图岭之凸出处居住，现在俄国阿巴哈依图屯，即在此山迤北贴近，尤足证此山为中俄国界。

《中日捷哈尔滨会议中国提出三项宣言》民国十年

（一）日军在中国领土内擅自逮捕俄人，为肇事之原因。

（二）俄人因被捕愤激致引起相互之混击，是为本案之真象。

（三）中国有地主关系，为息事保安起见，屡次出为调停，决无左袒见的，想各方面均能谅解。

《中华民国黑龙江省官府、远东共和国政府协定开通边界条件》

第一条　边界往来及铁路交通，为中华民国黑龙江省与远东共和国毗连关系。故此次商订开通边界问题，仅系上述两方之关系，不与国际通商问题相涉。

第二条　凡远东共和国人民进入中华民国国境，如经中国边界官员查明其人含有过激意味，又如俄人所运物品或印刷物等意在宣传过激主义之用者，一概禁止其入境。其未经边界官员查出而运往中华民国国境之过激印刷物及其他项过激物品，均不得在中国流通。

第三条　俄国旅居中华民国领土之人民，不得为任何政治之鼓吹。即此种鼓吹行为与中国社会不能相容，并反对中国政治及社会组织者。

第四条　远东共和国政府应担保护旅居远东共和国之中华民国人民生命财产之安全，并予以特别利益之待遇。

第五条　中华民国人民在远东共和国领土内所受之种种不幸事件，远东共和国政府应秉公处理，并设法禁止此种事件之重行发生。

第六条　俄国在满站之前札拜喀尔税关及铁路，即今之赤塔铁路所有之工匠地包及其他附属之铁路用品、材料、建筑物等项，依照本件协定之效力应于特定期限内撤出中华民国境界（在未撤出之前，赤塔铁路得临时使用行车正当必需之物品）。赤塔铁路管理权，不得超越八十六号小站。惟税关、邮局、殖民局产业应照停止前俄帝国领事待遇案暂由中国政府保管。

第七条　中国人民持有中华民国官宪所发护照，由远东共和国回国，远东共和国政府不得禁止携带金银货币及各种皮张出口，但运出大宗五金并贵重物品须先行报明远东政府指定之官署备案。惟指定此项官署之命令公布，不得逾本约批准后两星期。又华商在远东共和国营运进出口货物，所纳税不得越过俄商在中国所纳进出口货物之税数。

第八条　远东共和国旅居中华民国领土内之人民与中华民国旅居远东共和国领土内之人民享受同等之权利。

第九条　中华民国官宪不应在其领土内协助反对远东共和国政府之俄人。远东共和国各官宪亦不应在本国领土内协助反对中华民国政治之中国人。

第十条　旅居远东共和国领土内之华人，不得协助反对远东共和国现行官府之俄人。但远东共和国政府对于华人及其有关系之俄民，未经证明事实之前，不得借口华人有护庇反对人之行为，故意搜索及侵害。

第十一条　旅居远东共和国之华民不得假个人名义，代远东共和国人民输出金银、皮张。但旅居华民以交易所得或其他合法购置有相当根据者运输回国时，远东共和国政府不得借词指为代远东共和国人民输出而扣留之。

第十二条　中华民国人民得自由赴远东共和国国境内，须持有中国官厅护照经俄国官吏签证者。远东共和国人民得自由赴中华民国境内，须持有远东共和国外交部或外交部委定之一省最高官署护照，经中国驻在领事馆签证者。各受入境国之边界官吏正当检查，如无违禁物品均准入境，但从前所有过江小票及入境居留票等捐费一概废除。惟长久居住，须持有本条所规定之护照。

以上议定各条以中俄文字双方校对无误，各缮写二份。如有争议及条文上之解释，应参考双方条文为适中之意义解释，经中俄委员签定后，俟中华民国黑龙江省官府、远东共和国政府互相批准。即由双方各保存一份，一面宣布各本国人民遵守实行。中华民国十年三月七日、远东共和国西历一千九百二十一年三月七日订于满洲里。

按上列条件中俄两方各有不满意之点，在我于第十二条经俄官吏签注及长久居住两端。在俄于第六条税关邮局一节各持理由，拟待交互修改。

《会订东赤两路开通车辆条件》

第一条　赤满通车依第四条所定限期内，由赤路开至满站为止，两路车在满站交换运货。

第二条　为救济在远东共和国华侨及德奥俘虏起见，先定开货车交通。每星期暂通往返货车各二次，客车各一次，每次押送货车不得过二十人。

第三条　在八十六号小站地方中国设军事检查处，并由交涉署派员协助办理。

第四条　满站札省地包水楼工匠及其他附属之铁路材料建筑物等项，限于自一千九百二十一年五月一日起（因五月地冻融化始能工作），至一千九百二十一年十一月一日为六个月。期满即须着手迅速连续迁出，但无论如何至迟不得逾三个月迁竣。

第五条　满站地包工厂于借使期间，由赤路派总管管理，由东路派员充任帮办，所有一切费用由赤塔铁路照支，薪工由东路所派之员监督发放。

第六条　赤路车辆于所借工厂期内，在满站装卸载后，仍须开回俄境，不得在满久留。

第七条　赤省站务经理售票一切挂车事宜由东路站长兼任，经费开支由赤路担任。满站路务，赤塔铁路不得干涉。

第八条　电报房机器由东路人员代办，由赤路出给津贴。

第九条　从前在满扣留之扎路车头、车辆于未开车前，应由东路、赤路各派代表会同钟督办按现存实数调查。明确开车第一日先拨给一半，余俟报明中东铁路督办核示办理。至在东路其他各站所有之扎路车头、车辆，应由东路迅速查明确数。远东共和国各路现存有之东路车头、车辆，亦应由远东政府会同东路委员速即查明，双方结清。

第十条　在满扎路不用之职员、工人，并东路解雇之职员、工人可先行运回札省。

第十一条　挂车办法售票价目可依照东路与南满接运办法办理。

第十二条　赤路在满之职员、工人办守中国政府法律命令，并由中国官府派军警官兵监视保护。

第十三条　西历一千九百二十一年三月八日正午十二钟，定为货车开行之第一日。

中华民国十年三月七日、远东共和国西历一千九百二十一年三月七日订于满洲里。

《协定扎免采木公司办法大纲》

一、本公司系中日俄三国合办，依中国法令组成之。中国方面以黑龙江省实业厅为代表，日本以南满铁道会社为代表，俄国以谢夫谦克商会为代表。

二、本公司经营采伐中国黑龙江省扎敦河、免渡河，原图并新添之五十里地域［原图称甲，新图称乙］内之木植及其他附属事业。但该地域内如有山产、矿产发现，本公司欲经营此项事业时，须遵照中国所定法令章则办理。

三、本公司资本金定为大洋六百万元，其出资方法另以万金帐定之。其每年所得纯利，中日俄三方均分。

四、本公司营业期限定为三十年，如欲展限须经中国政府之许可。

五、本公司设立理事长一员，理事二员。理事长由黑龙江政府派充，理事二员由日俄两方各派一员。

六、本公司为纯谋利益起见，所用办事人员务须察看营业状况繁简，斟酌委用以节冗滥为要。

七、本公司办事技术人员，中日俄三国合用之，但工人概用中国人。

八、保护林场应用军警由理事长、理事斟酌地段情形需用多寡，呈由省政府分派驻守，其经费按月由公司缴纳。

九、本公司应遵照中国国家并江省政府之法令、章则及地方之惯例，缴纳一切课赋税捐。

十、本公司应于岁获赢利项下，对于江省政府年纳十分之一报效金。

十一、本公司从前各项关系另行商定处理。

十二、本协定详细办法于协定书签字后一个月内，于哈埠另行商订。

附　则

本公司开办后应用活动资本由日俄两方面筹集，黑龙江省政府但分赢利，其有亏折不认分担。至营业上一切事项均由日俄两方计画进行，以期公司日益发达。

本协定书以中日俄文字各缮三份，中日俄三方各执一份为证。

中华民国十一年四月初四日、日本大正十一年四月初四日、俄历一千九百二十二年四月初四日订于奉天。

《扎免采木公司万金帐》

黑龙江省以原图地上、地下并增加地域五十方里之林区及地上、地下为资本（大洋银二百万元正）。谢夫谦克商会以所设施者为资本，如建筑物、铁道等物（大洋银二百万元正）。南满铁道会社以现在所投入之资为资本（大洋银二百万元正）。

《扎免采木公司合同》

黑龙江省实业厅（以下称甲）代表张星榆、南满铁道株式会社（以下称乙）代表人江正太郎及谢夫谦克兄弟商会（以下称丙）巴特利克谦夫谦克。根据西历一千九百二十二年（即中华民国十一年，日本大正十一年）四月四日，在奉天所协定《扎免采木公司办法大纲》之意旨，关于该公司之设立订定合同如下：

第一条　本公司依协定大纲在中国黑龙江省扎敦河、免渡河原图地域（甲图），并新添五十方里地域（将来制成之新图称乙图）内，采伐树木及经营关于木材上之附属事业。在前项甲图地域必要地点，由甲乙丙三方派人会同设立标椿，其新添五十方里林区于本合同盖印后，由黑龙江省政府（以下称省政府）在甲图境界外指定地域后，务期从速测量，会同设立标椿。

第二条　本公司有查探所定地域内之山产、地产并其经营之特权，但于此时遵守中国法令章则办理。

第三条　本公司有哈尔滨设总局，于林区内设林区事务所。此外本公司得于必要地点设立支店派出所或代理店。

第四条　本公司于所定地域内得将铁道自由撤去或建设，以资运用。又应业务上之必要，报经当地官宪之许可，得开设各种工厂及木材存置场、货物仓库等，并为谋事业发达起见，得为各种必要之设施。

第五条　对于第三者，本公司甲乙丙各以其出资之限度，担负责任。

第六条　本公司之资产及一切收支各计算，均以中国之现大洋为本位。又会计年度于每年十月一日开始，至次年九月三十日终了。

第七条　本公司于每年决算时所获赢利，以其十分之一为报效金交纳省政府。其纯利由甲乙丙三方均分之。前项所称之赢利由总收入内扣除关于营业之一切经常并临时费、各动产并不动产之损耗填补金及前年度结算缺损额。而言所称之纯利，由前记赢利内扣除报效金及各公积金赏与金等之余额而言。

第八条　本公司开办后应用活动资本由乙丙两方任筹集之责，甲不负出资责任，其有亏折亦不认分担。

第九条　本公司理事长总理公司一切事务。理事二名会同理事长处理公司一切事务。其关于营业上之事项，由理事二名计画进行。理事长及理事有事故时，指定代理人使之执行其职务。

第十条　理事长及理事组织理事会。理事会为本公司决议执行机关。其决议除特在理事会必须由三方合意所定事项外，余均取决多数。

第十一条　甲乙丙预先知照理事会，得随时委员监查公司之业务，检查金库、账簿及各种文书，但委员之川资旅费毋庸本公司担负。

第十二条　本公司依协定大纲之规定，在江省境内应按原价百分之二十，一元八角缴纳出产木税。至地方附加各捐，应遵照当地征收惯例缴纳，其海关及省外应纳各税捐不在此列。前项税捐于木材输出林场缴纳之。

第十三条　关于平时保护林场之巡警，其人数由理事长呈请省政府分派驻守。如巡警中有不听指挥及不称职者，并得由理事长呈请省政府撤换之。

本公司对于前项巡警除供给服装、宿舍暨办公费，并缴纳子弹之损耗费外，每月负担一定俸给。遇有非常变故时为保护起见，理事长得向省政府声请派遣军队。依照前项，本公司对于声请驻防期间内之军队所需粮秣，由公司支付办理。

第十四条　本公司于本合同盖印同时成立，并于成立后一个月内将从前各项关系处理明确开始营业。

第十五条　本公司存立期间，自本合同盖印之日起以三十年为限，至限满后非经中国政府之许可，不得继续办理。

第十六条　本公司于每年九月末日以前，编造次年度之事业计画书及收支预算书，于年度终了后作成该年度内一切事业及营业报告书，并收支计算书，经由理事长报告于甲乙丙三方查核之。

第十七条　本公司办事及技术人员之任免赏罚等以理事长名义行之。

第十八条　关于本公司地域内一切行政事宜，应由该管地方长官监督管理。

第十九条　省政府俟本公司成立一年后，一切事务整顿妥协体察情形，得将甲一方面招商承办。

第二十条　本公司对于省长行文用呈，对于其他地方长官用公函，均以理事长名义行之。

第二十一条　本公司之章程及办事细则，根据协定大纲及本合同意旨由理事会另定之。

第二十二条　本合同以中日俄三国文字各做成三分，甲乙丙署名盖印后各执一份为证，本合同由省政府依中国法令，呈请中央政府核准备案。

中华民国十一年六月二十五日、日本大正十一年六月二十五日、俄历一千九百二十二年六月二十五日订于齐齐哈尔。

兵　事

　　呼伦贝尔越在北陲，幅员辽阔。北部山重水复道路崎岖，南部则旷野平沙水草丰美。在昔不通中国等诸荒服，为各民族生聚繁息之场而前仆后继，亦即各部落袭据之地。其间风云起灭戎马抢攘，所可得其梗概者，今且夷为剩水残山、颓垣败址焉。汉武帝时匈奴寇边，令卫青出塞远征，兵至胪朐河曾为一度之战争。其后历魏晋南北朝隋唐迭为鲜卑、地豆干、乌洛侯、突厥各国所占有，兴灭乘除战史莫考。五代之季，室韦八部［详见建置］立国于此［境内有室韦山、室韦格特岭二山］。中惟黑车子室韦［善作车帐故名。又喀勒喀河蒙语"黑毡墙"也。黑车子部据其地］、黄皮子室韦二部最强。黄皮子室韦又分大黄室韦、小黄室韦。是数部与辽屡有战争。辽太祖为夷离堇［辽统军马大官官名］时授钺，专征讨黑车子室韦。唐卢龙节度使刘仁恭遣赵霸发兵数万来拒。太祖遣室韦人牟里，诈称其酋长约霸会兵。霸至尽歼其众，乘胜大破室韦，俘获庐帐无算。太宗会同十四年，黄室韦掠牛马，又为辽将库古只所败。室韦于辽叛服无常，然有事则遣使征兵，为辽附属。金兀术破宋，乘胜而骄，北败于蒙古，筑金源边堡［一名兀术长城］以御之。今根河以北满洲里一带，存有断壁残垣，是其遗址。世宗大定二十一年，又以旧堡寥寥不足防御，令奚胡失海经画边备，共设二百五十堡。由西布特哈绕呼伦贝尔境南，以抵山西归化城，则所谓泰州边堡［即长春边堡］是也。元兴朔漠，太祖起兵于呼伦境西之额尔得尼托罗海。当日各部族分据方面，与战争地点所可考者，宏吉剌部帖儿格［人名］据喀尔喀河至贝尔湖一带［归元最早］，塔塔儿部据乌尔顺河，宏吉剌部德薛禅［人名］据有根河流域。金大定二十九年己酉，太祖既称帝以告王罕及扎木合。扎木合以太祖不附己也，不怿适扎木合弟给察儿游牧地与太祖接近，夺太祖部将答儿马剌之马。答儿马剌射杀之，扎木合大怒，纠合泰亦赤乌、宏吉剌合答斤、塔塔儿等十三部集兵三万来攻。太祖亦分部众为十三翼以待之。两军相遇，大战于答兰版朱思之野［《〈元朝〉秘史》作答兰巴勒主惕，《新元史》作答兰巴泐诸纳，在乌尔顺河西］。太祖失利部将察合安死之，退军斡难河哲捏列之地。庚申年，太祖与王罕合兵战胜乃蛮泰、亦赤乌两部。合答斤撒儿助特朵儿奔塔塔儿。宏吉剌诸部咸不自安，会于阿噜泉，斩白马为誓欲袭太祖与王罕。宏吉剌部长特因［《元史》作岱音］恐事不成，潜遣人告变。太祖与王罕自呼伦湖［《元史》作呼图泽。《新元史》作虎图海子］逆战于贝尔湖［《元史》作拜里川。《新元史》作捕鱼儿海子］，诸部皆败走。次年辛酉，合答斤、宏吉剌、塔塔儿、火鲁拉思朵儿奔等十一部［《新元史》作七部］沿额尔古讷河会于根河［《〈元朝〉秘史》作刊木涟河。《元史》作犍河。《新元史》作刊河］，共立扎木合为帝，反抗太祖，以足蹋岸，土刀斫林木而誓曰："凡我同盟有泄此谋，如岸之摧、如木之折"，遂悉众进攻。时有火鲁拉思人火力台［《〈元朝〉秘史》作豁里歹］驰骑告变，太祖得先期戒严，整兵逆战，大败之于海拉儿、帖尼河［一作特诺河］。扎木合遁，宏吉剌部降。壬戌，乃蛮又约合答斤等部来侵，太祖败之于吹丹之野。扎木合援师继至，其军有神巫不亦鲁黑忽都合能致风雨，欲乘势进攻，不意反风逆击，天地晦暗。扎木合不能军，多坠涧中，乃蛮诸部溃散。扎木合顺额尔古讷河大掠而去。太祖既平乃蛮，时金人堑山为界，以限南北。汪古部长阿剌兀思剔吉忽里为金守冲要地，密输款于元，向导太祖南出界垣［今东省铁路成吉思汗站］，是为元人金界之始。

迨元顺帝北徙，其孙脱古思帖木儿嗣立，扰塞上。明洪武二十一年，令蓝玉帅师十五万征之，出大宁至庆州，谍知元主在贝尔湖，间道兼程进至百眼井，去湖四十里不见敌，欲引还，定远侯王弼曰："吾辈提十余万众深入漠北无所得，何以复命。"玉然之。令军士穴地而爨，毋见烟火乘夜至湖南，敌营尚在湖东北八十余里。玉令弼为先锋，疾驰薄其营。敌谓明军乏水草不能深入，不设备。又大风扬沙昏晦，军行敌无所觉，猝至前大惊，一战而败，杀太尉蛮子等，降其众。元主与太子天保奴数十骑遁去。玉以轻骑追之不及，获其次子地保奴妃、公主以下百余人。又追获吴王朵儿只、代王达里麻及平章以下官属三千人、男女七万七千余人，并宝玺、符敕、金牌、金银印诸物。马驼牛羊十五万余，焚其甲帐蓄积无算。是役也，赐劳玉功比之卫青、李勣焉。自脱古思帖木儿七传至本雅失里，杀明使者郭骥。永乐六年，以邱福为征虏大将军将十万骑进讨。临行，帝戒以兵事宜慎重，相机进止不可轻敌。福出塞帅千余人先至胪朐河，遇游骑击败之，获敌间轻信其言，悬军深入，诸将谏不听。敌大至围数重，五将军战死，一军皆没。七年，成祖出塞亲征，出威虏镇进至胪朐河，更名曰饮马。闻本雅失里西奔，遂渡饮马河，追及于斡难河大败之。本雅失里以七骑遁。永乐二十年，鞑靼阿鲁台犯边，都指挥王焕战死。成祖二次亲征，军行出应昌结方阵以进，谍报阿鲁台攻万全，诸将请还师击之。帝曰："诈也。彼虑大军捣其巢穴，欲以牵制我师敢攻城哉？"进次阳谷，攻万全者果遁去。阿鲁台遂弃辎重，于呼伦湖侧北遁。明发兵焚之，收其牲畜。师旋败兀良哈。以剪阿鲁台之羽翼。二十二年，阿鲁台复犯边，成祖三次出塞亲征，发京师日，谍报阿鲁台走答兰纳本儿河

[在西兴安岭，《东林传·甲·乡土志》谓答兰即扎兰屯纳木儿，即诺穆耳]，趣进师至答兰纳木儿河不见敌，命张辅等穷搜山谷三百里而还。清初索伦部长博穆博果尔已服，旋叛，黑龙江诸城多归附之，海拉儿与焉。崇德四年，命将八人分路进剿，兵定海拉儿[见何秋涛《雅克萨考》一作海伦屯]，余亦悉平。至康熙时，准部噶尔丹侵夺喀尔喀部四汗之地，率额鲁特兵进驻克鲁伦河阿尔滩额墨尔地方，大举深入，逾呼伦贝尔两湖[《游牧记》作枯伦波衣尔]，清命尚书厄尔尼率师御之，向贝尔湖进发。至博洛达卜素遇逃来之喀尔喀人，讯知噶尔丹已渡乌尔顺河，厄尔尼以为乌尔顺河距喀勒喀河甚近，喀勒喀河距卡伦仅一日程，若仍往据贝尔湖，则反出其后。以此竟赴贝尔湖之南他奔他什海严加防堵，噶尔丹志不得肆。及康熙三十九年，圣祖亲征噶尔丹至克鲁伦河不见敌，纵四出哨探于喀尔得尼托罗海一带，获额鲁特一人，讯称噶酋见皇帝亲征，已弃帐房、器械，连夜而遁。圣祖曰："今我军欲战不得矣，惟以穷追为至要耳。"遂以大军西进准部。既平喀尔喀四部，各回牧地为清屏藩。自此二百余年，呼伦贝尔无兵革之端。至光绪二十六年，拳匪一役祸召联军，东三省处于俄人势力之下，遂分兵至海拉尔，焚毁副都统衙署，人民惨遭涂炭。时黑龙江将军寿山奉清廷电促，进击俄军，遂分东西北三路出师，以保全为西路统领攻呼伦贝尔。三路之师既出，相继败衄。俄兵逼齐齐哈尔，寿山以身殉难死焉。是为外侮之兵事。

宣统三年，中国变政南北云扰，驻海拉尔俄领事吴萨缔凤涎我界天产丰穰，兼嗛勘界以还羊草木石岁纳巨税，利用此机诱惑蒙旗额鲁特总管胜福、陈巴尔虎总管车和扎[清咸同间车曾从征西南各省]诸员主动独立响应。库伦驱逐华官，并指呼伦道黄仕福为革党份子[黄甫莅任二十余日，从者多剪发故]，排满主义势不利于蒙人。蒙员未察阴谋，遽起反抗。维时蒙兵堪战约二百余人，余皆荷戈充数。驻海尚有防兵一营及道厅两署卫队百余，足可抵御。吴领复声言双方交战炮弹若落站界，即行调兵干涉。呼伦道黄仕福虑以轻开战衅，惹起国际交涉致贻后患，于是退避站界铁路交涉局内，据电省宪周中丞、宋民政。省署当派杜荫田、于家铭两知事，来伦劝消独立。二员抵伦署公开会议激励大义，蒙员感悟将次就抚。吴领闻之大怒，恫嚇旗员以后中国欺凌不再祖助，并索酬报借械各费甚巨。旗员畏俄势强顿翻前议，吴更暗助兵械，嗾使车和扎督率蒙卒内杂俄兵一营进攻胪滨府。时张寿增知府以未奉省令坚守弗去，并调驻满防兵一营入府备御。十二月十六日平明开战，内外互击约八小时，卒至蒙兵死伤多数，始行停战〔时由中国海关总理德人司根德以俄助内乱违背公法，身入战线剥得已毙俄官肩章子袋，交张守作证〕。张寿增旋奉令调省，胪滨失陷。一时海满无官，秩序大乱，兵匪混杂，商民惊慌，上流各边卡节节沦陷。下流各卡幸珠尔干河总卡官赵春芳偕额勒和哈达卡官李玉琛严守汛地支持边局，复招抚两营溃卒叛兵，编练马步各队协力巡防。下流一带卡伦与奇漠两金厂赖以保全。赵春芳更进据吉拉林。民国元年二月十二日，与蒙兵交战互有胜负，寻奉省令退兵漠河。赵春芳当与蒙兵首领口头谈判作为临时条件，以莫里勒克河为界，上流各卡归蒙官管辖，下流各卡归汉官管辖。其后呼伦贝尔以胜福为副都统〔民国四年中俄会订条件呼伦取消独立，改为特别区域，初任副都统以胜福充之〕。至民国六年，复有内蒙科尔沁匪党占据呼伦之事。先是科尔沁匪首巴宝扎布〔按：巴系奉天彰武县人，骁勇善战，曾充本县区官。民国元年以事被迫投往库伦。库伦纳之，授以兵权使之募练。巴进以兵就饷之计，攻取林西〕。于民国二年，纠合宗社党共万五千人进攻热河之林西县，二次俱败衄，无颜归库，遂退驻于喀勒喀河地方〔地在黑龙江省呼伦贝尔车臣汗三处交界，俗名三不管〕。及民国五年，清宗室肃亲王〔时驻大连〕图恢复密约，巴匪为助，供给饷糈，并互纳子为质。扶国军〔与宗社党名异事同] 首领邵承勋亦招巴入伙 [原计五路招讨使约期七月七日起事，先取长春，次取奉黑吉三省，再入北京，巴即招讨使之一也]。未几，邵于长春被刺 [四五月间]。巴又在奉天突泉县与官军交战延搁 [今督军兼省长吴俊升时为洮辽镇守使，是役受伤]，所谋全归失败。巴匪遂于八月十三日以兵两万余再攻林西 [热河北境边要地]，邵承勋部下胡大鹏统邵余党从焉。匪至林西，城已垂陷，巴匪恃勇先入夺取炮车，为炮兵狙击毙命。匪见主亡，无计，骇曰："大事去矣。"相率奔窜，官军乘之。匪党四溃，其一支由色卜精额本、巴扎布二酋统带回至喀勒喀河，进窥呼伦。民国六年六月，侵入呼伦占据副都统署及西南二屯 [枪毙右厅厅长成善，旗员资财被掠一空]，胜福避走卜奎省城。色本二人复派明保 [布特哈旗人，初附胜福，叛归色本，成善死其手中] 通款。肃亲王以呼伦城为根据地，并以车和扎为提督，邦恭扎普为帮办 [车邦仅受虚名，其实利权政权色本操之]，废去副都统名称。维时匪党内容龃龉，一部已投诚受抚 [色本所为，胡大鹏颇不直之。铁路交涉局专员于家铭侦知，据电省署遂派赵参谋、郭文田知事来伦收抚。胡先就抚，□省匪党闻知尽逐胡众。于家铭遵饬悉数收笼交涉局内以备指挥]。俄领又与有恶感 [初匪党以货利啖吴领，吴祖护之。嗣入站界搜捕伦署旗员，击毙俄警遂成仇隙]。八月十四日，由旗署额鲁特总管凌升暨蒙员武魁等率索伦兵二百余，俄亦调来马队二百名助剿，是夜与匪党开战。匪党扼守城内，并据西山，俄占铁道北土山架炮轰击，交涉局降队亦向西山夹击。双方激战势殊猛烈，直至次日午后，互击八九小时，匪势不支，并闻有省派陆军进剿之讯，全股败退至城南，分途逃窜。福兴阿一股走索伦山，达拉吉一股归省就抚，色本二酋引残卒三千归喀勒喀河旧巢而去。是役也，以伦俄六七百之兵竟战胜悍匪四五千之众。盖由彼众离心，此方奋斗之故。色本及至喀勒喀河遇库伦援兵大集 [伦署旗员成德愤匪党扰伦，向库借兵二千，屯驻喀勒喀河以备进剿]，以逸待劳迎头堵击。所谓白公、彭公各携眷属俱被围困，匪徒至此无力抵抗，半归歼灭，余亦星散。伦城匪乱于是告一段落。是为内乱之兵事。

历考呼伦贝尔古今之战争，弱肉强食，此起彼仆，在五代以后为多。迄今游乌尔顺河两岸古垒荒凉，过兀尤长城故墟断垣零落。而当日烽火冲天，干戈满地，各民族强悍桀惊奋激斗狠之精神，犹可悬诸想像云。

军 备

呼伦贝尔一隅孤悬岭表，外接藩夷，当江省西北第一门户，乃中国重要边防也。明时得而复失，实以三卫废弃边备益虚之故。清初鉴于前车，寓兵于牧，为屯戍御侮之谋。于雍正十年，黑龙江将军珠尔海奏准，由布特哈拨来索伦一千六百三十六名、达呼尔七百三十名、陈巴尔虎二百七十五名、鄂伦春三百五十九名。此项兵丁计三千名，归并索伦一部，编联五十牛录［一佐为一牛录］，分隶八旗统以左右两翼。左翼四旗沿抵俄罗斯路及与俄交界处分防游牧，右翼四旗沿喀勒喀河并喀尔喀一带分防游牧。同年，又由察哈尔［一作由阿尔泰］旗下兼管之额鲁特拨来一百名编制一牛录。十二年，又以喀尔喀部车臣汗旗下之新巴尔虎拨来二千四百八十四名。此项兵丁由管理车臣汗大臣扎克丹咨送来伦。按照索伦兵制编成四十牛录，分隶八旗两翼管领划界分牧，轮派边卡出防，为新巴尔虎部属。乾隆八年，以将军博第奏裁索伦、陈巴尔虎、新巴尔虎各旗兵丁三千五百名，于额鲁特增设一牛录［不分左右翼，不设副都统为一部，归总管直辖］，各部兵额共计二千名。乾隆三十七年，又以将军增海奏添兵丁五百名，呼伦贝尔自是制定额兵二千五百名。光绪二十年，将军增祺奏将托河路鄂伦春之一路两佐，拨归呼伦贝尔管辖。光绪二十四年副都统册报兵数为二千五百八十三名［领催前锋在外，详下表］。旗兵旧制大略如是。

其军装一项，官员盔甲刀箭例由自备。军用器械，如弓箭、刀矛、枪炮、药弹、旗纛、锣鼓、海螺、帐房等项，则掌之有司以时发放。其官兵饷糈，岁由江省领四万八千二百六十三两余［袭职俸恤在内］。此又清时旗属之军实也。

其在清初时代，蒙兵最强，而索伦尤称劲旅，西南西北各省战事靡役不效前驱。无如承平既久，暮气日深，轮戍习操有名无实。光绪三十三年，设巡防马队一营，额兵六十名，分为三哨，哨官三员，管带一员，马兵由各翼总管挑送。三十四年，护副都统宋小濂于边卡弁兵，悉数改蒙为汉。宣统二年，满洲里添设马队一营，驻海拉尔之一营，改照江省巡防马队制募足。宣统三年，吉拉林添驻巡防步队一哨。本年冬，蒙旗独立，海满两埠、吉拉林一局之马步各队相继撤散。民国六年，设置哈满护路军司令部，驻满洲里及铁路沿线。其现驻军队为五十七旅，外附步骑三营［以前换防军队无考］，归陆军二十九师统辖。民国八年，蒙旗兵制又复一变，陈巴尔虎脱离索伦自为一部［达呼尔族仍属索伦］。各部统计，共增领催二十四减去前锋二十二名，披甲兵数则由二千五百八十三减为七百零八名。副都统署增设卫兵二百名。又各旗保卫团丁共五百名。民国九年，由江省调来陆军第二混成旅，分驻海拉尔及各冲要地点，归镇守使节制，担任边防兼护路事宜。民国十年，设海满警备司令部，以哈满护路军司令部兼治其事。

考呼伦贝尔历来之兵备，由无而增，由增而减，复由减而增。就目前全境屯驻之兵额言之，所谓陆军新制旗属壮丁以及沿边戍卒，各种警士、汉蒙团防各署卫队，统计其数约达一万有奇。果其将士一体、汉蒙无猜，内以靖地方，外以慑强敌，保兹疆土，捍我边陲，有不安如磐石者乎？兹将关于军制者，列表以资考核。爰为之举其始末焉。

副都统属旧制官兵俸饷表

名别＼事别	员数	整半俸	年支银两	养廉、盐菜银两	兵额数	年饷银两	说明
副都统	1	整	155 两	养廉 700 两			
总管	1	整	130 两				自总管以下食整俸者均系额鲁特旗各员，余皆半俸
	4	半	65 两				
副管	8	半	52.5 两				
佐领	2	整	105 两				
	50	半	525 两				
骁骑校	2	整	60 两				
	52	半	30 两				
护军校	2	整	60 两				
满蒙翻译笔帖式	2		24 两	盐菜 12 两			支领催原饷
	2		12 两	盐菜 12 两			支披甲原饷
两司各旗管台笔帖式	31		各食原饷	原由领催、披甲拣用不等			
满官学教习	1		食笔帖式饷				
领催					212	24 两	
前锋					42	24 两	
披甲					2 583	12 两	
备考	按：呼伦贝尔向有军功世袭骑都尉、云骑尉、恩骑尉、荫生、监生等员，其总数为 155。其年俸多系半俸及半俸之半俸，共银 1923 两。惟各员非实职，故名称与袭俸细数均不列入。入民国后，俸已停给。上表所列官兵年支俸饷加以前项袭俸数共 48 263 两 2 钱 5 分，向由黑龙江将军衙门承领，遇闰照增。每两按八折六扣核发，入民国后改领现大洋，详《岁出入表》。右表列官兵额饷，系照清旧制旗署册报之数。登载官兵两项未经划分，入民国后官兵额饷均经改定，分见各现制表及岁出入表						

副都统属现制兵额饷数表

兵别	属别	事别	现制名数		旧制总数	比较
领催	索伦	左翼		28		
		右翼		48		
	新巴尔虎	左翼		48		
		右翼		48	212	增24
	陈巴尔虎			48		
	额鲁特			8		
	鄂伦春			8		
	统计			236		
前锋	索伦	左翼		2		
		右翼		4		
	新巴尔虎	左翼		4		
		右翼		4	42	减22
	陈巴尔虎			4		
	额鲁特			2		
	鄂伦春			无		
	统计			20		
披甲	索伦	左翼		84		
		右翼		144		
	新巴尔虎	左翼		144		
		右翼		144	2 583	减1 875
	陈巴尔虎			144		
	额鲁特			24		
	鄂伦春			24		
	统计			708		
卫队	副都统公署	营长		1		
		办事员		1		
		书记		4		
		哨官		4		
		哨长		4		
		哨书		4		
		什长		20		
		卫兵		180		
备考	右表所列兵额系入民国后改定之数。此外尚有各旗保卫团丁,另见团防门。又旧制达呼尔部原拨兵丁数少并入索伦以内,改制仍之					

镇守使署编制一览表

创设年月	民国九年三月			
驻防地点	海拉尔			
历任镇守使	姓名	籍贯	官阶	到任年月
	张奎武	奉天梨树	陆军少将	民国九年三月
	张明九	奉天新民	陆军中将	民国十年十一月
所属军队数目	黑龙江陆军第二混成旅步骑兵各一团			
分驻地点	旅部暨两团部步兵第二营（缺一连）、第三营、骑兵第一营。第三营驻海拉尔，步兵第一营驻安达站，第二营之第七连驻室韦县，骑兵第二营驻扎兰诺尔煤矿			
驻兵情形	担任边防兼护路各事宜			
备考	按：海拉尔驻扎军队移调换防不时，各旅团名目迭易。兹就现驻军队名目列入，以前从缺。又海拉尔宣统年间曾驻防兵一营，营长兴顺，字善庭			

哈满护路军司令部编制一览表

创设年月	民国六年十月			
驻防地点	满洲里			
历任司令	姓名	籍贯	官阶	到任年月
	张焕相	奉天抚顺		民国六年十月
	车庆云	直隶广川	陆军中将	民国七年五月
	耿玉田	直隶涿县		民国八年八月
	万福麟	吉林农安	陆军少将	民国九年一月
	丁超	奉天兴京		民国九年三月
	耿玉田	直隶涿县		民国九年七月
	张奎武	奉天梨树	陆军少将	民国九年十月
	张海鹏	奉天黑山		民国十年一月
	万福麟	吉林农安		民国十年五月
所属军队数目	陆军第二十九师步兵五十七旅完全旅外附步兵二营、骑兵一营			
分驻地点	哈满全线大小各车站			
驻兵情形	此项驻军分驻哈满沿线大小各车站。兵力之支配以车站之大小、车站地位之冲要与否为标准，专以护路为职责			
备考	按：满洲里十年十月设有满海警备司令部一职，一切事宜归哈满护路军司令部制裁，未另立有机关。又驻扎军队移调换防不时，旅团名目迭易。兹就现住军队名目列入，以前无考从缺。查满洲里前于宣统年间曾驻防兵一营，帮统韩殿臣，字建甫，安徽人			

司　法

三权鼎立，司法其一也。呼伦贝尔向隶军事范围，无司法分立之可言。改设民治以来，制度逐加变易。兹就现设各机关关于司法部分，先县属次及特别区析表为九，详于下方。

司法表一［各县民事］

县别	办理情形	办理种类	土地	房产	债务	界址	证券	追偿损失	其他
呼伦	已结起数	审结	2		44				10
		和息							
		注销							
	未结起数				5				1
	上控起数	提审							
		批审							
胪滨	已结起数	审结		9	81				
		和息	2	6	44			2	
		注销		2	5			1	
	未结起数			1	6				
	上控起数	提审							
		批审			1				

续表

县别	办理情形	办理种类	土地	房产	债务	界址	证券	追偿损失	其他
室韦	已结起数	审结							
		和息			5				
		注销							
	未结起数								
	上控起数	提审							
		批审							
奇乾	已结起数	审结			9				
		和息			6				
		注销			2				
	未结起数				1				
	上控起数	提审							
		批审							
备考	右表列各种案件细数系据民国十年度各属处理之件而言，举一可概其余，以下各表同此								

司法表二 ［各县刑事］

县别	办理别	起数	伤害	强奸	和奸	赌博	诬告	侵占	收藏赃物	鸦片	行使假票	私盐	放火	诈欺
呼伦	已结起数				4	4		4	5	33	4	2		
	上控起数	提审			1						1			
		批审												
胪滨	已结起数		18		1	3	2	2	3	34	5	1		10
	上控起数	提审												
		批审												
室韦	已结起数								1					
	上控起数	提审												
		批审												
奇乾	已结起数										1			
	上控起数	提审												
		批审												
备考														

司法表三 [各县命案]

县别 \ 案别	起数	相验起数	获案起数	逸犯起数	上控起数	
					提审	批审
呼伦	斗杀					
	故杀					
	误杀					
	自尽					
	病毙	165				
	共计	165				
胪滨	斗杀					
	故杀	7	3	4		
	误杀	3	3			
	自尽	6				
	病毙	17				
	共计	33	6	4		
室韦	斗杀					
	故杀	1		1		
	误杀					
	自尽					
	病毙					
	共计	1		1		
奇乾	斗杀	1	1			
	故杀					
	误杀					
	自尽					
	病毙					
	共计	1	1			
备考						

司法表四 ［各县盗案］

县别	案别	报案起数	获案起数	旧案名数	新收名数	已结数	上控起数 提审	上控起数 批审
呼伦	强盗		2	2	2	2		
	小窃		92		105	105		
	共计		94	2	107	107		
泸滨	强盗	5	5	5		4		
	小窃	83	83	83		83		
	共计	88	88	88		87		
室韦	强盗							
	小窃	2	2			2		
	共计	2	2			2		
奇乾	强盗							
	小窃							
	共计							
备考								

司法表五 ［各县刑期］

县别	枪毙	无期徒刑	有期徒刑 十五年以上	十年以上	五年以上	三年以上	一年以上	二月以上	计	拘役	罚金 二千元以上	一千元以上	五百元以上	一百元以上	五十元以上	一元以上	计
呼伦	1	1					22	82	107						6	31	37
泸滨	1			2	1	1	5	82	92				1	2	4	4	11
室韦						1	1		2								
奇乾																	
备考																	

司法表六 ［各县兼理司法职官］

事项 县别	创办年月	设置地点	知事兼理司法		承审员	
			姓名	更替时期	姓名	更替时期
呼伦	民国九年四月	呼伦贝尔城	何如铭	十年十二月交卸	福平安	十年五月交卸
			郭曾煜	十年十二月任事	陶镛	十年十二月交卸
					邱信铨	十年十二月任事
胪滨	民国九年四月	满洲里商埠	赵春芳	民国十年八月交卸	多罗隆河	十年八月交卸
			杨凤旭	民国十一年八月交卸	徐梯清	十一年九月交卸
			董文瑞	民国十一年八月任事	孙学文	十一年九月任事
室韦	民国九年七月	吉拉林	郭文田	民国十一年六月交卸		
			冯润章	民国十一年六月任事		
奇乾	民国九年七月	珠尔干河	李玉琛		章涛	
备考						

司法表七 ［特别区审判厅民事］

庭别	种别	总数			诉讼之结果					
		旧受	新收	合计	判决	撤回	和解	其他	已结合计	未结
第五分庭	人事		1	1			1		1	
	金钱		73	73	15		53		68	5
	物品		1	1			1		1	
	证券		3	3	3				3	
	杂件		19	19			17	2	19	
	总计		97	97	18		72	2	92	5
第六分庭	人事		2	2			1	1	2	
	建筑物	10	72	82	44		35		79	3
	土地		5	5	2	1	2		5	
	金钱	10	231	241	155	21	46	4	226	15
	粮食		5	5	4			1	5	
	物品		12	12	4	1	2	5	12	
	证券		6	6			3	3	6	
	杂件		51	51				51	51	
	总计	20	384	404	209	23	89	65	386	18
备考										

司法表八 [特别区检察所刑事]

庭别	罪名	旧受	受理件数						合计	起诉		不起诉										移送他管	计	未终结
			直接受理	由警察	由宪兵	由他厅检察官	其他	计		送预审	送公判	案件不为罪	证据不充足	大赦	裁判确定	时效	被告人亡故	案件在审判衙门现尚未确定	亲告罪无人告诉	亲告罪撤销告诉	其他	中止			
第五分庭	内乱						2	2	2														1	1	1
	渎职		1					1	1												1			1	
	逮捕监禁人脱逃		2	3		1		6	6		2											3	1	6	
	伪证及诬告		2	1		1		4	4		1		1								1	1		4	

续表1

庭别	罪名	旧受	受理件数						合计	终结													计	未终结
			直接受理	由警察	由宪兵	由他厅检察官	其他	计		起诉		不起诉										移送他管		
										送预审	送公判	案件不为罪	证据不充足	大赦	裁判确定	被告人亡故	现行审判尚未确定门	亲告罪无人告诉	亲告罪撤销告诉	其他	中止			
第五分庭	伪证及诬告		2	1		1		4	4		1		1							1	1		4	
	放火			4				4	4	1	1									1	1		4	
	危险物			5				5	5		5												5	
	妨害交通		1	16			3	20	20		1	1	1							10	5	2	20	
	妨害秩序			3				3	3		1	1									1		3	

续表2

庭别	罪名	旧受	受理件数						合计	终结																未终结
										起诉		不起诉														
			直接受理	由警察	由宪兵	由他厅检察官	其他	计		送预审	送公判	案件不为罪	证据不充足	大赦	裁判确定	时效	被告人亡故	未确定	案件在审判衙门现行审现尚	亲告罪无人告诉	亲告罪撤销告诉	其他	中止	移送他管	计	
第五分庭	伪造货币			4				4	4		2	2													4	
	伪造文书		1					1	1		1														1	
	赌博		1	1				2	2		1											1			2	
	奸非	1						1	1													1			1	
	杀伤		6	42		8	11	67	67		21		7									12	17	10	67	

续表3

庭别	罪名	旧受	直接受理	由警察	由宪兵	由他厅检察官	其他	计	合计	送预审	送公判	案件不为罪	证据不充足	大赦	裁判确定	被告人亡故	未确定/案件现尚在审判/现行审门	亲告罪无人告诉	亲告罪撤销告诉	其他	中止	移送他管	计	未终结
第五分庭	妨害安全信用名誉及秘密		4	2			2	8	8			5						1		1	1		8	
	窃盗及强盗		10	152		44	19	225	225		45	12	22							6	144	6	224	1
	诈欺取财			4			4	4	4		3	1	1											4	

续表4

庭别	罪名	旧受	直接受理	由警察	由宪兵	由他厅检察官	其他	计	合计	送预审	送公判	案件不为罪	证据不充足	大赦	裁判确定	时效	被告人亡故	未确定	案件尚在审判衙门现行审判	亲告罪无人告诉	亲告罪撤销告诉	其他	中止	移送他管	计	未终结
			受理件数							**起诉**		**不起诉**													**终结**	
第五分庭	侵占		2	7			1	10	10		6	2	1												9	1
	赃物		3	7		1	2	13	13		6		3									1	2	1	13	
	毁弃损坏		3			1		4	4		2												2		4	
	私盐			1				1	1		1														1	
	总计		34	255		55	41	385	385	1	95	14	38							1		34	177	22	382	3

续表5

庭别	罪名	受理件数								终结															未终结
		旧受	受理件数						合计	起诉		不起诉											移送他管	计	
			直接受理	由警察	由宪兵	由他厅检察官	其他	计		送预审	送公判	案件不为罪	证据不充足	大赦	裁判确定	时效	被告人亡故	未确定尚现审判现行门	亲告罪无人告诉	亲告罪撤销告诉	其他	中止			
第六分庭	妨害公务			2			6	8	8		1		1										6	8	
	渎职			1			4	5	5												2		3	5	
	逮捕监禁人逃脱						2	2	2														2	2	
	妨害安全			3			9	12	12				8								2			10	2

续表6

庭别	甲名	受理件数 旧受	受理件数 直接受理	受理件数 由警察	受理件数 由宪兵	受理件数 由他厅检察官	受理件数 其他	受理件数 计	终结 合计	起诉 送预审	起诉 送公判	不起诉 案件不为罪	不起诉 证据不充足	不起诉 大赦	不起诉 裁判确定	不起诉 时效	不起诉 被告人亡故	不起诉 未确定·现行审判案件现尚在门	不起诉 亲告罪无人告诉	不起诉 亲告罪撤销告诉	不起诉 其他	不起诉 中止	移送他管	终结 计	未终结
第六分庭	放火			3				3	3												3			3	
第六分庭	危险物			21	2			23	23		17											2		19	4
第六分庭	妨害交通			16			15	31	31		1		17									10	2	30	1
第六分庭	伪造货币			11				11	11		7		3											10	1

续表7

庭别	罪名	旧受	受理件数						合计	起诉		终结														未终结
			直接受理	由警察	由宪兵	由他厅检察官	其他	计		送预审	送公判	不起诉										其他	中止	移送他管	计	
												案件不为罪	证据不充足	大赦	裁判确定	时效	被告人亡故	未确定	案件在审判现行审判尚门	亲告罪无人告诉	亲告罪撤销告诉					
第六分庭	伪造公文书			3			8	11	11		1	2										7			10	1
	赌博			2			2	2	2		2														2	
	杀伤			119			24	143	143	3	15	18	17				2					45	17	11	128	15
	窃盗及强盗			437	3		239	679	679	7	73		150									26	80	325	661	18
	欺诈取财			2			5	7	7		1		4												5	2

续表8

庭别	罪名	旧受	受理件数						合计	终结														计	未终结
			直接受理	由警察	由宪兵	由其他厅检察官	其他	计		起诉送预审	起诉送公判	案件不为罪	证据不充足	大赦	裁判确定	时效	被告人亡故	现行审判尚未确定	亲告罪无人告诉	亲告罪撤销告诉	其他	中止	移送他管		
第六分庭	侵占		5	7			15	27	27		7		13								2		4	26	1
第六分庭	毁弃损坏			13			25	38	38		2										11	20	5	38	
第六分庭	赃物			5	1	2	14	22	22	2	6												12	20	2
第六分庭	奸非						1	1	1							1								1	
第六分庭	私盐			2			1	3	3		3													3	
第六分庭	总计		5	647	6	2	366	1028	1028	12	136	20	213			1	2				98	129	370	981	47

备考

司法表九 ［特别区法院职官］

事别\庭别	创设年月	设立地点	审判厅历任职官			检察所历任职官		
			职别	姓名	更替时期	职别	姓名	更替时期
第五分庭	民国九年二月	海拉尔道北	推事	俞联荣	民国十年二月	检察官	周韫辉	民国十年七月
			推事	钱光谟	民国十一年六月	检察官	虞益美	民国十一年十月
			推事	于光熙	民国十一年六月			
			推事	刘毓俊	民国十一年六月就职	检察官	孙绍康	民国十一年十月就职
第六分庭	民国十年一月	满洲里道北	推事	金殿选	民国十年五月	检察官	萧焕列	民国十一年四月
			推事	郝树宝	民国十年九月	主任		
			推事	周锡九	民国十年九月就职	检察官	富荣煜	民国十一年四月就职
			推事	黄志孝	民国十年九月就职	检察官	季手文	民国十一年四月就职
备考								

警　察

呼伦贝尔之有警察，自前清改设民治始设备，未久以独立内乱而废。旧制今已莫考，善后以来复设各种警察，县属商埠而外属于境内者，如特别区域铁路沿线各警察机关，并列于表以详之。

各县警察所官员长警数目表

县别＼区别 ＼ 员别	所长	股员	队长	区官	巡官	巡长	马警	步警	通事	雇员	合计
呼伦 ／ 警察所	1	1	1			1	4	15		2	25
第一派出所					1	1		5			7
第二派出所					1	1	10				12
第三派出所					1	1	10				12
第四派出所					2	1		15	1	1	20
第五派出所					1	1		6			8

续表 1

县别 \ 区别 \ 员别		所长	股员	队长	区官	巡官	巡长	马警	步警	通事	雇员	合计
胪滨	警察所	1	1	1					50			53
	第一区				1	2	2	9	24			38
	派出所					1	1		9			11
室韦	警察所	1										1
	第一派出所					1	2	8	4			15
	第二派出所					1	1	8	2			12
奇乾	警察所	1										1
	第一派出所					1	1		10		1	13
	第二派出所					1	1		4		1	7
合计		4	2	2	1	13	14	49	144	1	5	235
备考		按：各县警察所长均系知事兼充。又按：呼伦县尚有分驻所二处官警由第二、第四派出所抽调，故表中未列专栏										

各县警察驻在地点表

县别	所别	驻在地点	方向	距离里数
呼伦	第一派出所	大壩后	正北	15 里
	第二派出所	乾井子	东北	120 里
	第三派出所	水泉子	东北	200 里
	第四派出所	霍尔沟	东南	380 里
	第五派出所	卧伦错夫林场	东北	360 里
	第二分驻所	牙克石	正东	210 里
	第四分驻所	新北沟	东南	390 里
胪滨	第一区	扎兰诺尔	西南	54 里
	派出所	察罕敖拉	正西	
室韦	第一派出所	驻县城		
	第二派出所	小河子	正南	
奇乾	第一派出所	兴隆镇	正北	366 里
	第二派出所	伊穆河	正北	260 里
备考	按：呼伦县警察第二派出所本在宜立克都站，第三派出所本在免渡河站，均系特别区界内设有特区警察。而往室韦大道防卫空虚时闻匪警，因将两派出所移置扼要之乾井子、水泉子两处，并改步警为马队焉			

警察厅官员长警数目表

职别／科署别	官员											长警							合计
	厅长	督察长	科长	科员	技士	雇员	督察员	经征员	场员	医官	稽查	署长	署员	巡官	队长	巡长	巡警	夫役	
警察厅	1																	3	4
督察处		1					1											1	3
总务科			1	1		2												1	5
行政科			1	1	1	2												1	6
司法科			1	1		2												1	5
卫生科			1	1		2												1	5
经征处						1		1			1							1	4
屠兽场						1			1	1								10	13
第一署						2						1		1		3	25	2	34
第一署分所						1							1	1		2	16	1	22
第二署						2						1	1	1		3	30	2	40

续表

职别 / 科署别 / 官警别	官员														长警				合计
	厅长	督察长	科长	科员	技士	雇员	督察员	经征员	场员	医官	稽查	署长	署员	巡官	队长	巡长	巡警	夫役	
第二署分所						1								1		2	20	1	25
马巡队															1	2	18		21
警卫队															1	1	9		11
消防队															1	1	14		16
卫生队															1	2	7	13	23
合计	1	1	4	4	1	16	1	1	1	1	1	2	2	4	4	16	139	38	237

备考

警察厅署队驻所表

类别 区别	署队驻在地名	距城里数	方向	分所驻在地名	距城里数	距署里数
警察厅	呼伦县西大街					
第一署	呼伦县北门外					
第一署分所				呼伦县西街		
第二署	河坞	300里	东北			
第二署分所				河坞	350里	90里
马巡队	驻厅内					
警卫队	驻厅内					
消防队	关帝庙					
卫生队	关帝庙					
备考						

警察厅年事表

年别 月别	民国九年	民国十年	民国十一年	备考
一月				
二月				
三月				
四月	是年蒙人归政，设军政各机关由督办钟毓请准设立商埠警察，定名呼伦警察厅。由省公署刊发木质印信，以郎官普为厅长。是月一日成立，全年经费65 550元			十一年之冬有筹画办理地方医院之议。至十二年八月开始从事进行预算，常年经费1万元，由警察厅于增加妓捐项下筹拨，不敷之款，呼伦县任其大部分。此外呼伦、海拉尔两商会及胪滨、室韦、奇乾三县亦各分担若干，开办经费五千元则由督办倡捐，各机关亦均分别筹助，于十一月成立，定名呼伦贝尔官医院。设中俄医官各一，其余各职员称是。时正志书行将付梓之际，因附志于此
五月	根据本地旧有屠捐定额，继续收捐创办屠兽场，设场员、医官各一员	请准附设经征处，委经征员及稽查雇员各一员，夫役一名，经费由收入捐款项下开支		
六月		添募卫生夫三名，并购置卫生车马，经费由娱乐捐项下开支	奉令编制商团四十名	
七月		特别区警察成立，奉令将二署移驻河坞，所遗地面划归特别区管理，应征卫生经费一并咨交，所添卫生队同时裁撤		

续表

月别 \ 年别	民国九年	民国十年	民国十一年	备考
八月			建筑屠兽场房屋订定规则	
九月				
十月		领到铜质印信暨小官印，将木质旧印缴销		
十一月	奉令征收新街卫生费并添募清道夫五名			
十二月				

东省特别区第五区警察总署暨分署官员长警数目表

区别＼员别	署长	分署长	驻在所长	署员	督察员	译员	雇员	巡官	俄巡官	长警	俄长警	合计
总署	1			2	2	3	4		1	18	11	42
第一驻在所			1			1	1	1		25		29
小北屯派出所								1		10		11
第二驻在所			1			1	1	1		25		29
道南派出所								1		10		11
扎三诺尔驻在所			1			1	1			22		25
赫勒洪德派出所								1		11		12
第一分署		1		1		1	2	2	1	50		58

续表

员别 区别	署长	分署长	驻在所长	署员	督察员	译员	雇员	巡官	俄巡官	长警	俄长警	合计
免渡河驻在所			1			1	1			22		25
合计	1	1	4	3	2	8	10	7	2	193	11	242
备考	按：第五区警察署系由满洲里警察局改组。警察局之设为七年九月初，系陆军变装，由军官徐本植、杨世源、耿曜等先后任为局长。九年四月，姜全我继任，始改为地方警察。九年十一月，陶景潜继之。至十年四月改归特别区管理，十一年一月今署长杨兴民继任焉

东省特别区第五区警察总署暨分署［驻在、派出］
所分驻地点表

类别 区别	署所地名	距署里数	分署所地名	距总署里数	距分署里数
总署	满洲里 二道街				
第一驻在所	满洲里 五道街	0.5 里			
第一驻在所派出所	满洲里 小北屯	1 里			
第二驻在所	满洲里 八杂市	0.5 里			
第二驻在所派出所	满洲里 铁道南	1 里			
第三驻在所	扎兰诺尔	50 里			
第三驻在所派出所	赫勒洪德站	170 里			
第一分署			海拉尔 铁道北	350 里	
第一分署驻在所			免渡河站街	564 里	214 里
备考					

东省铁路警察第三段总署暨分署官员长警数目表

员别 区别	段长	副段长	文牍员	译员	办事员	雇员	巡官	巡察长	长警
总署	1	1	2	1	1	2	7	12	317
分署		1		1		2	3	1	
合计	1	2	2	2	1	4	10	13	317
备考	按：路警设第三总段于满洲里第五分段于海拉尔。自宜立克都入本境起，至86号小站出国界止，每站均设分驻所								

特别区各警察职官表

机关名称	长官名称	历任长官姓名	更替年月
东省特别区第五区警察总、分署东省铁路警察第三段总分段	署长	陶景潜	民国十年四月
		杨兴民	民国十一年一月
	分署长	陈兰斌	民国十年四月
		李缵文	民国十一年二月
		张融和	民国十一年五月
	段长	欧阳籍	民国九年五月
		金鹤祥	民国十一年六月
	分段长	郑德馨	民国九年十月
		纪连瑞	民国十一年五月
		王春荣	民国十一年十一月
备考			

呼伦贝尔官医院成立纪念

呼伦贝尔官医院

清 乡

保甲商团游击队编制不一，所以辅助军警诘奸禁暴。而其用则同呼伦贝尔各属设置保安警察外，参酌地方情形复有各种之组织属于清乡范围，并入一门分别列之如下表。

保 卫 团 表

县别 \ 区别 \ 事别		地点	成立年月	员别				团丁			经费	枪支	子弹
				团总	保董	甲长	牌长	马丁	步丁	夫役			
呼伦	第一区	大壩后	十一年五月	1			1		9				
	第二区	小岭子	十一年四月	1			1		13				
	第三区	免渡河	十一年四月	1	1	1	2		12				
	第四区	兴安岭谢夫谦克林场	十一年七月	1	1		1		12				
	第五区	兴安岭卧伦错夫林场	十一年五月	1			1		8				

续表

县别	区别	地点	成立年月	团总	保董	甲长	牌长	马丁	步丁	夫役	经费	枪支	子弹
庐滨	第一区	扎兰诺尔	十年二月	1	2	4	8		40			25	1 500
	第二区	孟克西里	十年二月	1	3	6	12		60			4	2 000
奇乾	第一区	奇乾河	十年七月	1	1	1	11		26	1	1 140	29	1 100
	第二区	伊穆河	十年七月		1	1	5		30			32	850
	第三区	珠尔干河	十年七月		1	1	10	20	37			55	1 200
	第四区	牛尔河	十年七月		1	1	4		22			19	600
	第五区	毕拉尔河	十年七月		1	1	9		32			33	940
备考	按：各县保卫团除室韦县驻有陆军从缓办理外，呼、庐两县经费均由各团总就地酌筹，并无确数，呼伦所属枪支系由商家就原有暂用，故表中均未细列。此外尚有蒙旗保卫团500名分驻各旗无定数，饷归各旗筹措，副都统公署卫兵200名饷项由省请领												

商 团 表

事别＼县别		呼伦	室韦
成立年月		民国十一年六月一日	民国八年十月
地点		呼伦城内旧街	室韦县城
组织情形		十一年五月，江省大吏因各属匪势日炽，地阔兵单，军警力有不逮，通令各属组织商团、民团以资辅助。全省分作四路特派大员督饬进行。呼伦贝尔区域团防督办，即以善后督办兼摄其事。奉命后着手组织，凡旬日而呼伦商团成立焉	民国八年蒙旗取消独立后，县城警察尚未设置，爰于是年十月间招集各商共同组织商团以卫地方
编制		置团长一员、教练长一员，由呼伦警察厅警官中选派，操生四十名由各商家挑选之。每十名为一队，每队拔选一人为队长，四队编成一团	置正副团总各一员，操生六十名，编练马队
经费		服装、军械、办公各费均由各商担任。其管理经费人，由商会选派	职员均系义务办公，一切所需由各商共同负担
监督	高级	呼伦贝尔善后督办兼团防督办	
	直接	呼伦警察厅长	室韦县知事
教练时期		以 12 个月为毕业期	
备考		查胪滨、奇乾两县警卡、游击各兵足资防御。此项商团未经设置，又室韦商团向由商家抽编。十一年，奉令整顿团防改组游击，易抽为募。此项商团现已停办。又呼伦新街商团，同时饬由特区警署与新街商会协力组合	

游 击 队 表

事别＼县别	胪滨	室韦	奇乾
创办年月	十一年八月	十一年六月	十一年十二月
驻在地点	分驻县署及扎兰诺尔	县城商务会	分驻各卡伦
官兵数目　队长	2	1	1
副队长		1	
教练员		1	
什长	4	1	
队兵	40	13	20
经费	就县署警卫队改编，各支原饷并未另筹款项	月支大洋二百元，由饷捐及木植附加税项下指拨	月支大洋四百元，由放狩猎证书收入项下支给
备考	按：呼伦一属县治在海拉尔商埠，为陆军混成旅、呼伦警察厅驻在地点兵力较厚，此项编制从缺		

市　政

市政机关本周官司市之遗意。民国建置以来，设有其制。呼伦贝尔之市政改造于铁路交涉局与理事会，名异而实同者也。兹为述其始末，如下表：

海满铁路交涉分局兼市政分局一览表

	地点	海拉尔新街	
	设置年月	清光绪二十八年	
海拉尔铁路交涉分局兼市政分局		姓名	籍贯	受任时期
	历任专员	陈嗣同	浙江	光绪二十八年
		恩霖	吉林	光绪三十一年
		刘清洁	奉天	光绪三十三年
		恩露	吉林	光绪三十四年
		何如铭	甘肃	宣统元年
		于家铭	山东	宣统二年
		仇超千	直隶	民国五年
		胡祖模	江苏	民国七年

续表

	地点	满洲里四道街	
	设置年月	清光绪二十八年	
		姓名	籍贯	受任时期
满洲里铁路交涉分局兼市政分局	历任专员	司伟勋	山东	光绪三十三年
		潘殿保	山东	光绪三十三年
		熊冕章	湖北	光绪三十四年
		庄鹤龄	江苏	宣统元年
		锡廉	吉林	宣统元年
		赵均仁	山东	宣统二年
		卞调元	山东	宣统三年
		王振铎	湖北	民国二年
		于家铭	山东	民国三年
		何如铭	甘肃	民国五年
		丁毓金	山东	民国八年
		桂联	奉天	民国十一年
备考	按：交涉局之设，清光绪二十七年重订铁路合同后，奉、吉、黑三省先后成立。二十八年，黑龙江将军萨具奏重设铁路交涉总局，酌设分局。民国十年，奉令交涉分局专员兼充市政全权代表兼理事会第二会员。又按：蒙旗自治时代各官署均废，维交涉局独存。故一切地方事宜民刑、诉讼均由交涉局处理。九年蒙旗归政，重行设治，始划分政权		

海满公共理事会一览表

<table>
<tr><td rowspan="9">海拉尔</td><td colspan="2">地点</td><td colspan="3">海拉尔新街</td></tr>
<tr><td colspan="2">成立年月</td><td colspan="3">清光绪三十四年</td></tr>
<tr><td rowspan="2">经费</td><td>收入</td><td colspan="3">前数年约金钱十万元，近年约金钱八万元</td></tr>
<tr><td>支出</td><td colspan="3">与收入数相抵</td></tr>
<tr><td rowspan="4">历任会长</td><td>姓名</td><td>交替年月</td><td>附记</td></tr>
<tr><td>司皮臣阔夫</td><td>民国五年</td><td>充当三任共九年</td></tr>
<tr><td>施聂得尔及吉木拉诺夫</td><td>民国七年</td><td>前会长辞职后未正式选举，以副会长代理</td></tr>
<tr><td>铁尔聂次克里莫维赤</td><td></td><td>现在</td></tr>
<tr><td>纪事</td><td colspan="3">自成立理事会以来，受铁路地亩处管辖。董事额二十四名。华额四名，俄额二十名，每遇开会议事，华董不愿莅会，即有到者亦如尸位。逮市政局成立，专员兼市政代表几经力争，增至华董九名，遇事开会华人方得享受公共利益</td></tr>
<tr><td rowspan="6">满洲里</td><td colspan="2">地点</td><td colspan="3">满洲里四道街</td></tr>
<tr><td colspan="2">成立年月</td><td colspan="3">清光绪三十四年</td></tr>
<tr><td rowspan="2">经费</td><td>收入</td><td colspan="3">最多每年三十四五万元，最少每年五六万元，平均约二十万元左右</td></tr>
<tr><td>支出</td><td colspan="3">十一年度亏空二万余元，十二年度设法核减或可相抵</td></tr>
<tr><td rowspan="2">历任会长</td><td>姓名</td><td>更替年月</td><td>附记</td></tr>
<tr><td></td><td>郭利阔夫</td><td>清宣统二年</td></tr>
</table>

续表

		尼吉金	民国五年	共充两任
满洲里		帖利尼阔夫	民国六年	
		布尔玛金	民国八年	
		萨标尔金		现任已连充两任
	纪事	大致情形与海埠理事会相同。初成立时全埠华俄人民以无定数，会议民国元年时定华董三名，俄董十七名，计二十名。至民国八年改定为华董五名，俄董二十五名，计三十名。至民国十一年市政局成立专员兼市政代表，几经力争始改为华董十二名，俄董十八名，会内文书改用华俄合璧文字。会中所办事务有公立初高中各学校、消防、卫生各队、医院、公园暨屠宰检验场		
备考	按：理事会之设根于东省铁路合同，其合同订于光绪二十二年至三十四年。时哈尔滨、横道河子、绥芬河、昂昂溪、博克图、海拉尔、满洲里七处铁路界内理事会同时成立，受铁路公司地亩处之监督，一切政权均归管理，会中虽有华董一二人，备员而已。民国十年，东省特别区市政管理局成立，以铁路交涉分局专员兼市政代表，对于理事会始负监督之责。会中设施举凡有损国权及不利于华人者，均得限制。理事会遂成为华俄人之公共团体。隶本属者为海拉尔、满洲里两处，故列表如右			

防　疫

时疫流行何代蔑有，自《周礼》方相氏玄衣朱裳执戈扬盾，
创行逐疫、驱疫之法后，之迷信神权者尽以疫为有鬼魅存乎其
间。而于传染引渡之隐害嘿然不能言，即言而群不之信。防疫而
不防之以根本，疫于是乎终无以净。东省一带地居高寒，疫疠向
不经见。自清宣统二、三年（即西历一九一零年、一九一一年）
间，始有百斯笃病之发现。而有疫学研究者出谓，实系一种鼠疫
之流行病。凡引发鼠疫之原因，关于西伯利亚一路而来者，类缘
衣旱獭皮、食旱獭肉而发生。呼伦贝尔所属满洲里、海拉尔等
处，既与西伯利亚线衔接，又为旱獭蕃生之区，其传引亦较他处
为易。当一九一零至一九一一年，满海两埠间尚无正当防疫方
法，疫遂由西北而东南蔓延于齐齐哈尔、哈尔滨以上。幸而哈尔
滨总防疫处因时成立，曾不几时而疫旋告灭。此为呼伦贝尔第一
期过去之疫祸。乃相去未及十年，于民国九年九月 即（一九二〇
年九月）海拉尔之百斯笃疫又复发现，始犹不过少数，社会尚无
大慌。逾月而波及于满洲里附近之札兰诺尔。该处多系煤矿工
人，且旁有护路军营，即由驻札警署奉令检查。当时以人类庞杂
率不服从，以是日盛一日，疫复四散，几乎遍染乎东省全路。至
民国十年三、四月间（即一九二一年）正在［延恒］莅任督办时

间，火车阻绝，道路为梗。〔廷恒〕不以疫疠之毒焰畏缩不前，下车时即有满洲里防疫分处之组织，而于札兰诺尔另设临时防疫处。奉省令以哈满司令与呼伦贝尔督办为监督，并奉内务部令分三区以防截疫祸。即以满洲里、哈尔滨等处划为防疫第一区域，设检查处也、设隔离所也、设霉菌室也。行用种种防疫之要术，合中外人员以互相协助，满海两埠间尚不至于死亡枕藉。核计札兰诺尔一区，除侨民疫死不计外，矿工之被疫而亡者约有四分之一（原四千死千余）。此呼伦贝尔第二期疫祸之猛烈，实驾第一期而上之。其不至一发而不可收拾者，岂天心之果能悔祸，倘亦人力之有以补救之。故古云人定可以胜天。

　　〔廷恒〕窃幸于现在之疫来之剧烈，而去之亦复迅速也。虽然前事已过，来日方长，痛定思痛之余，尤不能不预筹善后之策。则所谓疫病之发生于旱獭者，既据中外各医士之实地证明而无有异辞。而伍连德医士复先得我心，以哈尔滨总防疫处之余勇，复于满洲里分设防疫医院〔表附后〕。而军长禁止捕獭之令，亦于是时雷厉而风行。〔廷恒〕忝任呼伦贝尔督办，本除恶务尽之旨，以实力奉行为天职所当。然凡有偷捕旱獭而运输獭皮者，惩治不遗余力。同是天赋人民断不忍坐视其罹于疫毒，而不为援救。从过去、现在以推及于将来，所望呼伦贝尔之全境人民经过第一期、第二期百斯笃疫之大害，再不至有第三期之发生，此则〔廷恒〕所馨香祝之者矣。所虑者呼伦境属半系蒙人游牧之区，不肖俄侨又时复出入其间，私运旱獭皮之案积牍成尺。禁之既视等具文，惩焉又疑为严酷。于〔廷恒〕防制未然之苦心，甚或有不复相谅，反以为扰累斯民者。则汲汲欲求乎善后，而后患且未必潜弭，其将何以自解哉！

满洲里防疫医院表

名称	防疫官医院
地点	满洲里三道街
设立年月	民国十年十月
经费总数	每年约五千元
院长姓名	关任氏
设立原因	东三省防疫总事务处鉴于九年，百斯笃之盛均由俄境传来，满洲里地邻俄边，特设此院以事预防
备考	平时苟无疫症兼治普通内外各症，惟有疫时停诊，其他病症设立以来尚无疫症发现。此外满洲里则有俄国之铁路医院［民国元年设］、公共医院［民国五年设］、日本之小出医院［民国十一年设］、札兰诺尔俄国之矿务医院［民国八年设］、海拉尔俄国之铁路医院［民国元年设］、红十字会医院［民国十一年设］以属于外人方面表不备列。中国医院海拉尔向无设置，现正提倡进行

《呼伦贝尔区域内禁捕旱獭简章》

十一年十一月一日重订

第1条 本简章为防止疫菌起见，关于旱獭禁止猎捕，并不准经售此种皮张。

第2条 自本简章实行之日起，凡从前曾发猎捕旱獭执照之官署一律停发。其已发在外之执照，亦概作无效。无论中外商民倘有不遵禁令私自猎捕或违章私相买卖者，一经发觉除将旱獭皮焚毁外，仍按行政罚金范围分别情节轻重，酌处以一百元以下一元以上之罚金。

第3条 商号、皮庄、客店等营业，如有收买寄卖旱獭皮或存住捕旱獭之人，知情而不报告者与违禁捕獭之人一律同科。

第4条 请由省公署转饬财政厅令行各征收局，嗣后不得再征旱獭皮张税。如再遇有携带旱獭皮赴局报纳捐税者，应知会当地警察罚办，并请转函督办东省铁路公所饬行各车站，嗣后永远禁运此项旱獭皮张暨饬沿站驻在军警一体查禁。并由呼伦贝尔督办公署分别函请滨江关监督，转行税务司一体扣留。暨吉黑邮务管理局分饬各邮局，嗣后一概不准收寄旱獭皮张。如有包封私运一经查出，即交当地警察照章罚办。

第5条　本简章自呈奉省公署核准后施行。

交　通

　　呼伦贝尔僻在荒服，山河隔阻，在昔久困交通。清代驻防三边通道而外，曾有驿台之布置，自铁轨贯入本境，邮电各机关亦复陆续创设。兹统前后经营关于交通部分者，别为邮电、道路二宗各析为表以列之如左：

邮　电

邮　务　表

事别 名称	设立年月	地址	发递次数	邮差人数	邮件种类	全年收发件数
海拉尔一等邮局	清宣统元年	海拉尔新街	火车邮班每日一次，陆路邮班间六日一次	信差四名，马差四名	公文、挂号、快递、平常刷印新闻纸、明信片、包裹	十九万件

续表

事别 名称	设立年月	地址	发递次数	邮差人数	邮件种类	全年收发件数
满洲里一等邮局	清宣统元年	满洲里三道街	火车邮班每日一次、陆路邮班无。	七名	公文、挂号、快递、平常印刷新闻纸、明信片、包裹	邮件十二万二千五百四十件、裹八百九三十件十
备考	按属境邮局均隶吉黑邮务管理局，满洲里为一等局、海拉尔为二等局，旋以海局事务日繁，每年汇兑数达百余万元，遂于民国十一年升列一等。此外，奇干河、札兰诺尔两处均有三等邮局。室韦县、伊穆河、珠尔干河、毕拉尔河等处均有邮寄代办所，事务甚简，表不备列。近今奇乾局以邮件稀少，管理局有拟将该局移设室韦县之计画					

电 报 表

事别 名称	设立年月	设立地点	通达处所	每年收发电报起数	历任局长姓名	更替时期
海拉尔军用电报局	民国八年七月	海拉尔车站	南至齐齐哈尔北至满洲里	收报约七千起，发报约五十起	张志诚	九年五月卸职
					潘遇春	九年五月任事
满洲里军用电报局	民国八年七月	满洲里司令部	齐齐哈尔	收发均约三千六百起	谢龙生	十一年四月卸职
					盛福田	十一年四月任事
奇乾县三等电报局	民国五年五月	奇乾河南洋街	漠河、兴隆沟、嫩江	收发均约一千余起	刘崇基	五　　年五月任事
札兰诺尔军用电报局	民国八年七月	札兰诺尔车站	南至齐齐哈尔北至满洲里	收发均约二百余起	李钦霖	十年七月出缺
					鲍宪章	十年七月任事
免渡河军用电报局	民国十年一月	免渡河车站	南至齐齐哈尔北至满洲里	收发均约二百余起	夏馥馨	十一年一月任事
兴安岭军用电报局	民国八年七月	兴安岭车站	南至齐齐哈尔北至满洲里	收发均约三十余起	李宗潮	八年七月任事
备考	按：属境地面辽通阔，电处所无多，除奇乾局系普通电局外，其沿中东铁路车站者均系军用。此外沿边一带均未设置，消息阻滞，边防至感不便。十一年五月拟改呼室奇三县电报并附电话，由伦城起立杆，挂线沿额尔古讷河北行，迄于奇乾，直通漠河。应用电料请诸交通部。电杆木料由三县分担。估计用款大洋三万二千零六十九元，先向广信公司借垫，其后公司以款绌难垫。见却交部又以电料缺乏，未能遽拨，无米难饮，计划因之中止。惟电报系传递消息要政，地濒国门更不可少，仍拟别筹方法以期进行。又按中东铁路沿线均有电话，系俄人所经营者，拟分别收回以重主权					

道　　路

全境道路计分水陆二项。陆路首四境通道，次驿台卡站而及经行铁轨。水路先国界航行，次境内渡口而桥梁亦附见焉。出入境通行古道五支。

通黑龙江省城大道，由伦城起向东行，经旧设各驿站至依勒克特［即宜立克都站］台出境，入布特哈及齐齐哈尔界，至七家子台而入省城（详见旧驿站表）。

通古北口大道，由伦城起向正南行，经广慧、光远二寺之东至延福寺分岔，一支向东南出境，通索伦设治局。一支向西南经索伦厢红、厢蓝两旗牧界及新巴尔虎正蓝旗牧界出境，通古北口。

通张家口大道，由伦城起向西南，行经南屯辉河北岸前行，历甘珠寺、牡丹泊尔池西北，越乌尔顺河至扎来胡都克出境，通张家口。

通库伦大道，由伦城起向正西行，顺铁路线南经新巴尔虎厢白旗牧界，向西北行至扎兰诺尔，经胪滨县之察罕敖拉又西行出境，通库伦。

通库克多博入俄境大道，由伦城起向北行，经头站约二百五十里至库克多博卡伦，北通俄境（详见北行通道表）。

按：全境已成陆路，此外尚有东省铁道及沿边卡路，而边卡陆路长约一千四百余里，自莫里勒克河卡以上，车马经行已成孔道。其莫里勒克以下则山岭险峻，蹊径崎岖，行旅仅容徒步，向无通车坦途。虽有额尔古讷河航行为之接力，然江轮溯流而上未能常川去来，且我岸遇水浅时驶入俄岸屡生梗阻。商民交通多感困难，披荆斩棘一望康庄，正未知何日观成也。

旧设台站表

种别	道别	界别	名称	方向	距离里数	设置年月	附记
驿台	由呼伦贝尔至齐齐哈尔	呼伦贝尔界	哈克鄂莫台	城东南	距城六十里	道光六年	
			札拉木台	城东南	距上台五十二里	道光六年	
			喀拉霍硕台	城东南	距上台六十二里	道光六年	
			扎敦毕拉雅克萨台	城东南	距上台五十二里	道光六年	即中东铁路牙克石站
			们都克依台	城东南	距上台六十里	道光六年	即中东铁路免渡河站
			呼尔格特依台	城东南	距上台五十里	道光六年	
			依勒克特台	城东南	距上台四十五里	道光六年	即中东铁路宜立克都站，蒙语狼巢之意
		布特哈界	雅勒博霍托台	城东南	距上台五十里	道光六年	
			嘎尔甘达哈达台	城东南	距上台四十里	道光六年	
			巴林台	城东南	距上台五十里	道光六年	
			西巴尔哈台	城东南	距上台四十里	道光六年	
			和尼毕拉台	城东南	距上台三十五里	道光六年	
			和尼毕拉昂阿台	城东南	距上台三十里	道光六年	
			木尔滚楚台	城东南	距上台五十里	道光六年	

238　呼伦贝尔志略

续表

种别	道别	界别	名称	方向	距离里数	设置年月	附记
驿台	由呼伦贝尔至库克多博	齐齐哈尔界	那奇西台	城东南	距上台四十三里	道光六年	
			甘井子台	城东南	距上台五十五里	道光六年	
			七家子台	城东南	距上台四十五里	道光六年	
		呼伦贝尔界	博霍图台	城北	距城六十里	咸丰七年	以下三台即改设十五内卡时，所增设之三台
			依尔该图台	城北	距上台六十里	咸丰七年	
			西拉布拉克台	城北	距上台六十里，距库克多博六十里	咸丰七年	
马拨	由呼伦贝尔至库克多博	呼伦贝尔界	海拉尔河渡口	城北		光绪三十四年	道尹宋小濂任内创设
			墨尔根河南岸	城北		光绪三十四年	
			甘井子	城北		光绪三十四年	与前列甘井子同名异地
			慐泉子	城北		光绪三十四年	
备考	按：驿台马拨设时均有官兵驻守，为传递公文、官兵往来之要枢。庚子乱后，驿台废而置马拨。近则并马拨，亦无之矣。又按：民国九年复治后，前督办钟毓呈请开辟龙海陆路，分段设站，派兵驻守，以备铁道偶有阻梗，交通不至中断。旋奉前黑龙江孙督军令饬前镇守使张奎武兴工办理，逾年耗费巨万，至今为梗						

由伦城北行通道暨沿卡站名道里表

事别\名别	相距里数	岔道 所至地名	岔道 方向	岔道 里数	附记
头站	距伦城七十里	苏沁	东北	二百三十里	
干井子	距上站五十里				
格劳斯	距上站四十里				
水泉子	距上站四十里				
五龙套海	距上站五十里	胪滨县	西	二百九十里	自库克多博四卡分道东行至胡裕尔和奇以下入沿边卡路
		库克多博	北	十二里	
根河	距上站二五里	巴图尔和硕	东北	十二里	
小河子	距上站十五里				
前泉山子	距上站四十里				
后泉山子	距上站十里				
桦树林子	距上站三十里				
胡裕尔和奇	距上站三十里	苏沁	东南	九十五里	
巴彦鲁克	距上站三十里	苏沁	南	一百二十里	
珠尔特依	距上站三十里	苏沁	南	一百四十里	
水磨	距上站三十里				
室韦县	距上站六十里	吉拉林金厂	东南	三十六里	亦名吉拉林
莫里勒克	距上站三十里				
姑苏屯	距上站十五里				
毕拉尔河	距上站十五里	吉拉林金厂	东南	八十里	
西安屯	距上站二十五里				
一流站	距上站二十五里				
及第庄	距上站三十六里				
牛尔河	距上站二十四里				
常隆屯	距上站三十里				

续表

名别 事别	相距里数	岔　道			附记
		所至地名	方向	里数	
珠尔干河	距上站七十里				旧卡伦地点，民国十一年奇乾县治移此
马安屯	距上站五十里				
温河	距上站四十里				
乌玛	距上站二十里	依里及其已废金矿	北	三十里	
长甸	距上站七十里				
伊穆	距上站八十里				
大通屯	距上站三十里				
王家窝棚	距上站四十里				
奇雅河	距上站二十里	依里及其已废金矿	南	九十里	珠尔干河卡裁撤，同时改并奇卡设此
兴隆镇	距上站三十六里	奇乾河金矿	东南	十八里	又名西口子，即奇乾县旧设治处
中兴屯	距上站十里	奇乾河金矿	南	十八里	又名腰口子，即奇乾县流入额尔古讷河处
永安山	距上站六十里				
石灰窑	距上站四十里				
额勒和哈达	距上站四十里				即额尔古讷河流入黑龙江处
备考	按：由伦城起，大道蜿蜒东北行，绵长一千三百四十六里，沿边各卡交通均维此是赖。而终点之额勒和哈达东距漠河县一百三十里，尤为与黑河交通之要道。查奇乾县境下游之奇勒口子（对岸俄屯名波格罗夫），俄人与鄂伦春入山交易，以此为来往要道				

东省铁路经行境内站名里数表

站别\事别	方向	距离里数		县界	附 记
		距满洲里首站里数	各站间相距里数		
满洲里	伦城西北			胪滨	中东路入境首站，原无名称。俄人以此命名遂沿用之
扎来诺尔	伦城西北	五十四里	五十四里	胪滨	札来为达赉之音转，达赉蒙语"湖海"，诺尔"泡子"也。一作扎兰诺尔
嵯岗	伦城西北	一百一十四里	六十里	胪滨	即蒙语察罕，察罕"白色"。以其地有白色之山。也俗作此干。
赫尔洪德	伦城西北	一百七十里	五十六里	呼伦胪滨两县分界处	本音哈拉亨太旧有哈拉亨大，小泡子因以为名。一作赫勒洪德
完工	伦城西北	二百三十里	六十里	呼伦	小山孤立之意。
乌固诺尔	伦城西北	二百九十里	六十里	呼伦	水泡概称诺尔乌固，本音虎库。虎库"蓝色"也
海拉尔	伦城北	三百五十里	六十里	呼伦	海拉尔，蒙语"墨"也。
哈克	伦城东	四百零二里	五十二里	呼伦	一小泡子，其水几涸之意
扎罗木特	伦城东北	四百五十四里	五十二里	呼伦	附近小河，河旁有村之意。一作扎拉木台
牙克石	伦城东北	五百零四里	五十里	呼伦	本音雅克萨，河名也。站近此水，故名。旧有雅克萨台站

续表

事别\名别	方向	距离里数		县界	附　记
		距满洲里首站里数	各站间相距里数		
免渡河	伦城东	五百六十四里	六十里	呼伦	本音们都克依旧，有台站名，非河名
乌奴耳	伦城东南	六百二十二里	五十八里	呼伦	河名，有乌奴耳沟
霍尔果	伦城东南	六百四十四里	二十二里	呼伦	旧有桥，蒙语谓桥为"霍尔果"
伊列克特	伦城东南	六百七十八里	三十四里	呼伦	一作宜立克都。蒙语"狼巢"之意
兴安	伦城东南	六百九十四里	十二里	呼伦	站在兴安岭上，蒙语大石为"兴安"
备考	按：中东铁路干线建筑于清光绪二十二年，横贯呼境，于满洲里起迄兴安岭止，自西北而东南蜿蜒七百里为全境交通之孔道。表列站名采自《东省铁路行车表》，间有字异音同之点，可与驿台表对参				

额尔古讷河航业表

事别＼界别	胪滨县	室韦县	奇乾县
经过县境方向及里数	自县境北起至库克多博卡伦出境约三百余里	由县境西南根河汇流处，向县境东北顺流，至奇乾县毕拉尔河卡，下流约四百余里	由县境西南室韦县界东北入黑龙江，约七百余里
河水最宽尺数	三千六百尺	九百尺	一千尺
河水最狭尺数	九百尺	四百五十尺	八百尺
河水最深尺数	五尺	十五尺	二十尺
河水最浅尺数	二尺	六尺	十二尺
一年内航行适宜时期	无	五六七八等月	五六七八九等月
沿岸重要埠头	无	室韦县治	奇乾县治、毕拉尔河、伊穆河、奇乾河
船只种类及艘数	无	大帆船二只小帆船二只	汽船约八九只，帆船约十四五只
每年或每月船只来往数目	无	五六七八月间大船每月一次，小船每月二次	五六七八九月间汽船每月二只，帆船每月三四只
汽船最大吨数	无	无	一百三十余吨
帆船最大石数	无	大船四百五十石，小船二百二十石	七十石
船只载运何项大宗货物	无	煤油、面粉、杂货等件	白面、油、酒杂货
备考	按：全境河流纷歧而能通航者，惟额尔古讷河下游，河长一千五百余里，由西南而至东北分隶胪滨、室韦、奇乾三县。胪滨居上游水浅不能通航，室韦居中水渐深能通帆船，奇乾居下游，河水最深，汽船之航行黑龙江者可驶入焉。惟天气严寒，五月冰泮水涨，始能通行。九月封江，江面耙犁（即冰床）畅行，反较舟为捷便		

航渡桥梁表

种别 名别 事别	方向	距城里数	设置建设年月	船长数	
航渡	依敏河 城东	八里	失考	小艞舻二个	
	特尼克河 城东	一百一十里	失考	小艞舻二个	
	乌尔顺河 城西	三百三十里	失考	小艞舻二个	
	墨尔哈勒河 城北	六十里	失考	小艞舻二个	
	根河 城东北	二百七十里	失考	小艞舻二个	
	特勒布尔河 城东北	二百九十里	失考	小艞舻二个	
	海拉尔河 城西北	十里	失考	小艞舻二个	
	海拉尔河 城西北	一百七十里	失考	小艞舻二个	
	海拉尔河 城西北	二百里	失考	小艞舻二个	
	达兰鄂罗木河 城西北	二百五十里	失考	小艞舻二个	
	莫里勒克河 东北	六百里	民国七年五月	独木舟一只	
	牛尔河 东北	七百里	民国七年五月	独木舟一只	
	珠尔干河 东北	八百里	民国七年五月	独木舟一只	
	乌玛河 东北	九百里	民国七年五月	独木舟一只	
	额勒河 东北	一千四百里	民国元年四月	独木舟一只	
	桥梁 阿里雅河 东北	一千二百里		民国六年四月	
备考	按：达兰鄂罗木以上十渡设置甚早，前由蒙署经理历年修费，俱在征收税款项下开支，复治以后改由各县经理。其余莫里勒克河以下各河，列在奇乾县境向未设有渡船。自蒙人独立，奇乾划入黑河道区，行旅渐多，因而先后设渡。此为莫里勒克河以下五渡设立之缘由。今并隶入呼伦贝尔境矣。附识于此，以备参考				

财 政 岁 出 入

　　呼伦贝尔边荒未辟，向无田赋征收，公款所入则有各种税捐，兹特厘为国家、地方二类各系岁以出入表详于下方

国家岁入表一 ［海关］

名称	满洲里分关	
创办年月	清光绪三十三年	
历任总办姓名	葛诺华	
	马多隆	
	周骊	
历年税数	光绪三十四年	105 459.743
	宣统元年	152 151.867
	宣统二年	171 480.243
	宣统三年	199 107.136
	民国元年	259 698.859
	民国二年	280 526.261
	民国三年	220 702.73
	民国四年	148 761.4
	民国五年	213 572.323
	民国六年	275 588.835
	民国七年	81 204.921
	民国八年	196 442.871
	民国九年	149 375.508
	民国十年	226 854.09
	民国十一年	247 867.489
备考	按：历任总办以无可查考，仅就最近时三人列入。又按：所列税数，以关平计算两为单位，".” 以上为两，以下为钱	

国家岁入表二 ［各县征收局］

事别名别	地址	设立年月	历任局长 姓名	历任局长 更替年月	历年收数	稽征货物大宗
呼伦	海拉尔	九年四月	锡廉	九年四月任事，九年八月交卸	八年度 61.200 元	牲畜、皮张、山货、水产
			郑世纯	九年八月任事，十年三月交卸	九年度 71.500 元	
			张常裕	十年三月任事，十一年十月交卸	十年度 71.504 元	
			周怀印	十一年十月任事		
胪滨	满洲里	九年五月	赵春芳	九年五月兼任，十年八月交卸	八年度 2.181 元	牲畜及皮毛
			杨凤旭	十年八月接任，十年十月交卸兼职	九年度 46.493 元	
			那庆镁	十年十月接任，十一年十二月交卸	十年度 50.317 元	
			靖国儒	十一年十二月接任		

续表

事别名别	地址	设立年月	历任局长		历年收数	稽征货物大宗
			姓名	更替年月		
室韦	室韦县治	九年五月	郭文田	九年五月兼任，十年十月交卸兼职	八年度1.006元	牲畜、皮毛羊草、木植
			董春芳	十年十月接任，十一年六月交卸	九年度5.366元	
			郑国书	十一年六月接任	十年度22.743元	
奇乾	奇乾河	九年五月	李玉琛	九年五月兼任，十年十月交卸兼职	十年度9.200元	山货、皮张
			柳尊五	十年十月接任，十一年六月交卸		
			金安石	十一年六月接任		
备考						

国家岁出表（十年度）

呼伦贝尔督办公署经费	岁　出	备　考
俸给	15 840.000	督办一员月支七百元，科长三员月各支一百六十元，科员二员月各支七十元，年共支大洋一万五千八百四十元
薪水	1 920.000	雇员五员月各支三十二元，年共支大洋一千九百二十元
工资	1 200.000	差役十名月各支十元，年共支大洋一千二百元
督办公费	6 000.000	月支五百元，年支大洋六千元
文具	1 440.000	月支一百二十元，年共支大洋一千四百四十元
邮电	720..000	月支六十元，年支大洋七百二十元
消耗	1 680.000	月支一百四十元，年支大洋一千六百八十元
杂费	200.000	月支十六元六角六分七厘，年支大洋二百元
统计	29 000.000	
呼伦贝尔督办公署临时费	岁出	备考
俸给	5 520.000	一等科员三员月各支一百元，二等科员二员月各支八十元，年支大洋五千五百二十元
薪水	480.000	雇员二员月各支二十元，年共支大洋四百八十元
房租	2 160.000	月支一百八十元，年共支大洋二千一百六十元
统计	8 160.000	
呼伦贝尔交涉员公署经费	岁出	备考
俸给	2 880.000	交涉员由督办兼任不支俸津，科长一员由督办公署科长兼任月支四十元，日俄文翻译各一员月支一百元，年共支大洋二千八百八十元

续表1

薪水	600.000	雇员二员月各支二十五元，年共支大洋六百元
统计	3 480.000	
驻满洲里交涉员署办事处经费	岁出	备考
车马费	2 160.000	交涉员一员月支一百元，代办一员月支八十元，年共支大洋二千一百六十元
俸给	8 280.000	文牍科长一员月支一百六十元，交际科长一员兼差月支七十元，一等科员一员月支一百二十元，一等兼差科员一员月支六十元，二等科员二员月各一百元，三等科员一员月支八十元，年共支大洋八千二百八十元
薪水	1 656.000	华俄文雇员三员月各支四十六元，年共支大洋一千六百五十六元
工资	960.000	差弁二名月各支三十元，差役一名月支二十元，年共支大洋九百六十元
文具	480.000	月支四十元，年共支大洋四百八十元
邮电	240.000	月支二十元，年共支大洋二百四十元
电灯	1 200.000	月支一百元，年共支大洋一千二百元
柴碳	3 024.000	月支二百五十二元，年共支大洋三千零二十四元
呼伦贝尔沿边各卡伦经费	岁出	备考
俸给	18 576.000	卡官十八员月各支五十元，卡副十八员月各支三十六元，年共支大洋一万八千五百七十六元

续表 2

薪饷	44 448.000	通事十八员月各支二十六元，卡目十八名月各支十五元，马兵三十六名月各支十九元，步兵一百六十三名月各支十四元，年共支大洋四万四千四百四十八元
办公	6 480.000	十八卡每卡月支三十元
服装	10 850.868	目兵二百十七名月各支四元一角六分七厘，年支大洋一万零八百五十元八角六分八厘
统计	80 354.868	
呼伦贝尔镇守使署经费	岁出	备考
俸给	12 480.000	镇守使由旅长兼任不支俸津，参谋长一员月支二百元，中校参谋一员月支五十元，上尉参谋一员月支七十元，副官长一员月支五十元、副官一员月支七十元、军事外交员一员月支一百元，军需官一员月支四十元，军法官一员月支一百元，书记官一员月支一百二十元，蒙俄日翻译各一员月各支八十元，年共支大洋一万二千四百八十元
薪饷	1 800.000	雇员三员月各支二十元，护目一名月支十元，护兵十名月各支八元，年共支大洋一千八百元
公费	4 800.000	月支四百元，年共支大洋四千八百元
统计	19 080.000	
呼伦贝尔副都统公署经费	岁出	备考
廉俸	6 720.000	副都统一员月支五百六十元，年共支大洋六千七百二十元

续表3

俸薪	30 835.000	左右厅长各一员月各支二百四十元，文案处长一员月支一百二十元，顾问一员月支二百二十四元，帮办二员月各支九十六元，办事员五员月各支七十二元，汉文主稿一员月支七十二元，主稿笔帖式六员月各支六十四元，笔帖式八员月各支四十八元，书记十七名月各支二十元零八角，年共支大洋三万零八百三十五元
工资	2 016.000	差役十四名月各支十二元，年共支大洋二千零一十六元
副都统公费	6 000.000	月支五百元，年共支大洋六千元
文具	1 800.000	月支一百五十元，年共支大洋一千八百元
邮电	1 380.000	月支一百一十五元，年共支大洋一千三百八十元
购置	1 368.000	月支一百一十四元，年共支大洋一千三百六十八元
消耗	1 416.000	月支一百一十八元，年共支大洋一千四百一十六元
杂费	9 048.000	月支七百五十四元，年共支大洋九千零四十八元
统计	60 583.000	
呼伦贝尔各旗署经费	岁出	备考
俸给	17 549.000	总管六员月各支十六元，协领一员月支十六元，副总管九员月各支十二元，佐领五十九员月各支十二元，骁骑校六十一员月各支七元二角，护军校二员月各支七元二角，笔帖式十三员月各支五元六角，委笔帖式二员月各支四元，年共支大洋一万七千五百四十九元

续表4

薪饷	37 306.000	领催前锋二百五十六名月各支四元四角，披甲七百零八名月各支二元八角，年共支大洋三万七千三百零六元
公费	9 840.000	各旗总管、协领七署月各支三十五，副总管九员月各支十八、佐领五十九员月各支七元，年共支大洋九千八百四十元
统计	64 695.000	
呼伦警察厅经费	岁出	备考
俸给	10 440.000	厅长一员月支二百元，督察长一员月支一百元，科长四员月各支七十元，科员四员月各支五十元，技士一员月支五十元，督察员一员月支四十元，年共支大洋一万零四百四十元
薪水	2 304.000	一等雇员三员月各支二十八元，二等雇员二员月各支二十四元，三等雇员三员月各支二十元，年共支大洋二千三百零四
工资	864.000	夫役八名月各支九元，年共支大洋八百六十四元
文具	1 200.000	月支一百元，年共支大洋一千二百元
邮电	240.000	月支二十元，年共支大洋二百四十元
购置	480.000	月支四十元，年共支大洋四百八十元
消耗	1 440.000	月支一百二十元，年共支大洋一千四百四十元
修缮	240.000	月支二十元，年共支大洋二百四十元

续表 5

杂支	12 630.000	杂费月支二十元，服装费月支一千零三十二元五角，年共支大洋一万二千六百三十元
马乾	480.000	月支四十元，年共支大洋四百八十元。
消防队薪饷	2 700.000	消防兼卫生队队长一员月支四十元，警长一名月支十六元，一等警士五名各支十三元，二等警士五名各支十二元，三等警士四名月支十一元，年共支大洋二千七百元
卫生队薪饷	2 460.000	警长二名月各支十六元，一等警士二名月各支十三元，二等警士二名月各支十二元，三等警士三名月各支十一元，卫生夫十名月各支九元，年共支大洋二千四百六十元
警卫队薪饷	1 488.000	警长一名月支十六元，一等警士三名月各支十三元，二等警士三名月各支十二元，三等警士三名月各支十一元，年共支大洋一千四百八十八元
马巡队薪饷	4 704.000	马巡队兼警卫队队长一员月支四十六元，马巡长二名月各支二十元，一等马警六名月各支十八元，二等马警六名月各支十七元，三等马警六名月各支十六元，年共支大洋四千七百零四元

续表6

第一分署经费	12 036.000	署长一员月支八十元，署员一员月支五十元，一等巡官一员月支四十元，二等巡官一员月支三十二元，雇员三员月各支二十二元，巡长五名月各支十六元，一等警士十二名月各支十四元，二等警士十二名月各支十三元，三等警士十二名月各支十二元，预备警五名月各支九元，公费月支四十元，派出所五处每处月支十五元，年共支大洋一万二千零三十六元
第二分署经费	11 844.000	署长一员月支八十元，署员一员月支五十元，一等巡官一员月支五十元，二等巡官一员月支三十二元，雇员三员月各支二十二元，巡长四名月各支十六元，一等警士十二名月各支十四元，二等警士十二名月各支十三元，三等警士十二名月各支十二元，预备警五名月各支九元，夫役三名月各支九元，公费月支四十元，派出所五处每处月各支十五元，年共支大洋一万一千八百四十四元
统计	65 550.000	
呼伦县公署经费	岁出	备考
俸给	6 600.000	知事一员月支三百元，科员四员月各支五十元，技士一员月支五十元，年共支大洋六千六百元
薪水	2 304.000	一等雇员四员月各支二十六元，二等雇员四员月各支二十二元，年共支大洋二千三百零四元

续表7

工资	480.000	公役四名月各支十元，年共支大洋四百八十元
文具	480.000	月支四十元，年共支大洋四百八十元
邮电	240.000	月支二十元，年共支大洋二百四十元
购置	120.000	月支十元，年共支大洋一百二十元
消耗	1 320.000	月支一百一十元，年共支大洋一千三百二十元
杂费	456.000	月支三十八元，年共支大洋四百五十六元
统计	12 000.000	
呼伦县监狱经费	岁出	备考
工资	624.000	员由县署科员兼充不支俸津，看守四名，月各支大洋十三元，月共支大洋五十二，监狱元年共支大洋六百二十四元
文具	120.000	月支大洋十元，年共支大洋一百二十元
囚粮	456.000	月支大洋三十八元，年共支大洋四百五十六元
统计	1 200.000	
呼伦县教育经费	岁出	备考
学校经费	17 000.000	
统计	17 000.000	
胪滨县公署经费	岁出	备考
俸给	7 560.000	知事一员月支三百元，科员四员月各支五十元，技士一员月支五十元，俄蒙翻译各一员月支四十元，年共支大洋七千五百六十元

续表8

薪水	2 304.000	一等雇员四员月各支二十六元、二等雇员四员月各支二十二元，年共支大洋二千三百零四元
工资	240.000	夫役二名月各支十元，年共支大洋二百四十元
文具	360.000	月支三十元，年共支大洋三百六十元
邮电	240.000	月支二十元年，共支大洋二百四十元
购置	60.000	月支五元，年共支大洋六十元
消耗	1 056.000	月支八十八元，年共支大洋一千零五十六元
杂费	180.000	月支十五元，年共支大洋一百八十元
统计	12 000.000	
胪滨县监狱经费	岁出	备考
俸薪	288.000	看守长一员，月支大洋二十四元，年共支大洋二百八十八元
工资	336.000	看守四名月各支大洋七元，年共支大洋三百三十六元
文具	24.000	月支大洋二元，年共支大洋二十四元
邮电	12.000	月支大洋一元，年共支大洋十二元
消耗	84.000	月支大洋七元，年共支大洋八十四元
修缮	24.000	月支大洋二元，年共支大洋二十四元
杂支	12.000	月支大洋一元，年共支大洋十二元
囚粮	420.000	月支大洋三十五元，年共支大洋四百二十元

续表9

统计	1 200.000	
室韦县公署经费	岁出	备考
俸给	6 600.000	知事一员月支三百元，科员四员月各支五十元，技士一员月支五十元，年共支大洋六千六百元
薪水	2 304.000	一等雇员四员月各支二十六元，二等雇员四员月各支二十二元，年共支大洋二千三百零四元
工资	480.000	差役四名月各支十元，年共支大洋四百八十元
文具	480.000	月支四十元，年共支大洋四百八十元
邮电	240.000	月支二十元，年共支大洋二百四十元
购置	120.000	月支十元，年共支大洋一百二十元
消耗	1 320.000	月支一百一十元，年共支大洋一千三百二十元
杂支	456.000	月支三十八元，年共支大洋四百五十六元
统计	12 000.000	
室韦县监狱经费	岁出	备考
工资	624.000	监狱员一员由县署科员兼充不支薪津，看守四名，月各支大洋十三元，全年共支大洋六百二十四元
文具	120.000	月支大洋十元，全年共支大洋一百二十元
囚粮	456.000	月支大洋三十八元，全年共支大洋四百五十六元
统计	1 200.000	

续表 10

奇乾县公署经费	岁出	备考
俸给	4 680.000	知事一员月支二百四十元、科员二员月各支五十元、技士一员月支五十元,年共支大洋四千六百八十元
薪水	1 200.000	一等雇员一员月支二十元,二等雇员二员月各支十六元,三等雇员四员月各支十二元,年共支大洋一千二百元
文具	420.000	月支三十五元,年共支大洋四百二十元
邮电	120.000	月支十元,年共支大洋一百二十元
购置	120.000	月支十元年,年共支大洋一百二十元
消耗	420.000	月支三十五元,年共支大洋四百二十元
杂支	240.000	月支二十元,年共支大洋二百四十元
统计	7 200.000	
奇乾县监狱经费	岁出	备考
薪水	240.000	看守长一员,月支二十元,年共支大洋二百四十元
工资	252.000	看守三名月各支七元,年共支大洋二百五十二元
文具	18.000	月支大洋一元五角,年共支大洋十八元
邮电	24.000	月支大洋二元,年共支大洋二十四元
消耗	60.000	月支大洋五元,年共支大洋六十元
修缮	24.000	月支大洋二元,年共支大洋二十四元
杂支	12.000	月支大洋一元,年共支大洋十二元
囚粮	240.000	月支大洋二十元,年共支大洋二百四十元
统计	870.000	

地方岁入表 [十年度]

类别 \ 呼伦警察厅	岁入	备考
娱乐捐	33 453.767	
妓捐	673.500	
屠兽捐	1 549.521	
典当捐	564.921	
澡塘捐	72.000	
营业执照捐	1 484.000	
建筑许可证捐	20.400	
统计	37 818.109	

类别 \ 呼伦县公署	岁入	备考
牲畜二九附加捐	15 357.000	
羊草附加捐	1 328.000	
牧畜附加捐	251.000	
菜园捐	1 017.000	
统计	17 953.000	

类别 \ 胪滨县公署	岁入	备考
牲畜附加捐	23 100.000	
鱼附加捐	7 900.000	
出境杂粮捐	4 900.000	
商户警捐	10 400.000	
妓捐	2 400.000	
娱乐捐	9 600.000	
菜园捐	1 200.000	
屠兽检验捐	1 176.000	
店簿捐	240.000	
统计	60 916.000	

续表

类别　　　　室韦县公署	岁入	备注
羊草税	1 867.000	
商捐	7 080.000	
牧羊捐	4 667.000	
牲畜二九捐	40.000	
粮租	1 300.000	
类别　　　　奇乾县公署	岁入	备考
营业捐	5 487.060	
散商捐	48.300	
房捐	438.000	
娱乐捐	575.200	
妓捐	308.400	
卫生捐	249.240	
晌捐	1 334.400	
刈草	153.294	
杂捐	593.114	
统计	9 187.008	

地方岁出表 [十年度]

类别　　　　　　呼伦警察厅	岁入	备考
经征费	1 275.525	
卫生费	1 427.321	
消防费	66.950	
房租	318.175	
囚粮	145.225	
马乾津贴	3 384.000	
马队杂粮	195.450	
学员膳费	225.417	
额外警饷	1 077.300	
旅费	1 059.375	
志书费	800.000	
冬防津贴	4 648.500	
火炉费	5 540.625	
学员学费	365.294	
补助服装费	964.833	
其他	9 655.119	
屠兽场办公薪工费	1 861.667	
统计	33 010.776	
类别　　　　　　呼伦县公署	岁入	备考
警察经费	16 157.000	
教育经费	480.000	
代征地方捐经费	565.000	
自治经费	1 796.000	
祀典费	1 080.000	
统计	20 078.000	
类别　　　　　　胪滨县公署	岁入	备考
警察经费	50 496.000	
教育经费	480.000	
胪滨县驻满办公处经费	6 000.000	
代征地方税捐经费	4 320.000	
统计	61 196.000	

续表

类别　　　　室韦县公署	岁入	备考
警察所经费	14 678.000	
教育经费	2 845.000	
代征地方税捐经费	598.000	
统计	18 121.000	
类别　　　　奇乾县公署	岁入	备考
警察所经费	7 202.000	
教育经费	2 181.000	
保卫团经费	568.600	
警察临时费	1 822.600	
统计	11 774.200	

宦　绩

呼伦贝尔一兵备之区，整军经武，疆吏凤重。晚清以来，改为民治，文武并用尤多奇才。异能特以前型云遥往志莫考。而得之舆论口碑者，实惟此少数之政声，亟为采而录之。后之官斯土者，其亦有所兴起欤。

三都克多尔济，由吉林双城堡城守尉升任呼伦贝尔索伦左翼总管。精明有胆略，兼通汉语俄言。清同治二年，俄侵伊犁为中国所败，乃谋蚕食于东越额尔古讷河，在孟克西里一带肆行垦刈，三都克多尔济与之据约交涉，终收回夹心滩地［在库克多博、巴图尔和硕两卡间］。越界垦刈案以解决，光绪初年召对称旨。

萨克信，呼伦贝尔副都统改实缺时之初任副都统也。历任十年，政声卓著，尤以提倡实业为先务。城西南珠尔博特盐泡出产甚丰，公定制扫盐，由官收买。售时就场征捐，一仿晋滇两省成法办理，官操其权民享其利人多便之。继以海盐北销，法遂中止。

苏那穆策麟，字荣轩，齐齐哈尔满洲厢红旗人。光绪三十一年，任呼伦副都统，刚直清廉，勇于任事，为一时江省佼佼之员。江抚程雪楼深知公能，以俄乱后地方凋蔽交涉困难，呼伦地当冲要，非长才不足以资镇抚，奏准以公任命。既莅任提倡学务，重建衙署，规复卡伦，开荒招垦 [拟垦荒地西南自海拉尔河北岸，东北至根河南岸特二百六七十里。又根河北岸纵二百里，横百余里]，添设交涉局兼征收牲畜、皮毛、木植、羊草各税，并禁止沿边越界垦刈等事，俄人颇畏惮之。尤要者在清理站界请参蠹吏一事 [光绪三十二年四五月间，东清铁路公司执铁路交涉总理周冕私立展地合同，在海拉尔一带挖壕埋桩。继在伦城北门外，自七间房暨铁路北大壩后砖窑一带挖壕一百余丈。嗣复于街北向西南挖壕，将庙宇、公署、当时新勘衙署基址及已放街基、定洲商埠等地点，与旗署官弁房基全行圈占]。俄人恃强展界前后三次，均经公据理力争，不稍退让，并请参革周冕以杜狡展。结果与俄代表委员牙克甫来夫磋商，改议前挖壕沟一律填平。于伦城北庙迤北及西面俄铁路已盖房前，留出东西街道。街南为华商，街北为俄商。分界树标，立字签押，主权利权赖以挽回不少。其对待蒙旗亦复推心置腹，迄今尚多感慕不忘云。

宋小濂，字友梅，吉林附生，以州牧受知于江省将军程雪楼，程奇其才不次擢用，未三年晋秩监司。接办哈埠铁路交涉总局与铁路公司改订铁路展地暨林场、煤矿三大合同，挽回利权无限。公智深勇沉，为政独持大体。在任四年创办学校、警察、边垦局，整顿卡伦诸政均积极进行，而尤以抚蒙实边为固圉政要。宣统二年俄人于阿巴该图越刈 [详见外交]，政府以公与俄员儒达诺夫会勘国界。俄胁以兵火，公不稍畏慑，抗争益力。宣统三年，调任江省民政司，旋摄抚篆晋职都督。

于驷兴，字振甫，安徽寿县附生。宣统三年四月，由黑龙江候补道调署呼伦兵备道。公道学精纯，优于吏治。莅任伊始，首请勘修沿边卡路，次议筹设省伦满吉两路电报，均邀当道核准。惜以川鄂用兵款绌而止。对于抚蒙方针，则一秉公正，而以和霭出之，以故感情甚洽甫。及半年调充江省交涉局总办，未竟措施而去。部民每思念之，寻由总办历充省署内务司长、绥兰道政务厅等职，现任江省教育厅长兼代理省长。

贵福，字绅五，呼伦贝尔、达呼尔蒙籍蒙旗反正时之副都统也。初为索伦右翼总管。民国四年，封镇国公。八年，胜副都统既殁，公继其任。鉴于时局变迁，以靖内御外，非国权统一不可。倡议取消自治，请以特别区域改归中央集权，各部翕然应之，保境安民深明大义。复治后，加贝子衔与汉官两情融洽。拊循旗属，尤能推诚相与。以故部民，爱戴甚深。子凌升，字云志，现任额鲁特总管，志量豪迈、英风伟略冠绝一时。

钟毓，字辑五，奉天沈阳人。满洲镶红旗籍，日本警监学校及法政大学卒业。历官奉黑两省各要职。民国九年蒙旗复治，呼伦贝尔地方善后，君由黑龙江特派交涉员松北市政局局长来任督办。为政严明刚果，对外交涉动中窾要，在职一年而去。现任吉林警务处处长兼警察厅长。

赵春芳，字香圃，直隶滦县人。北洋武备学堂卒业。光绪三十三年，从宋都护来伦，以测绘员兼充边务随员，曾与齐齐哈尔勘界之役，嗣委为珠尔干河总卡官。宣统三年蒙旗内乱，根河防兵以饷绌哗变，窜回吉拉林设治局。局员潜逃，君自珠卡闻变冒险迎抚，收集溃卒及沿边卡兵，编为马步两营，奉省令以君兼充马步两营管带。部署甫定，蒙兵进攻吉局，君督战获胜，方拟进取上游卡伦，适奉令撤兵漠河，遂节节退却于奇永额三卡，分驻兵队。下流各卡得未尽陷，奇漠两金厂亦赖保全。效死弗去，应变才长，一时边吏此其翘楚。旋升漠河县知事，复治后调转胪滨县知事，现充省公署谘议。

于家铭，字石洲，山东牟平县人。登州府宁海县附生。光绪三十年由吉省投效龙江，初受知于达馨山将军暨程雪楼中丞。宣统三年，蒙乱电省，周少朴中丞、宋友梅民政司素稔君熟习蒙情，且为旗员所推重，派同杜君荫田来伦劝抚。君开陈大义，蒙员为之感动，议决投诚。卒以受制俄领吴萨缔，反正中止。维时上流各卡为蒙兵截堵，粮尽援绝进退无路。君以省员驻伦不忍坐视，慨借商款以俄车运济饷糈，各卡弁兵赖以全活无算。民国六年，巴党余匪进据伦城，君适充海拉尔交涉分局专员，相机招降匪党。胡大鹏余众二百余潜匿局内，卒以助击，匪党资得力焉。君历练边事，才识闳通，且娴于掌故，亦杰士也。现充呼伦副都统署顾问兼督办公署谘议。

李玉琛，字献廷，奉天庄河县人。光绪三十三年从宋都护来伦，初为勘界随员，旋充额勒和哈达卡官与赵君春芳同任边防重务。蒙乱之际，地方扰攘，沿边卡官多闻警潜逃。君时兼充游击步队右哨哨官与赵君誓死不渝，上下奔走，冒矢石冲风雪，不以危疑艰险而阻。民国三、四年间，漠河防兵两次溃变，窜扰伦境下游各卡，均经君身先士卒扼要击散，洵边防上不可多得之才，寻充珠尔干河总卡官，复治后升任奇乾县知事。

民　族

呼伦贝尔为汉蒙杂处之区，比较境内人口，汉人约居蒙人二分之一。惟汉人由内地而来有省籍之分，无族系之异。而蒙旗迁驻之初方域不一，部族各殊，兹特析载于下。其满回二族人既零星去来靡定，姑从略焉。

汉人，初来者为山西人。清雍正间，拨蒙驻伦所需茶布米物，须越兴安岭之险，至齐齐哈尔交易。各旗总管嗣以来往困难，相度地势辟海拉尔为市场，招来山西行商贸易。以后内地商民来者日众，现以山西、山东、直隶、黑龙江等省人居大多数。

索伦，辽裔汉称通古斯。俄语喀穆尼，皆索伦也。一名索莪罗，为内兴安岭东北蒙古之巨族。旧为打牲部，居黑龙江沿岸。清初被罗刹侵逼避入内地，多在布特哈、墨尔根、呼伦贝尔等处。南至喀尔喀库勒，北至喀拉布尔霍，西至索岳尔济山根，东至齐普器儿，皆其游牧场。康熙三十年，编入旗籍，名曰索伦。兵队北征罗刹，为前驱极骁勇。雍乾以还，伊犁、卫藏军事靡役不从，海兰察遂以战功特起。咸同间，僧格林沁平捻豫东，麾下西丹精卒尤称劲旅。此种人大都能操俄语，现隶俄籍颇多。本氏无考，汉姓有胡白诸姓。雍正十年，由布特哈迁驻呼伦贝尔，兵数为一千六百三十六名，附以达呼尔、陈巴尔虎共编八旗。

达呼尔，索伦属。方式济《龙沙纪略》谓是元代军民府之遗，亦曰爱门人。俗误打狐狸，或作打虎力。又称达呼里。案达呼尔本契丹种，辽亡徙黑龙江北境。初为打牲部落，继在东布特哈迤北游牧及兴安岭山脚一带，就水草而居。康熙二十八年，编入八旗，分驻齐齐哈尔伯都讷各城。此族与陈巴尔虎相似，诚蒙古中得风气之先者。妇女善保孩童，故生齿日繁。又善游牧，蒙族内颇称富足。汉姓中有吴、金、何、张、陶、白、邵、富诸姓。雍正十年，由布特哈迁驻呼伦贝尔，兵数为七百三十名，编制索伦八旗以内。现以郭、孟、敖三姓，为境内之大族。分居南屯、西屯，注重开化，亦以三姓子弟为最。

陈巴尔虎，一作巴尔呼，外蒙喀尔喀之属部也。以戍边阑入俄境。清康熙时征俄，遂自俄境来归，编入八旗，附打牲部之后，先后驻防黑龙江齐齐哈尔各城。此族人昔在木兰围场游牧，后迁至兴安岭北迤东一带。雍正十年，由布特哈迁驻呼伦，兵数为二百七十五名，编制索伦八旗以内［今以二旗分立］。冬日沿海拉尔河上游，夏则沿海拉尔下游，逐水草而居。此族人性情与索伦相近，而言语稍异，俗不敬喇嘛，子弟多在呼伦城习汉文者。

新巴尔虎，外蒙之喀尔喀部也。昔在外兴安岭北麓游牧。清嘉庆间，渐向南徙，遂成部落。因其言语与陈巴尔虎相通，故名巴尔虎。新编入旗，故曰新巴尔虎。迁驻呼伦者，在雍正十二年由外蒙车臣汗移来，官兵二千四百八十四员名，编为八旗。在伊敏河两岸游牧，俗敬喇嘛，托命于佛，与陈巴尔虎相水火云。

额鲁特，阿尔泰蒙古也。一作鄂勒特，亦云厄鲁特。元太师托欢之后，其先世为元牧奴。明清间，盛强号称四部。居黑龙江者，为额鲁特族之准噶尔部人。乾隆二十年，准噶尔台吉巴桑投诚，附打牲部落之后，迁驻呼裕尔河流域。及呼伦贝尔者，则于雍正十年由阿尔泰移来，牧地在喀尔喀河迤东宽翁河一带。此族驻呼裕尔河者，以伊克明安为首领。驻呼伦贝尔者编一旗，以本旗总管为首领。

鄂伦春，索伦之别部也。元时称为林木中百姓。清初谓为树中人，又呼为伎鹿部［族多养鹿，土人谓之四不像，用时以木击林则来，不用挥之即去］，俗呼之为麒麟。考鄂伦春与俄贸易场曰齐凌，转音误作麒麟，因有麒麟营子之号。其实齐凌、麒麟皆奇勒之转音［魏源云有不编佐领之伎鹿部曰奇勒儿］，是鄂伦春亦奇勒儿之遗。此族人性愚悍，居无室庐，散处深山，迁徙靡定，以打牲为业。衣皮食肉，有步及猛兽之能。骑马使枪，习成特技，勇鸷与索伦相近。黑龙江以北、精奇里江以南，皆其游猎之地。其名称大别为二，隶于布特哈为。官兵者曰摩凌阿［满语马上也］。鄂伦春散处山野，以纳貂为役者曰雅发罕［满语马下也］。鄂伦春管理雅发罕之官曰谙达崴。同治初年，吉林马贼猖獗，将军富明阿奏调鄂伦春五百前往，一战而定，其勇猛可想。嗣又增挑马队五百，每岁派员查操。光绪二十二年，黑龙江将军奏请五路设官，收笼鄂伦春。呼伦贝尔为五路之一［详见官制］，相沿日久有名无实，鄂伦春不知管理为何人，管理者亦不问鄂伦春之行动。此族穷守荒山，以皮易物，所需食用，概恃俄商供给，因亦受俄人管理。今之剪发入俄籍已有多数，其习惯耐寒恶热，夏秋则沿牛尔河两岸捕鱼，以便休息。冬春则入雉鸡场山一带游猎，以谋生活。利用沃利恩［即四不像，鄂伦春呼为沃利恩］，以为乘载。沃利恩畏热嗜苔，鄂伦春人顺其习性，与同居处于岭阴潮湿之地，多以疥癞而死者。其育养小儿亦殊异，初生即褓负驰骏，逐兽游猎。一二月后，则以皮兜悬树上。出恒三五日不归，啼饿以死与果兽腹，弗计也。有此二因，故其生齿不繁，久之且恐至于绝灭矣！在呼伦贝尔者，由珠尔干河为其出山道路。

布莱雅，新巴尔虎之分支也。旧凡二十四旗，今已有十三旗隶俄籍矣。俄人谓为阿白拉子，昔在俄沿边路尔奇答河两岸游牧。清咸丰间，俄人伸足东亚，此族被逼。不欲从俄者，遂东迁呼伦湖左。近今所余各旗，已渐有北倚之势。

札萨克图，哈萨克之分支也。在呼伦湖西南一带，有打牲者、有游牧者。言语自成一种，与他蒙古不通。讷尔古司河以北均隶俄籍，南则犹属中国。其从俄之喇嘛时至呼伦，尚称中国为佛国云。

户　口

呼伦贝尔旧为兵民制。清雍正时，初迁蒙兵数，只有六七千人，迄今汉蒙杂处，生齿日滋。兹将民国十一年调查所得析为总分各表各表以列之，外族侨居亦附及其数焉。

各 县 户 口 表

区别	县别	户数	男	女	总数
呼伦	县属	642	2 776	435	3 211
	特别区	308	1 378	221	1 599
胪滨	县属	241	3 069	333	3 402
	特别区	1 172	4 917	416	5 333
室韦	县属	283	673	134	807
奇乾	县属	291	966	150	1 116
统计		2 937	13 779	1 689	15 468
备考	右表人口专就境内汉族商民而言，蒙民外侨见各分表。查境内满回两族人数无几，无可表载，已括汉人数内				

蒙 旗 户 口 表

区别 \ 县别 \ 户口别		户数	人口数		
			男	女	总数
索伦	正红旗	164	281	235	516
	正黄旗	338	793	595	1 388
	正白旗	95	283	224	507
	厢红旗	37	83	68	151
	厢黄旗	74	214	196	410
	厢蓝旗	46	92	95	187
新巴尔虎	正红旗	167	409	534	943
	正黄旗	369	959	1 178	2 137
	正蓝旗	332	1 271	1 287	2 558
	正白旗	350	1 737	2 271	4 008
	厢红旗	218	478	629	1 107
	厢黄旗	312	838	1 155	1 993
	厢蓝旗	350	955	1 179	2 134
	厢白旗	220	989	1 214	2 203
陈巴尔虎	正蓝旗	425	1 769	1 670	3 439
	厢白旗	288	1 412	1 364	2 776
额鲁特	厢黄旗	148	266	216	482
鄂伦春	厢蓝旗	179	358	365	723
统计	18	4 112	13 187	14 475	27 662

备考	查鄂伦春一族多在漠河上下暨珠尔干河一带山中散处。旧分两派有剪发、未剪发之别。其未剪发者又分两路，常住于呼玛尔河源暨盘古河一带者，隶黑河道库玛尔路管辖。常住于根河源两岸及兴安岭左右者，隶呼伦贝尔托河路协领管辖。至已剪发入俄籍者，其部落曰沃洛特。每沃洛特有一首领曰阿大满［俄语屯长之意］，悉受俄人指挥。每人年纳羌钱三元于俄屯。其出山时期在夏季有一二次，春秋冬则由俄商携货入山交易。其集会地点曰波克周尔［鄂伦春语］。在漠河山里者计三十一户共百余名。民国三年，由漠河设治员赵春芳查报，收归库玛尔路统属。民国十二年七月，正在付刊志略间，由奇乾县李玉琛呈报，将已入俄籍之牛尔河一带鄂伦春人三十户男女，共百六十一名，收抚归化，追销从前俄发执照戳记，换给中国执照。则与表列鄂伦春户口数目又稍有差池矣。表列蒙人总数系由近今调查，比较光绪二十四年旗署档案一万余人之数，已增一倍有余

各县外侨户口表

县别	区别	户口别		日本	英吉利	法兰西	土耳其	意大利	波兰	德意志	俄罗斯	朝鲜	统计
呼伦	县属	户		6							1		7
		口	男	10							1		11
			女	34									34
	特别区属	户									1 398		1 398
		口	男								2 963		2 963
			女								2 668		2 668
胪滨	县属	户		2				1	3		264		270
		口	男	4				5	8		791		808
			女	2				3			427		432
	特别区属	户		12	4	1	2			1	1 950	3	1 973
		口	男	37	5	1	3			4	5 224	6	5 280
			女	48	2	1					5 391	6	5 448
室韦	县属	户									1 703		1 703
		口	男								5 057		5 057
			女								4 234		4 234
奇乾	县属	户									152		152
		口	男								311		311
			女								292		292
总数				户 20	户 4	户 1	户 2	户 1	户 3	户 1	户 5 468	户 3	户 5 503
				口 135	口 7	口 2	口 3	口 8	口 8	口 4	口 27 359	口 12	口 27 538
备考				沿路各站侨居外人向隶各县特别区属，兹表仍括其数于内									

全境中外户口汇计表

本国外国别	族国名别	县别	区旗别	户数	男	女	总数
本国	汉	呼伦	县属	642	2 776	435	3 211
			特别区	308	1 378	221	1 599
		胪滨	县属	241	3 069	333	3 402
			特别区	1 172	4 917	416	5 333
		室韦		283	673	134	807
		奇乾		291	966	150	1 116
	蒙旗	索伦	正红旗	164	281	235	516
			正黄旗	338	793	595	1 388
			正白旗	95	283	224	507
			厢红旗	37	83	68	151
			厢黄旗	74	214	196	410
			厢蓝旗	46	92	95	187
		新巴尔虎	正红旗	167	409	534	943
			正黄旗	369	959	1 178	2 137
			正蓝旗	332	1 271	1 287	2 558
			正白旗	350	1 737	2 271	4 008
			厢红旗	218	478	629	1 107
			厢黄旗	312	838	1 155	1 993
			厢蓝旗	350	955	1 179	2 134
			厢白旗	220	989	1 214	2 203
		陈巴尔虎	正蓝旗	425	1 769	1 670	2 439
			厢白旗	288	1 412	1 364	2 776
		额鲁特	厢黄旗	148	266	216	482
		鄂伦春	厢蓝旗	179	358	365	723
		统计		7 049	26 966	16 164	43 130

续表

本国外国别	族国名别	县别	区旗别	户数	男	女	总数
外侨	俄罗斯	呼伦	县属	1	1		1
			特别区	1 398	2 963	2 668	5 631
		胪滨	县属	264	791	427	1 218
			特别区	1 950	5 224	5 391	10 615
		室韦		1 703	5 057	4 234	9 279
		奇乾		152	311	292	604
		呼伦	县属	6	10	34	44
		胪滨	县属	2	4	2	6
			特别区	12	37	48	85
	意大利	胪滨	县属	1	5	3	8
	波兰			3	8		8
	朝鲜		特别区	3	6	6	12
	法兰西			1	1	1	2
	英吉利			4	5	2	7
	德意志			1	4		4
	土耳其			2	3		3
	统计			5 503	14 430	13 108	27 538
备考	右表中外共 12 552 户,男女共 70 668 人。河坞所属俄侨隶属室韦县,计 489 户,男 1 378 人、女 221 人,括于表列室韦总数以内。表内前列统计系汉蒙合计之数,详见各分表						

宗　教

呼伦贝尔之宗教可分为两项。观察其利用固有之信仰而不脱政治作用者，如新巴尔虎部及额鲁特部之信奉喇嘛教是也。其脱离政治关系而为一部人民之信仰者，如索伦部、达呼尔部及陈巴尔虎部之信奉萨满教是也。今将两教原始及制度内容略述如左：

一、喇嘛教

喇嘛教有红黄二教之分，均为佛教之支派。自宗喀巴改教于西藏，红教势微，黄教潮流遂浸淫于青海天山西套蒙古。内外蒙古一带即今前藏之达赖喇嘛、后藏之班禅额尔德尼、外蒙之哲布尊丹巴胡图克图、内蒙之章嘉胡图克图等，皆其当时弟子之称号，亦即蒙藏人民所奉为活佛者也。而呼伦贝尔之新巴尔虎、额鲁特二部，本其固有之黄教信仰，准其部人披剃为喇嘛，并免其当兵充役之义务。其法令生男二人，其一必为喇嘛。三四男者，一人或二人出家任便，至于俄国籍内之布里雅特蒙人、喀尔美克蒙人［即中国籍内额鲁特蒙人，元一种也］等亦皆奉此教未衰，可见喇嘛教确为蒙藏二族唯一之宗教。

制度及职务。喇嘛教在呼伦贝尔确在政治组织之下，所有制度均由满清政府规定之。每翼建立喇嘛庙一所，设西勒图喇嘛一人，犹各翼之有总管也。设达喇嘛各四人，犹各翼之有副总管也。设德木齐喇嘛、格斯魁喇嘛、恩只德喇嘛、索勒喇嘛各四人，犹各旗之有佐领也。惟其职务，则德木齐喇嘛专管各旗关于庙外各项杂务。格斯魁喇嘛专管庙内讽呗、诵经等庶务。恩只德喇嘛为格斯魁喇嘛之帮办。索勒喇嘛则专任焚弃索勒之事。以上皆称谓有品级之喇嘛，有品级喇嘛以下每庙设格衣格喇嘛二十四人，犹每佐之有领催也。其余皆为普通喇嘛，犹各佐之有披甲西丹也，其数目无定额。

任用。西勒图喇嘛由副都统任用之，达喇嘛由各翼总管任用之。德木齐喇嘛、格斯魁喇嘛、恩只德喇嘛、索勒喇嘛等，均由西勒图喇嘛荐任之。格衣格喇嘛则由德木齐喇嘛等荐任之。西勒图喇嘛等均有戈什哈［即侍从也］，犹总管等官员之有戈什哈也。

庙会。庙会为呼伦贝尔各部人民之最要礼节。每届会期，均由各翼总管委派佐领以上官员一人专司其事。各庙会均以九日为期。由第一日起，众喇嘛每日在庙鸣锣聚集，按座列坐，合声讽呗，间奏牛喇叭、羊喇叭、口喇叭、鼓钹等乐器。至第七日，为祭祠庙鄂博之日。该各庙所属官员等均衣清朝礼帽、礼服，在鄂博前席地列坐，随喇嘛讽呗祝福。第八日为焚弃索勒之日。索勒系用面粉捏成支以鼎足形之骷髅，所以镇压邪气者也。举行焚弃时，先在焚弃地点备置柴薪来拜。众人无论男女老幼从庙门向焚弃之地鱼贯而跪，遂由众喇嘛讽呗奏乐，举其索勒，循跪者头上而过，且行且讽，待至焚弃之地，始由索勒喇嘛投火而焚之。第九日为麦德尔佛绕庙之日，麦德尔佛，即汉文所译之弥勒佛。蒙人以为今日果能礼拜其像，则来世即可托生其国而享福。故麦德尔佛绕庙之时，众喇嘛随佛车后奏乐讽呗而行。来拜众人无官员、士卒、男女老幼皆相随而跪拜，并由管理庙会官员备置饽饽数百斤，随佛车后散掷于地，众人相争拾取，视为福食焉。

经费。各寺除每年庙会九日之外，并无他项。开会传道等举故需费甚少，惟各庙设有牛羊札萨［即公产之意］，以供每年庙会之用。

喇嘛与人民。呼伦贝尔全境喇嘛人数约有三千余人，所有喇嘛概不娶妻。除每年会期赴庙讽呗外，大抵均随父母兄弟在境内以营游牧生活。其有品级之喇嘛中能通医道兼精讽呗者，专为人民医治各种疾病，或用药品或驱邪灵［蒙人以为疾病均由邪灵侵害所致］，视其所宜而施之。故人民信仰喇嘛最甚，所言无不听从［凡处地方扰乱、仇敌侵害时。亦常召喇嘛讽呗、焚索勒以镇压之］，虽毁家破产亦所甘心。蒙古之崇奉活佛者，良有以也。

二、萨满教

萨满教亦称黑教。考北亚洲民族中，如西伯利亚之布里雅特、通古斯等东三省之满洲达呼尔、索伦、鄂伦春等均有萨满，即元太宗重病时，亦曾命字额［见《元朝秘史》字额者，即蒙语"萨满"也］卜治。中国古代所谓巫，亦即今日之萨满也。可见，萨满教确为亚洲民族最初时代之自然宗教。现今呼伦贝尔全境宗教虽为喇嘛教所概括，其实萨满教仍为各部人民所信仰，即索伦、达呼尔、陈巴尔虎、鄂伦春数族是也。

派别。萨满教有二种。一种为本族人氏之萨满，即每一氏族均有其本族之萨满。凡某族氏中人民之疾病祸灾皆与彼有密切之关系。一种为非族氏之萨满，即所谓由狐仙或鬼魂等所成之萨满。凡信仰其神灵者，无论其为何种氏族亦皆与彼有密切之关系云。

信心与方术。萨满教无寺庙，无经典，亦不设教传道，惟相信有一种神灵，择一相当之人为其使者。时常降附其心，以传达鬼神之消息。而命其使者以治人民之各种疾病，人民即称此项之使者谓之萨满。其疗病方法亦分数种，病轻者取茶叶诅咒，与病者烹而饮之。重者则宰马牛羊鸡雀等禽兽，祭祀鬼神以禳之。若病人附有邪气鬼魂者，则结草为人跳神而驱逐之。

衣装。凡萨满均有特别之衣装。帽上有二铜角如鹿角，然上悬彩绫向后垂之如披发。然衣前面系小铜镜、小铜铃各六十，衣背中悬大铜镜，一并以四中铜镜附之。其下系锦绣条裙如垂尾然。当萨满请其神灵时，即衣此种特别衣装，一手执单面鼓，一手执鼓槌，口唱呼神歌，且击且唱，并有数人同声应之。呼神歌唱毕，该萨满进退，跳舞者数次环绕，旋转者数次忽僵仆于地，俄顷而苏。此时神灵已降附其心，遂由请邀者问疾病之原因及如何救治方法，俗所谓跳神，即此是也。

鄂米囊。鄂米囊为萨满教之盛典，经三年一举行之。凡萨满〔男女均有之〕经三年聘来另一萨满，称为先生，萨满自称为学生。萨满每届鄂米囊之期，学生萨满在房内植带叶活树二株，房外相距五丈之地又植树一株名曰"托罗"。其间以线连之，即由先生萨满率学生萨满以跳神，且跳且言叩以数年内吉凶祸福，以至族中及尼墨嘎尔特〔即信仰该萨满之众人也〕等众人疾病休戚、子女得嗣等事。第三日用长韦绕房外托罗作一大圈，凡来拜诸尼墨嘎尔特均纳入其中。由先生、学生二萨满呼啸诅咒，击其单面鼓，三绕而摇挥之。其意即入其保佑之范围矣。是夜将半，先生萨满作鸩鸣乌嘈声，从者和而效之。命一人用木碗置羊血少许，导之前行，学生萨满尾而追之，绕三匝，始准其夺而痛饮之。此其意学生萨满之神灵使者，数年来奔波困惫，因此血始得恢复苏兴云。次日晨，将三托罗送出植之野外，而鄂米囊之事乃告终场。

萨满与人民。人生苦境莫如疾病。而蒙人之心理以为疾病之来源，实属于鬼神之所使。而属于黑教之人民其疾病之来源，则属于黑教之鬼神亦无可疑。惟萨满者，乃所以通黑教鬼神之消息者也。故属于黑教之人民，罹疾病时试用医药无效，喇嘛无灵者，其结果必聘请萨满以治之。若惟一信仰者则不用医药、喇嘛，专诚托赖黑教之鬼神，一惟萨满之言是听云。

　　蒙旗方面信仰宗教既如上述。本境宗教自以佛教范围为最大。此外各属间有信天方教者，然皆为少数之客籍回民，无教堂、寺庙之设置。至于耶稣、犹太各教以海满两埠为多，均属于俄侨方面，兹不备举。而所谓祀典、祠宇、宗教祠宇先后建修于境内者，依次汇为一表以附于后。

祠 宇 表

名称	建筑时期	地点	方向	距城里数	附记
孔子庙	光绪八年	城西门外	西南	半里	蒙旗合建后毁于俄，光绪三十三年重建
关帝庙	嘉庆十四年	兴安岭	东南	340 余里	
关帝庙	嘉庆元年	西门外	正西	1 里	
关岳庙	嘉庆元年	北门外	东北	1 里	拳匪之乱毁于俄，光绪三十二年重建
娘娘庙	嘉庆元年	北门外	东北	1 里	
城隍庙	嘉庆元年	北门外	东北	1 里	以上三庙同一院内，关庙居中，以娘娘、城隍二庙位左右焉
关帝庙	光绪十年	满洲里	西北	300 里	
土地祠	嘉庆五年	西门外沙阜上	西北	1 里	
昭忠祠	嘉庆八年	西门外	西北	1 里	旧祠毁于俄乱，民国二年重修，内祀历役战殁将士三百余，土人谓为先贤祠
广慧寺	嘉庆七年	南屯索伦左翼界呼吉尔托霍依	正南	17 里	索伦左翼所建
光远寺	嘉庆七年	索伦右翼界巴彦和硕山之南麓	正南	95 里	索伦右翼所建
延福寺	乾隆五年	额鲁特两佐界哈拉胡吉尔泡之东	正南	150 里	额鲁特部所建
寿宁寺	乾隆四十九年	新巴尔虎界布彦图布尔都	西南	250 里	又名甘珠尔寺系新巴尔虎左右两翼合建。该旗喇嘛号称千人，为境内最大之喇嘛庙
德孚寺	光绪十三年	乌勒锥图布拉克	西南	300 里	俗名将军寺，新巴尔虎都嘎尔将军所建
多博寺	失考	海拉尔河北岸	西北	60 里	陈巴尔虎部所建
备考	查表列各祠祭费向由旗署于税课项下开支，复治后税收改制，惟孔庙、关岳庙春秋祭费用呼伦县列款报销。又表末六寺系蒙旗各部时分建，清时奉勒赐名均以喇嘛住持在某部牧界，即为某部人宗教庙宇				

呼伦贝尔孔子庙

海拉尔土地祠

海拉尔关帝庙

甘珠庙前门

甘珠庙大殿

甘珠庙会场

甘珠庙蒙古僙

呼伦贝尔督办公署欢迎章嘉活佛摄影
（帽上有珠者为活佛）

礼　俗

《盛京通志》载呼伦贝尔风俗云："人劲勇，性质直耕，艺日勤渐成干正。"此特言其梗概耳。各部蒙人聚族处，此较汉人为多亦最早。二百年来风气习惯有相沿未改者，有与汉族同化者。兹就衣食住婚丧祭诸端条析载之，而礼仪器用二项并附见焉。至汉人习尚与内地无殊，则不赘及云。

衣服。普通蒙民衣服用染色布，与汉人略同。冬则著不上面之羊皮袍，皆袖长幅阔，腰束条带以绸为之，类用黄紫绿三色。惟不注意浣濯缝补，不垢敝不易焉。蓄发垂辫居大多数，帽形平扁以毡为之，缘反折而上。亦有绸面尖形者，附以皮耳顶缀红樱一撮，而圆形缎面饰以金边之便帽，尤喜冠之。履概用革靴［多由张家口贩来］，高靿底，薄而宽，有尖头、齐头二种。汉商所制之毡靴［土名毡疙瘩］、毡鞋与内外皮毛之大氅［土名大哈］，则汉蒙人均用之以为行旅御寒之具。女子服宽、袖阔，拖长襟，穿耳坠环，无缠足之恶习。编发为一辫或二辫垂背，嫁则束为髻。首饰率用金银，与满人略同。喇嘛衣尚黄红二色，紫次之。政学两界人员寻常衣履与汉人同。夏则锦帛，冬则轻裘，惟礼服尚沿用清制衣冠。鄂伦春人入俄籍者尽变俄服，居深山者则猎兽衣皮如生番云。

饮食。食料以炒米、牛羊肉、牛羊乳为普通用品。取炒米和牛乳白糖沸水冲食，日食一次可终日不饥。割宰牲畜惟食其肉，以五脏与血为秽，尽弃掷之。经火煎制而成者，有乳皮［又名黄油］、牛酪二宗为最贵重，恒以之为赠品。而奶豆腐［以乳汁强煎，除净水分晒之，切为块，形如豆腐］、干肉［牛羊外兼及雉兔狍鹿等］则以便于携带储藏，为御冬食品，行旅兵士尤珍视之。至鱼、鸟、米、面、蔬菜均非需要食物。饮料有乳酒［制以乳汁发酵色清如水，饮之易醉］、奶子茶［以盐与牛乳和茶共煮而名］、砖茶［内地制成，又曰绿茶］、红茶［内地制］等类，或以茶和黄油与盐沃以沸汤饮之，于煮肉中亦有加茶者。食器率用木碗［制以桦木，市有售者］。宴客以全羊席为上。近年商埠交通，汉人酒食店罗列城市附近，蒙人已有同嗜。散处外旗者，酪浆膻肉则仍视若甘旨。鄂伦春人不解牧畜，以猎兽供食料。嗜酒无量，则较各旗蒙人为尤甚焉。燃料以马通、牛羊矢为最普通，而木柴、石炭、柳条通出产亦巨。

居处。境内建筑物之以木石、砖瓦而成者，惟各旗喇嘛庙为最宏壮，次则各祠宇及副都统官廨与府第栋宇相望，而市廛商户暨南西两屯民居［两屯惟孟郭敖三族无他姓］室庐栉比，亦皆轮奂可观。普通蒙人限于游牧，依水草而居，转徙无常，则概以穹庐［满语曰蒙古博，俗误作包］为栖止。天幕生涯，蔽风雪，防虎狼，势有不得不然者也。博大小不一，皆圆形，通常高度在十尺、十五尺之间。其构造法就地划直径丈余之圆圈，周围排立木柱，柱间用木棍纵横组织，如格箔着柱，上成一围墙。柱上端架木为梁，成一伞形之屋。全部包围毛毡数层，以马尾绳缚之。顶中留天窗以绳系毡，得自由启闭，通空气，透日光，出烟焰胥，于是乎赖南设门高三尺五寸，装小扉垂毡帘以便出入毡庐，毳幕指揩便利，诚沙漠居之必要物也。门内左右分置水缸、木柴，中设炉具，周围藉草加以毡或皮，家人妇子同寝处焉。人口多而富者，或分居数博。结屋之事女子任之，行旅投宿无见拒者，且兼款以饮食。盖草地无旅店，中途霜宿恐为兽伤，恻隐之仁亦人道所见端也。鄂伦春人习居山林中，其庐帐率以桦皮为之。

婚嫁。婚姻重媒妁，而以父母主婚，间有自由结婚者。门户相当人家大率由媒妁介绍，双方同意后，女家先访男家，由男家携赠品回访，又合意则成立婚约。聘礼富者或兼用锦帛银两，普通为牲畜其多寡，视贫富为差数。尚奇偶，各部不一致。婚期之前先由媒妁与男家戚友致礼物于女家，是为纳采。次由喇嘛定合卺期。及期行亲迎礼，婿则整衣冠，乘马负矢，随行人多少不等。抵女家，故闭门不纳。双方互以吉利语相应答，始延入，设席宴婿。以后，女背面端坐，姨姑姊妹围坐四周，婿向女背跪，问女名，女故不答。久之，由陪坐者语之，谓之讨小名，是殆沿用问名礼而歧误者也。是夜宿女家，翌晨女子乘马绕宅三周，随男子去，名义上遂变为新妇人矣。新妇启行，喇嘛沿途诵经至婿门，闭门问答。如前状启门，后行婚礼。院中置木棹，上设弧矢羊骨或置一全羊，旁设火盆，夫妇同向跪拜。其汉族牵羊之礼，与次则见翁姑拜佛像火灶及尊长答亲友礼，喇嘛诵经侑以乐器礼。既毕设宴款客，赠嫁物极简单。附近富族近亦有赠以车辆牲畜及一切装奁者，亦同化汉俗之证也。沿边汉人多娶俄女，婚礼向染俄俗。赴喇嘛台结婚，近由各县导以礼教，已多改从华风矣。

丧葬，丧礼极为简单，无灵床，无供献，不穿孝服，不用音乐，无刍灵纸箔之消耗，惟无贫富贵贱均延喇嘛诵经。其葬法旧有天葬［与野葬、鸟葬、树葬诸说略同］、火葬之习，近亦有如汉人土葬者。按天葬旧说，蒙人以土葬或伤龙脉，不利生畜。人死则载尸于车或置于驼马之背振策疾驰，以尸坠处为葬地，大有上古委诸沟壑之风。三日后往视尸，亡则以升天而喜。倘犹存在，则以为死者之罪恶未消，即请喇嘛诵经忏悔，必至尸灭而后已。至于火葬，多因妇女痨病或产病死者概以火焚其尸。而王公大家则又尸涂黄油缠以白布投之烈火，拾其灰烬粘麦粉制作饼形，送入大喇嘛庙之宝塔或五台山之灵域以为光荣焉。土葬法则纳尸于棺，入土封墓与汉俗无殊。然惟附近蒙人行之其富而贵者，并有尸缠白布纳诸坐棺卜地，砌坟成一上尖下方之塔形，高丈余，卑或数尺。此与汉人稍异处。

祭祀。蒙俗于祭祀颇深，迷信凡宇宙间自然之现象皆以为神，如祭星星［阴历正月八日］等类是。其普通心理则以佛为无上之主宰，家必供。佛像铜质泥塑不等，置炉焚香以为常。外出则膜拜求佑，反则顶礼谢安而崇祀。鄂博［俗曰敖包］亦为例祭之重典。考鄂博之设原为区划界线之标识。本境旗属致祭，含有崇祀山川之意义。有各旗独设者，有全旗共祀者。各旗鄂博岁于五月或七月由各旗致祀，合祀鄂博在海拉尔河北山上。每三年举行大祭［即为挑年期］一次。以五月为祭期，全旗大小官员咸集延喇嘛讽经以昭郑重。鄂博形圆而顶尖，高丈余，上插柳条及书经文之白布幡。首由喇嘛讽经，鼓钹竞作，绕鄂博三周，且绕且诵，官民随之三周。既毕，各持香火西南行百余步，至柴望地点绕行三匝，如前举火燔柴以香火投之而返。次由副都统率属向鄂博行跪拜礼，喇嘛排立案侧，讽呗如前。众官以次席地坐，以器贮肉与饭，双手举器绕过额者数次，而后啖之，一若敬受神馔者。然祀事告终，任一般人民赴场竞艺，作驰马、角力种种比赛，胜者由官府颁给奖品。蒙人体力健全，独擅骑兵资格良有以也。至祭祖一节，则多数天葬，无墓祭之可言。索伦达呼尔惟一祀佛，额鲁特向祀皮口袋，均不祀祖先。附近蒙人染从汉俗，既改土葬，亦多举行墓祭。其祭期为亡者百日、周年、清明等日。祭时仍必延请喇嘛，为亡者忏悔。其余祀典所载各祠宇，则由民旗各官厅遵例按期举行，汉蒙亦无所歧异也。

礼仪。蒙人相见必曰门德［犹问安之意］，接近数步屈右膝致礼曰："请安。"不俟交谈出怀中鼻烟壶，双手献客，客接嗅后答以如礼。又多数嗜淡巴菰待客，则装烟以为敬。其尤重之礼为递哈达。哈达本西藏之名词，为一种极薄之绢布，形长方，大者丈余，小或尺余，四周褶襞，尚白蓝二色，淡青色次之。蒙人视为极敬礼物，献王公、供佛前必以此。人民互相赠遗，间亦用为交递之礼。此外，如入人屋包，必置马鞭于户外。入屋须坐左边，客去则男女一齐欢送。平居不裸裎，不举足向火，不向佛像便溺，亦皆其礼法之谨严者也。

　　器用，蒙人载重致远，驼马而外有达呼尔所制之一种辘辘车，又名辘轳车，亦曰大毂轮车。轮不甚圆，辕不求直，轴径如椽，轮高四尺余，以一牛曳之而行，首尾相连。一童子可御十余辆，不资毂鞟。惟遇山路崎岖防其损折，须携带斧凿。此为普通运载之车。若各旗富者坐车，则轮辕坚固，上覆木棚，蔽以庐席或内毡外布，亦有绷以桦皮者，驾一马与内地轿车略同。海满两埠又有任便赁坐之马车，前后大小四轮，以胶皮或铁为之，驾以二马，可容三人亦便捷［他如俄车、式极多，名亦不一，以非我习用均不及］。河渡则有膑舰、札哈二种。膑舰为独木船，长二丈余，阔容膝，头尖尾锐，载数人水不及舷者寸许，而中流荡漾驶如箭疾，并可联二三为一以济车马。札哈较膑舰为小，受两三人而轻捷过之，又有制以桦皮者，则鄂伦春人之利涉品也［额尔古讷河有通行帆船，详见交通门《水陆航桥表》］。冬日行雪地、河冰上，则有扒犁之制［满语曰法喇］。式如冰床，屈木为辕，驾以二马，轻疾如飞，中外人皆习用之。旧有驾狗者，即元时蒲与路之狗车，所谓使犬部也。

人　物

呼伦贝尔为各种民族代兴之地，间气所种代有伟人。重以从前专事游牧，未有纪闻，文献无征，心焉伤之。兹就稗乘所录以及旗署旧档所存者，分元明清各朝名人编次如左。虽所见、所闻、所传闻各有异词，亦聊备参考而已。

乡　宦

元

帖木真，塔塔儿部长也。游牧捕鱼儿、阔连两海子间、兀儿失温河上［捕鱼儿海子今贝尔湖。阔连海子今呼伦湖。兀儿失温河今乌尔顺河］，隶属于金西，与蒙古邻。蒙古部长俺巴孩以女妻塔塔儿，塔塔儿执献于金。及忽图剌嗣立，举兵伐塔塔儿以复前仇。帖木真率兵以拒，为忽图剌兄子也速该所擒。先是塔塔儿种斡忽讷氏有女曰诃额仑适篾儿乞部人，也速该掳而室之。既败塔塔儿，而诃额仑逾月生子，因名曰帖木真，即成吉思汗也。

篾古真薛兀图，蔑硕薛兀图，同为塔塔儿部长，数犯金边。金主置行尚书于临潢，使丞相夹谷清臣、内族襄先后进讨。篾古真薛兀图拒于龙驹河［今克鲁伦河］，围金军三日。

襄自将救之，篾与薛败走，旋为成吉思约客烈部长脱斡邻与金军夹攻，同罹于难。

也扯客连，也扯客连塔塔儿部人，附于成吉思。以金泰和二年，成吉思进军答兰捏木儿格思之地 [今呼伦喀尔喀河，所受之纳塞尔亨河上]，培塔儿各部拒阻金军，成吉思密议歼灭塔塔儿种。也扯客连徇众固拒塔塔儿，骈死无算，独也扯客连一家得脱。其长女也遂、次女也速俱为成吉思所得，同称皇后。

札木合。札木合蒙古札答兰氏，少与成吉思友善。既长能用其众，驻牧豁儿豁纳川主不儿之地 [豁尔豁纳川，今呼伦之活尔活河主不儿地，在活尔活河、喀尔喀河下游与呼伦贝尔两海子相近]。及成吉思妻孛儿帖为篾儿乞所掳，札木合代谋夺归。成吉思恐札木合喜新厌故，听妻孛儿帖言与生嫌隙，互相攻杀。札木合始犹胜利，后与合答斤等十有一部大会刊河 [今根河]，漏泄机宜，为成吉思部下战败，缚献麾下，因是被杀。

帖儿格克额篾勒。帖儿格克额篾勒，姓翁吉剌氏，居额沘古涅河。与成吉思友善，继因成吉思女布亦塞克貌寝拒婚，遂与成吉思绝。成吉思既败，帖儿格克额篾勒结合泰亦赤兀部东方诸部潜师来袭，为成吉思所败殁于阵。

合撒儿。合撒儿，蒙古博古济吉特氏，成吉思同母弟也。多力善射，札木合来侵，成吉思乞师客烈部。脱斡邻以合撒儿帅妻子为质。已而，成吉思与脱斡邻因事启衅，成吉思战败。合撒儿弃妻子亡归，东行求成吉思抵合温剌山 [山在呼伦贝尔西] 不得，又东至巴渚纳水 [在呼伦池西南]，喜与成吉思相遇，乘机遣语脱斡邻曰：“帖木真不知所之。”脱斡邻起兵逆合撒儿，成吉思突出攻袭遂灭客烈部而拙赤。合撒儿之名大著，以伐金累战有功，寻封国王，所分地在额沘古涅河阔连海子。海剌儿有子四十人也，古也孙格最著。

阿赤歹。阿赤歹，成吉思第三弟合赤温之子也。少孤，从成吉思军中。窝阔台汗立之二年，从伐金。四年败金师于三峰山，五年帅左手军与皇子贵由讨蒲鲜万奴，乘胜徇开元恤品，杀万奴东土悉平。八年大举伐宋，皇子阔出卒于军，以阿赤歹代将。窝阔台汗卒乃马真可敦称制，阿赤歹主军中，原承制得万户，以下官所分地傍近金源东北路，边堡东接女真，包有合剌合只惕额列惕〔今呼伦合勒合河〕、以胡庐忽儿河北为界，南与翁吉剌为邻，以客鲁涟河〔今克鲁伦河〕为界，北与别古台为邻，东南近亦乞列思部。

按陈。按陈，一名阿赤。成吉思元年封千户，帅翁吉剌骑三千从平诸部，又从皇弟合撒儿定女真故地，从木华黎经略中原，为十提控之一。入陕之役，别将断潼关道。九年，成吉思以苦烈儿温都儿斤〔今额尔古讷河右岸之苦烈业儿山〕与按陈。及合撒儿为分地，甲谕按陈曰："可木儿、温都儿、答儿纳兀儿、温篾可儿等地汝则居之。"官至尚书令，赐号国舅那颜，封河西王，统其国族，又赐东平五千二百户，仍授万户以领之。元贞元年，追封济宁王，谥忠武。

孛秃。秃孛，姓亦乞列思氏，居额沘古涅河，上隶泰亦赤兀部。孛秃善骑射，成吉思过孛秃居，感其款待，许以妹帖木仑为妻。暨孛秃请婚，成吉思不愿效世俗之婚姻论财，竟以帖木仑赘焉。已而，札木合来袭，孛秃父捏神知其谋，驰告成吉思，遂合十有三翼逆战于答兰巴渚纳，竟为所败。微孛秃父先发其谋，则聚歼矣。成吉思即帝位授孛秃千户，寻帅亦乞列思二千骑从木华黎经略辽东西。孛秃左取阿八马、亦马合等城。论功食邑分地在黄河之北，西南与翁吉剌、阿忽台为邻，卒于西夏军中，追封昌王，谥忠武。

木华黎。木华黎，蒙古札拉儿氏，世居斡难河东。猿臂善射，成吉思山行遇盗，谥木华黎出救得免。客烈部长脱斡邻与成吉思拘兵，木华黎出奇计攻袭，脱斡邻走死。成吉思即帝位，以木华黎累战有功，封为左手万户，以本部札剌儿牧地，又东至合剌温山为分地，旋又封太师、国王，赐誓券黄金印，卒年五十四，谥忠武。

博尔术。博尔术，蒙古阿尔拉氏，居斡难河、克鲁涟河之间。志意沈雄，善战知兵，先以助成吉思追获泰亦赤兀部掠马，慷慨却酬，遂共契洽。自此，成吉思称兵靡役不从。合剌合只海子之战［合剌合只海子于今呼伦所属之喀尔喀河，时与脱斡邻战也］风雪迷阵，博尔术求成吉思不得，马伤于矢，夺敌马溃围出，则御马已还憩车中，闻博尔术至椎胸曰："天赞我也。"成吉思即帝位，封右手万户，以本部阿尔剌牧地，又西至阿尔泰山为分地。博尔术卒，成吉思痛悼如丧所亲。大德五年，追封爱庆平王，谥武忠。

术赤台。术赤台，蒙古兀鲁氏，初附札木合，同牧额沥古涅河。答兰巴渚纳战后，术赤台见札木合残暴，遂归成吉思。客烈部长脱斡邻来袭，成吉思败走合剌合河。术赤台身当前敌，直犯脱斡邻中军，伤其子亦剌合桑昆厥，后禽获脱斡邻骁将合答吉阿赤失仑，及诱执脱斡邻弟札合敢不者，皆术赤台之功也。成吉思即帝位，授术赤台千户，命统兀鲁部军民四千人，并以夫人亦巴合赐之，以为戮力为国者劝。

明

巴兖诺颜。巴兖诺颜，蒙古博尔济吉特氏，元裔也。正统十二年，卫拉特也先以兵犯之，避其难徙牧呼伦贝尔。子二，长昆都伦岱青还居福余故地，是为阿鲁科尔沁之祖。次诺延泰率四子西徙，是为四子部落之祖。

布尔海。布尔海，巴兖诺颜之弟也，避也先之难，亦徙牧呼伦贝尔。其后裔复西南徙，是为乌喇特三旗。

锡喇奇塔特。锡喇奇塔特，合撒儿裔也。避也先之难，徙居呼伦贝尔。其后裔复西南徙，是为茂明安旗。

清

卓尔海。卓尔海，齐齐哈尔协领。雍正七年晋副都统，八年授黑龙江将军。以呼伦贝尔地广而腴，且邻俄境，疏请筑城移索伦、达虎尔、巴尔虎、鄂伦春三千人实之，编为八旗五十佐领，分两翼以总管一员辖之，是为经营呼伦贝尔之第一人。

海兰察。海兰察，索伦部杜拉尔姓，呼伦贝尔厢黄旗籍，禄普楚垒［现改任章奇普］佐领下人。微时为流人朱姓御货车，往来奉天、吉林，为朱所重。乾隆二十年，由西丹从军，征讨准噶尔，以生擒巴雅尔，擢侍卫。嗣平定金川、台湾，受知大将军阿文成公，以参赞都统洊封侯爵，复晋一等超勇公爵，赏红宝石顶、四团龙褂。乾隆五十七年，征廓尔喀凯旋，卒于京。计前后列入紫光阁御赐功臣像，赞凡四次，谥武壮，入祀昭忠祠。

公面黑如铁，膂力过人，善射，围场两虎出囊，三矢发二矢，殪之天下传其勇。多谋寡言笑，不妄交。生平惟服事阿文成公，乐为驱使。尝曰："今世知兵者惟阿公耳，余辈皆懦夫。登坛秉钺必殃民，某安能为之送死。"征藏至吉龙两山，夹深涧岸削难行。驾桥则贼来争，将军忧之。公请曰："此易擒也。予某五百人、八日粮，勿问所往，届时必有以报命。"如其言，八日后驾桥贼争如故，皆曰："海公妄也"。已而，山上火发，贼惊窜，望见公已在岩头端坐矣。军既渡，合力歼贼。将军问故，公曰："涧水非江河发源，必近吾。绕上流出贼后，须八日程。及期驾桥贼空营来争，吾乘虚袭之耳。"公不知书而出奇制胜，皆以意所为多类此。谋能断，勇能决。每谓兵贵神速，思虑过度者妇人之勇。征台湾三日破鹿耳港，台人出不意，以为飞将军自天下，惊窜相践踏，如风捲败，筹指挥若定。紫光阁御制功臣像赞序，谓台事有天助，盖嘉其速也。每战恒敝衣骋马绕贼后，伺隙而进，或以数十骑卫贼军左右射使阵乱，而后击之无不胜。枕弓以听，能测贼马多寡。嗅马矢，知敌远近。宗室昭槤称为天授之，资信然。

安禄。安禄，海兰察之子也。从征廓尔喀有功，乾隆五十八年袭一等超勇公爵。嘉庆元年，擢乾清门头等侍卫。四年至蜀，经略勒保，檄赴都统额勒登堡，军屡败群盗。鲜大川苟文明之乱，中矛殁于阵，予谥壮毅。弟安成勇悍，有乃父乃兄风。奸民林清之乱，以徒手格敌，无算，论者谓不愧将种云。

萨垒。萨垒，索伦总管。将索伦兵从征伊犁，充营长。乾隆二十一年，偕卓里雅逐叛酋古尔班。二十三年从鄂博什赴援叶尔羌解将军兆惠黑水围，遂平回部。图像紫光阁，列后五十功臣，位次二十三。三十一年，授呼伦贝尔统领卓里雅亦索伦总管。乾隆二十五年，授呼伦贝尔统领。

索尔达查。索尔达查，呼伦贝尔正白旗官蓝翎侍卫。乾隆二十四年，从鄂博什赴援叶尔羌，阵亡于呼尔玛。

瑚尔起。瑚尔起，隶齐齐哈尔镶蓝旗。乾隆十九年，以佐领擢呼伦贝尔总管。二十年西征，阿睦尔萨纳走哈萨克，迭败其汗阿布赉。二十二年七月，禽阴附阿睦尔撒纳之杜尔伯特贝勒巴图博罗特于辉朗巴山。二十三年三月，禽戕察哈尔总管巴宁阿布鲁古台吉珲齐于呢勒哈河。寻以将军兆惠袭回酋于叶尔羌被围，瑚尔起率师往援，擢正白旗蒙古副都统，授领队大臣，击霍集占败之，解兆惠围。进援和阗，歼其渠阿布都海里克，更追败霍集占于伊西洱库。已而，巴达克山汗函霍集占首来献，遂平回部。图像紫光阁，列后五十功臣，位次第十二。十五年，率索伦兵回旗，疏言：“呼伦贝尔多水泉可耕，请择塔里雅沁降回百人，引水灌溉。”奉命以副都统仍总管呼伦贝尔董其事。二十九年，调黑龙江副都统。三十四年，将索伦兵从经略傅恒征缅甸，收猛拱、猛养各隘，卒于军，给一等轻车都尉世职。

托尔托保。托尔托保，隶镶蓝旗。乾隆三十七年，以上驷院司鞍从征金川，屡立奇功，累晋头等侍卫加副都统衔。金川平后，图像紫光阁，列前五十功臣，位次四十四，寻迁上驷院头等侍卫司鞍总管。嘉庆四年，补呼伦贝尔总管。五年，将黑龙江兵助剿川楚教匪有功。

博森内。博森内，呼伦贝尔正红旗。乾隆五十六年，以骁骑校委参领，从征廓尔喀有功。

多尔济。多尔济，呼伦贝尔正白旗，巴尔虎副总管。乾隆五十六年，从征廓尔喀，阵亡于博尔东拉木城。

恒龄，达呼尔部郭博勤姓。呼伦贝尔厢黄旗籍，穆克德布佐领下闲散。道光时，以父兴寿军功承袭监生。咸丰八年，由骁骑校拣放佐领，从军剿贼有功，在军营递迁副管协领等职。同治元年，奉旨拣放京都厢黄旗汉军副都统。二年，署直隶提督，旋授京都正黄旗护军统领。四年，任真鲁二省驻防马步全军翼长。发逆之乱，出师江南，转战湘秦直鲁鄂豫皖诸省，身亲战阵七十余次，历在连镇、山东阜城县、江南李间湾、河南归德府、山东东昌府、曹州府地方。剿平发乱于江南扬州府、河南河阳府、湖南鹿里县、安徽白龙庙等处。扑灭捻匪阜城县、李间湾两役，右臂、胸部受有枪弹重伤。受知于钦差大臣傅正邦，亲王僧格林沁先后保奏历邀副都统记名，赏穿黄马褂、头品顶戴、达春巴图鲁勇号之荣。光绪四年，在河南陆山县地方剿捻阵亡，年四十三岁，恤赐祭葬如例。生平战绩宣付史馆，入祀原籍昭忠祠。恩袭骑都尉、云骑尉各一。恩袭尉职，世军罔替。

杜嘎尔，新巴尔虎哈勒林姓，呼伦贝尔正蓝旗籍，乌尔恭阿佐领下。咸丰二年，由领催从军在军营出力，迭补骁骑校防御佐领、协领等缺。同治元年，晋职荆州都统。三年，调宁夏副都统。四年，放正蓝旗满洲副都统，旋调奉天副都统，转察哈尔副都统署理察哈尔都统。六年，拣放乌里雅苏台将军，出师初抵河南，转战江南、湖北、直隶、山东、安徽、湖南、江西、陕西、山西、甘肃、奉天十余省及喀尔喀部落戈壁地方。躬亲战阵，奋勇争先，前后接仗二百一十五次，斩馘首级无算。山东临青州、江南鄞县两役，经钦差大臣胜保保奏，赏戴蓝翎。咸丰六年，恢复湖北汉阳府。七年，黄梅山奏捷，钦差大臣官文保奏赏换花翎，赐莽赉巴图鲁勇号。同治年间，江南、安徽剿灭大股贼匪，克复宝丰县。各案由荆州将军都兴阿叠保赏加头品顶戴，并颁赐玉玦、翎管、荷囊诸物有加。光绪十二年，报捐军饷，伊犁将军锡纶保奏加级。十五年，殁于将军任内。谕旨：以杜嘎尔老成持重，带队剿贼，迭奏肤功。在将军任内，整饬戎行，尤严纪律。著赏恤丧葬银千两，生平战绩宣付史馆，入祀原籍昭忠祠。长子副管乌尔图那逊留京，赏大门头等侍卫。次子札木兰札普留京，赏蓝翎侍卫、大门行走。

明昌，达呼尔部郭博勒姓，呼伦贝尔索伦厢黄旗籍，穆克德布佐领下。乾隆五十年，由领催从军，出征廓尔喀，在布尔都克拉等处奋勇杀贼，著有战功，赏戴蓝翎。嘉庆三年，升骁骑校。八年，升佐领。十二年，木兰随围赏换花翎。二十年，拣放副管。道光元年，升任总管，交军机处记名。七年，出师喀什喀尔，在杨嘎尔巴特地方临阵出力，加副都统衔。八年，拣放呼兰河城守尉。九年，简任西安左翼副都统，前后随围二次，出征四次。乾隆、嘉庆、道光年间历在廓尔喀、河南、陕西、喀什喀尔、札麻、华县各处接仗四十九次，俘虏斩馘无算。道光十三年，殁于西安任所，赐恤如例，生平战绩宣付史馆。

沙晋，清初呼伦贝尔索伦也，饶勇号无敌人。始为猎户，善射有穿杨技。后由边将某擢为百夫长，命守边，仅统数十人，执戈而嬉无纪律。然皆精悍善战，罗刹之为盗者，相戒莫敢犯。一日有新罗刹自北来，越境掠牛马，误犯其帐。时守兵皆出猎，沙晋适外归，闻而大怒，徒步追三十余里，擒其曹，尽割其耳，纵之去，且嘱之曰："若辈今误犯，敢再来者枭矣！"遂驱牛马，唱以还。自是罗刹畏之，凡邻居黑龙江省之俄人，每于小儿啼时，必吓曰："沙晋来，沙晋来。"小儿闻之，即惧不敢啼，如宋刘骑威镇西夏，夏人欲止儿啼，辄怖曰："刘都护来云。"

色尔衮。色尔衮，布特哈正黄旗人，世袭佐领。乾隆末随狩木兰，旋又从征廓尔喀。嘉庆时，讨川陕楚教匪有功，擢总管加副都统衔。迨后通江蒲天宝、樊人杰、蒲大芳、李文成之乱，讨叛伐罪靡役不从，所至辄立奇功，寻以都统衔充呼伦贝尔办事大臣。道光十三年卒，谥勇壮。

达斯呼勒岱。达斯呼勒岱，齐齐哈尔正黄旗人，以从征台湾洊升佐领。嘉庆三年，川楚教匪之乱，既禽冉学胜，又获教魁庹向逸，补墨尔根副都统。九年，以事降协领。十四年，赏副都统衔，授呼伦贝尔总管。十八年，扈跸木兰甫，回李文成陷滑县，会师往剿，以功受知于提督杨遇春，疏荐调宁古塔副都统，道光三年卒。

乌善。乌善字孝先，齐齐哈尔镶白旗人。咸丰十年，以前锋从舒通额逐捻直东境。同治二年，从富明阿击吉林马贼，擒其渠魁。又击呼兰踞匪、漠河金匪，皆有功。洊保花翎副都统衔。光绪二十一年，授呼伦贝尔副都统，又三年，卒。

格通阿。格通阿，呼伦贝尔巴尔虎人。咸丰间洪杨乱作，随多隆阿转战苏皖，败陈玉成于棋盘岭，洊保协领加副都统衔，旋补呼伦贝尔镶红旗佐领，创重，卒于军。

平海。平海，呼伦贝尔驻防。咸丰三年，以从收汜水，逐寇山西、京南境，由佐领晋总管。四年，攻临清州，斩馘无算，加副都统衔。力战李官庄，中枪伤项。旋又督师入楚，因功以副都统记名简放。善将骑兵，敢深入。创发，服轻粉中毒，一足短二寸。曾国藩求骑将于胡林翼，林翼谓鄂中骑将，多隆阿舒保以次首推平海云。同治十年，补双城堡副都统衔总管，寻卒。

德胜。德胜，呼伦贝尔佐领。同治三年，以委参领隶都兴阿宁夏军。四年，王大堡之乱，率洋枪队会师克之，诛逆党二千人。

达密兰。达密兰，索伦都拉尔氏，隶呼伦贝尔镶红旗。同治十年，以副总管委营总从杜嘎尔力战，败贼乌拉特，以援乌里雅苏台，加副都统衔。十二年，扼陕回于扎萨克图汗部。新疆底定，补呼伦贝尔右翼副总管，旋转左翼副总管。

寿山。寿山字肩峰，吉林将军富明阿之子也。以骑都尉召见，授员外郎。光绪二十年，中日之役，偕弟永山力战，永山死焉。寿山亦移师海城，受重伤。二十四年，授黑龙江副都统。翌年，署将军。义和团之役，俄人强夺黑龙江北岸地，又筑西伯利亚铁道交午于我东三省境。寿山严兵呼伦贝尔、瑷珲等处。俄军进迫齐齐哈尔省城，道员程德全往议和。寿山耻堕敌军，以后事付程德全，遂死焉。

崇玉。崇玉，正蓝旗拟正佐领。光绪二十六年，充镇边新军右路统领，扼俄兵于兴安岭，力战死焉。

瑞昌。瑞昌，庆祺之子，寿山之侄也。充黑龙江城官屯屯官，充义胜新军右路右营营官，战于兴安岭，阵亡。

列　女

扶舆清淑之气原不限于殊俗，遐方呼伦地虽荒塞，而山川钟毓，讵无严毅刚正之女士。表著人寰，徒以采访，无闻志乘缺，略奇行大节，半与草木同朽腐斯，亦化民成俗之遗憾也。兹得旌扬所及者二人登之，以为边氓劝。

节　义

清

都拉尔氏，呼伦贝尔索伦旗籍，驻守京都厢黄旗、满洲都统兼公爵安禄之女，一等超勇公海兰察之孙女。幼字六品荫生车林多尔济为妻，未嫁而丧。所天氏闻凶耗义，不改适，归夫家，矢志守节以终。嘉庆十七年二月，事闻于朝，奉旨安禄为海兰察之子，原系索伦人，其女都拉尔氏在室夫亡，通晓大义，甘愿守节，殊堪嘉，尚著加恩施于例，赐恤银三十两外再加一倍饬交该家属，建坊立祠，仍于贤孝祠前树碣书名以扬芳迹。

贞　烈

清

鄂里木苏氏妇色梅彦，呼伦贝尔正蓝旗陈巴尔虎三音奇克佐领下闲散吉雅图之女，于归鄂里木苏氏。夫亡后，遣犯和雅隆持刀逼奸，氏抵死抗拒，因以殒命，舍生殉义，凛然可风。于道光七年七月，奏请旌表，奉旨准予建坊，并赐例恤银三十两，仍于贤孝祠前建碑泐名，以表贞操而彰烈志。

选 举

选举为地方要政。民国成立以来，参众议院之选举也，省议会之选举也，举行已非一次。呼伦贝尔地处边隅，自民国纪元伊始适值蒙旗自治时代，凡一切选政均未举行。逮蒙旗归政而后，第二次众议院选举时，始产出议员一名（永寿号介眉）。然亦由副都统直接选派，而未经选举手续。盖以蒙旗人民游牧散处，通晓汉文者无多，办理选举诚非易易。九年，督办公署成立。十月、十一月间，国省两会先后办理选举，奉令以所属三县一局归龙江道复选区。而以各知事、设治员委为初选监督，开始调查选民。终以汉蒙杂处，蒙民既未易调查，汉民又土著无多，种种阻碍，迄未实行。十年，廷恒来官斯邦，六月一日奉令委为第九区覆选监督，催饬各县依限造报选民，终以全区选民总数不敷选出，复选当选人一名。当于是年八月呈请省长以呼伦贝尔所属划入暂缓施行自治区域。奉准咨部在案，诚以边隅之地，种族复杂，既未可合而为一。兼之变乱频仍，商旅裹足，办理选举之多数困难，有未可以言语形容者。一二年来善后事宜粗告结束，地面日安，生齿渐繁，民智日渐开化，此后选政进行或能较易于前乎？

教　育

　　呼伦贝尔地居国界，沿边为蒙旗游牧之区。自清雍正间派兵驻守，设官编旗，始定为领土尔。时草昧初辟，竞尚武备，本无教育之可言。逮乎嘉庆初年蒙人渐知文化，如文士昌芝田先生编述《京路记》调查乌的河源［一名《官使漫游记》］、《田舍诗》《依仁堂集》等书并用达呼尔俗语编著。诗歌达官中，如新巴尔虎总管古柏礼之精通文艺，啧啧人口，一时风气为之丕变。其时汉人由内地移徙而来者，多系贸迁之人远走塞外，既无室家，当无学龄儿童。至近时商埠边县农工商贾远谋生聚，每多挈室以行，生齿日以繁滋。［廷恒］尽力提倡于各县之设立学校，重之以考成，严之以视察。蒙旗方面一二杰出之士，亦复趋应潮流，为之转移风气，边陲教育自此始稍具萌芽。

　　呼伦贝尔之教育汉人方面，正在幼稚时代，固乏成事之可言。蒙旗方面虽亦未见发展，而新旧教育之禅递不无沿革可寻。溯蒙人之有学校始于清光绪初年，迄于今日共分五时代。一为私塾时代。光绪三年，达呼尔部设私塾于南屯，由齐齐哈尔聘任教师，教授本部子弟十余人以汉满文字。是为蒙人学汉文之始。一为官学时代。光绪八年，副都统公署始建文庙附校舍二所，设学官一人，由副都统就无品级笔帖式拣用，以三年为任期。其教科分识字、习字、练弓箭三课。是为满官学设立之始。一为新学制创兴时代。光绪末年，宋公小濂来治斯邦，创立官立两等小学校，并派送学生分别升入省中学及满蒙师范学校。呼伦同知翟文选继以进行，设劝学所以资督促，并于原设小学内选设初级师范一班，更就陈巴尔虎部设立河北小学校。同时，胪滨府亦有初等小学之设。呼伦贝尔教育前途自是有进步之希望。一为新学制中止时代。民国初元蒙旗自治，旧制官学重复，而从前所设之各种学校因之停废。其升入省中学师范之学生，亦皆同时退学。呼伦贝尔之学务至是一厄。一为新学制复兴时代。民国七年春，旗人郭浚黄由北京俄文专修馆退学归里，联合同志敖民泰等三十余人研究教育，始为复兴学校之运动。先在私舍以初等国文教科书课旗人子弟，旋假副都统署为学舍办理一遵学制。果于八年春，由副都统认为蒙旗官立学校，任郭浚黄为校长，拨副都统公署西院为校舍，内容设置渐见完备。

逮廷恒受任斯邦，鉴于学校之基本尚未完固，拨给雪里沟一带地段为学田。于是郭浚黄更有墨和尔图屯女学之设立。蒙人教育至是始其端倪。蒙人教育既如上述，而一二年闲汉民由内地移家至此，亦渐见增多。及龄学童每苦无就学之所，［廷恒］下车伊始，即督饬各县筹办学校，现已先后成立。兹分述之如下。

呼伦县

一、学校及学生数。县立高等小学校一处，学生十六名。国民学校一处，学生三十七名。女子国民学校一处，学生十七名。蒙旗高等小学一处，学生二十四名。蒙旗国民学校一处，学生二十一名。蒙旗女子小学一处，学生十名。公立国民学校一处，学生六十名，内有俄人十二名。共计学校七处，学生一百八十五名。

二、通俗教育机关。图书馆宣讲所于十一年十二月成立。

三、劝学所。尚未正式成立。

四、教育经费。县立学校领于省库者，全年一万七千元。蒙旗学校全年约六千元，由副都统公署左厅支领。公立学校由理事会支给，视每年收入多寡酌定，不敷由商会补助之。

五、学田。拨归蒙旗官立学校六千余晌，尚未开垦，每年现收学租一千三百余元。雪里沟一带地亩拨作墨和尔图屯女学经费，每年收入六百余元。

胪滨县

一、学校及学生数。公立国民学校一处，学生四十名。

二、通俗教育机关。尚未成立。

三、劝学所。尚未成立。

四、教育经费。全年三千六百元，由公共理事会支给。

五、学田。尚无指定地亩。

室韦县

一、学校及学生数。国民学校一处，学生三十名。

二、通俗教育机关。尚未成立。

三、劝学所。尚未成立。

四、教育经费。全年一千六百元由外交税项下筹拨。

五、学田。一百十五晌，坐落县城傍，近山坡雇用俄民垦种成熟。

奇乾县

一、学校及学生数。国民学校二处，学生三十名。

二、通俗教育机关。尚未成立。

三、劝学所。尚未成立。

四、教育经费。全年二千元由刈草牧畜税项下筹拨。

五、学田。珠尔甘河、毕拉尔河两处共四百晌成熟。

综上述各节乃全境教育之概况也。此外，呼伦、胪滨两县有俄人公立学校七处，学生约二千人。彼邦人民受其祖国革命影响，托庇吾宇。〔廷恒〕既官兹土，本一视同仁之旨，亦时为监护而扶持之。俾流离儿童不致废学，傥亦有官守者应尽之职责欤。

商　业

呼伦贝尔在昔商贾不通，自清乾嘉间始有内地人民来此贸易。光绪之季，铁轨通行，海满税关以设，而各种经营凡属于商业性质者，亦皆次第成立。兹就官有机关与公共团体分列各表。其沿卡商业散无统系，姑从缺焉。

全属金融机关一览表

事别 名别	地点	设立年月	营业种类	附记
中国银行收税处	满洲里海关	民国八年十二月	代收关税及汇兑	
东三省银行分行	满洲里二道街	民国十年十二月	各种证券、期票之贴现或买卖、汇兑、储蓄、买卖生金银或各国货币借贷及抵押	总行设哈尔滨，经财政、农商两部立案，有发行钞票特权，分行现拟迁至海拉尔
广信公司	海拉尔	民国七年四月	汇兑及兑换	
	满洲里	民国六年七月	汇兑及兑换	
	室韦	民国十年七月	办理金矿	
	奇乾	民国元年	办理金矿	

续表

事别＼名别	地点	设立年月	营业种类	附记
蒙旗商业钱局	海拉尔	民国八年	发行纸币流通蒙旗	所行纸币，奉省令以特别情形暂免取消
呼伦储蓄会	海拉尔	民国十一年十一月	储蓄、抵押、借贷	基金总额共大洋九万元
备考	按：表列各机关除储蓄会系商办外，均为官家设立。此外，尚有俄人在我界所经营数处。海拉尔道胜银行设于西历一千九百零四年。借款公司设于西历一千九百十四年。满洲里道胜银行设于西历一千九百十八年。表不备列			

海拉尔广信电灯厂一览表

创设年月		民国四年
收买年月		民国九年九月
历任经理	姓名	前任俄商西米诺夫，现任周永盛
	更替时期	民国九年九月
资本总数		大洋八万元
历年收入		民国十年大洋七万五千七百七十五元九角九分
历年支出		民国十年大洋五万一千九百九十六元五角六分
历年盈余		民国十年大洋二万三千七百七十九元四角三分
机器架数		二架
电灯	马力	一架八十四匹马力、一架九十匹马力
	灯数	五千六百盏
	烛光数	六千二百枝
逐年推广情形		民国十年，添设支线二道增加灯头二千二百个。十一年，添设支线一道，增加灯头一千一百二十个
以后推广计画		新添机器一部七十五匹马力正在装置中，添挂大聚场干线一道，尚未竣工。城西新街基亦拟添设杆线，将来共能增加灯数约八九百盏
备考		按：电灯厂旧名电灯公司，原系俄人所设。九年复治，改由中国收回官办，归广信公司经理。此外，尚有广信公司已办之金厂、盐碱各泡分类已入各门，兹不赘及

全属商会一览表

区别\事别	地址	成立年月	全年经费		历任会长		纪事
			收入	支出	姓名	更替时期	
呼伦	呼伦县城内	清光绪三十三年四月	二千元	二千元	王凤镳	光绪三十三年就职，民国七年九月交卸	民国九年报农工商部备案，由部颁发钤记
					李映南	民国七年九月就职，民国九年十月交卸	
					田锡龄	民国九年十月就职	
胪滨	满洲里南北大街北头	民国元年三月	民国十年收入银元一万零四百十九圆	民国十年支出一万二千七百六十六圆	宿文奎	民国元年三月就职，民国元年七月交卸	初成立时名称总理。四年三月始改称会长
					单丕坊	民国元年七月就职，民国二年四月交卸、民国三年三月复任、民国六年三月交卸	

续表1

区别 （事别）	地址	成立年月	全年经费		历任会长		纪事
			收入	支出	姓名	更替日期	
庐滨	满洲里南北大街北头	民国元年三月	民国十年收入银元一万零四百十九圆	民国十年支出一万二千七百六十六圆	傅懋坤	民国二年四月就职，民国二年十二月交卸	
					陶贻谋	民国二年十二月就职，民国三年三月交卸	
					赵宗礼	民国六年三月就职，民国七年三月交卸	
					张鸿禧	民国七年三月就职，民国八年四月交卸	
					于天叙	民国八年四月就职，民国八年十一月交卸	
					李振东	民国八年十一月就职，民国九年十一月交卸	

续表 2

事别区别	地址	成立年月	全年经费		历任会长		纪事
			收入	支出	姓名	更替日期	
泸滨	满洲里南北大街北头	民国元年三月	民国十年收入银元一万零四百一十九圆	民国十年支出一万二千七百六十六圆	李建国	民国九年十一月就职，民国十年七月交卸	
					杜万运	民国十年七月就职，民国十年七月交卸	
					王采臣	民国十年七月就职	
室韦	室韦县城	民国九年十一月	八百七十六元	八百七十六元	王宝珍	民国九年十一月就职，民国十年八月交卸	
					白明起	民国十年八月就职	
奇乾	奇乾河街	民国十年四月	五百二十元	五百二十元	王瑞亮	民国十年四月就职	
海拉尔特别区	海拉尔新街	民国八年一月	二千元	二千元	穆文彬	民国八年一月就职，民国九年八月交卸	民国九年八月奉农工商部颁发钤记
					孙铭栋	民国九年八月就职	
备考	按：属内商业以海满两埠为较多。海埠设两商会由新旧两街分别组成，满街无新旧区域只设商会一处。查各属商业现状，呼伦新旧二街四百八十余户，泸滨一百六十五户，室韦五十余户，奇乾三十六户，均以杂货行为多数。又泸滨俄商四百五十五户						

蒙旗岁出物产价目表

类别	售出总额	单价	合计
马	四千匹	三十元	十二万元
牛	二千头	三十元	六万元
羊	八万只	三元	二十四万元
狐皮	一千张	十四元	一万四千元
狼皮	一千张	十六元	一万六千元
灰鼠皮	二万张	一元五角	三万元
马皮	二千张	二元	四千元
牛皮	三千张	二元	六千元
羊皮	八万张	四角	三万二千元
羊毛	六万甫特	四元	二十四万元
总数			七十六万二千元
备考	查汉蒙商市多以物品相交易，而以银钱定其价格。兹表所列系海拉尔商埠十一年度蒙人输出之约数，汉商输入则以米、面、茶、酒、烟为大宗，而布帛次之，表不备及。又表列货价元数，系以现大洋计算		

满洲里、海拉尔车站运出牲畜皮毛数目表

地别	品别	数量
海拉尔	马及马驹	五千八百八十四匹
	大牛	六千一百三十六头
	山羊及绵羊	三万一千五百五十一头
	毛品	八万四千五百三十布特
	未熟之各种皮张	一万一千七百布特
	未熟之羊皮	一万二千九百九十二布特
满洲里	马及马驹	一千一百九十七匹
	大牛	三千一百三十六头
	山羊及绵羊	一千二百六十头
	毛品	六万五千四百四十九布特
	未熟之各种皮张	二万八千九百九十布特
	未熟之羊皮	一万〇二百八十二布特
备考	按：右表所列数目系按民国十一年调查之数。又按，每布特约合中国三十斤	

垦　殖

　　呼伦贝尔襟山带河，广漠荒寒，气候冷暖不时，土壤厚薄亦异，综计全境可作三段观察。自海拉尔河以南，至索岳尔济山为一段，土含沙性而水曲草丰，宜于牧。沿兴安岭一带，珠尔干河迤东、迤北，至额河口为一段，土质硗瘠，林密山深，宜于猎。其海拉尔河迤北、珠尔干河以西之一段，则土脉黑壤、沃野为多，虽微带沙性，而可事耕垦。河流所潆带山势，所曼衍类皆平原，腴土辽阔无垠。清季苏、宋两都护先后治伦，实行殖民政策，曾有边垦局之设置。俄人往者越垦，亦皆视以为乐土。可知旷野非尽不毛草莱，大可开辟也。兹就善后以来，各属具报已垦土田列为一表，以资考证焉。

垦 务 表

事别 县别	已垦晌数		气候	土性	每晌平均收获	农产物类
	华人自垦	俄人越垦				
呼伦	五十九晌		冬季严寒，夏不甚热	上则黑土含有油沙，下则砂石参半	五六石	谷类有大麦、小麦、铃铛麦。蔬类以老羌菜、马铃薯为大宗
胪滨	海拉尔河两岸约三百晌，满洲里及各卡约二百晌		极寒，五六七月稍暖	松散硗薄，不易耕种	二石余	稷子、铃铛麦，菜蔬同前
室韦	日木、独卧吉金各，木林斯怀牛拉林、厂沟内其南鲁沟等处约七百晌	约一百一十五晌，随垦随弃，地点与左栏等处同	寒，四、五月降雪，六七正午稍热，暑多少，八月	松散居多，硬结较少	五六石	大麦、小麦、荞麦，菜蔬同前
奇乾	奇雅河十晌、永安山八晌、三安额勒哈达二十晌	毕拉尔河三百五十晌、尔河四十晌、牛河四十晌、珠尔河一百十晌、干河七十晌、温河九晌、伊穆河二十三晌	寒，河四月解冻，八月结冰，暑多少，流解	土黑微带沙性	五六石	大麦、小麦、铃铛麦、油麦，蔬菜同前
备考	右表晌数，系照十亩为一晌计算。表内呼伦、胪滨两县开垦，皆系圈地。呼伦全境当蒙旗牧界，蒙民生计攸关，招户承垦较难兴办。又，表载俄人越垦，系在蒙旗自治时间。九年善后，已改由华人承种，并订有佣雇俄工合同以严限制。查各属现垦生荒，室韦约千余晌，室韦所属之河坞约三百晌。试垦方始，未具开拓，详数姑不列入。按：边荒耕垦不加肥料，三年以后相率废弃，名曰歇田					

牧　畜

诗歌"驷牡之蕃礼，对数马之富"。养牲一事，非惟验物类之充盈，抑亦觇生计之饶裕。呼伦贝尔平沙千里，水草丰茂为天然一大牧场。在昔各部族转徙割据，曾以是为厉兵秣马之区。清初迁蒙驻防，以各部兵额多寡，编练旗佐。复就境内山河划分为各旗牧场，休养生息近三百年，久已乐利相安询之。土人牧养之利，较耕稼不啻倍蓰，惟以墨守旧法，进步无闻。若能讲求改良于种类之配合，及疾疫之调治与预防，则牧畜事业不让屯垦，亦一绝大利源也。兹就原有各牧界分别制为表图，缀于下方。

蒙旗牧地界至表

部别 事别 旗别	旗别	方向	牧地界至
索伦	厢黄正白	城东西	东至札敦河，西至依敏河，南至西尼克河东岸，北至海拉尔河南岸
	正黄正红	城正南及西南	东至依敏河，西至辉河，南至喀拉图山，北至锡伯山
	厢红厢蓝	城正南	东至鄂依那河，西至辉河，南至依敏河上游，北至喀拉图山

续表

事别 部别	旗别	方向	牧地界至
新巴尔虎	厢白	城正西	东至哈勒干特依，西至呼伦湖，南至滚诺尔泡，北至布木博诺尔泡
	正蓝	城西南	东至辉河，西至外蒙界诺们汗布尔都卡墩，南至哈达盖图河，北至滚诺尔泡
	厢红厢蓝	城正西 及西南	东至乌尔顺河，西至胡尔海图卡伦，南至贝尔湖，北至克鲁伦河
	厢黄正白	城正西	东至公诺尔泡，西至乌尔顺河，南至西林胡都克卡伦，北至呼伦湖
	正黄正红	城西北	东至乌尔顺河，西至外蒙界西巴尔图等卡伦，南至都兰哈拉山，北至沿边察罕敖拉等卡伦
陈巴尔虎	厢白正蓝	城正北	东至库勒都尔河，西至西林布尔都泡，南至辉河，北至孟克西里，额尔得尼托罗辉二卡伦
额鲁特	厢黄	城东南	东至库克奇罗山，西至依敏河之喀拉胡吉尔泡，南至毕鲁图和硕山，北至西尼克河
鄂伦春	厢蓝两佐	城东及 东北	海拉尔，库勒都尔札敦各河源东北，墨尔根，诺敏，讷们雅勒各河源及兴安岭一带星散而居，游猎为生
备考			按：本境蒙旗牧界系清雍正时所划分，陈巴尔虎厢白正蓝二旗原隶索伦部下。民国八年，陈巴尔虎脱离勃伦自为一部，增设总营一员，牧界仍旧。又查照十一年份全境蒙旗各种牧畜数，计骆驼七千余头，马十八万二千余匹，牛十四万三千余头，羊一百四十一万余只，汉人及俄侨牧畜尚不在内，牧畜之繁可以概见

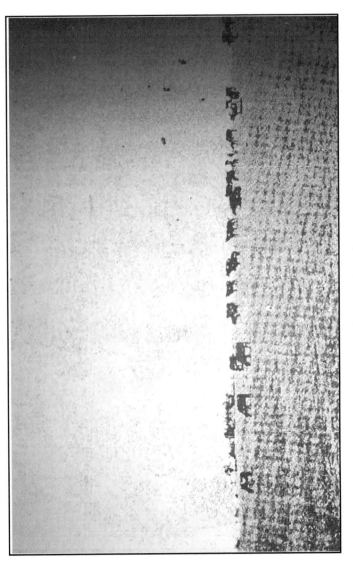

蒙边牧群

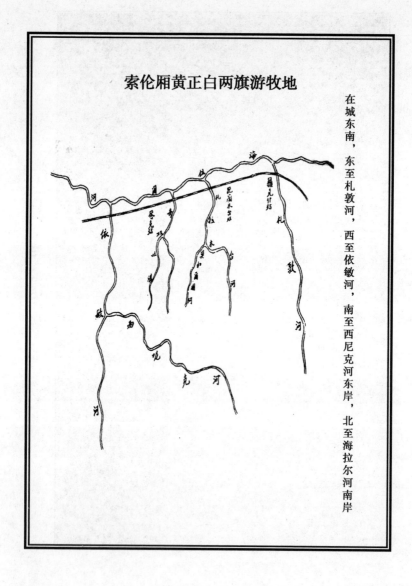

索伦厢黄正白两旗游牧地

在城东南，东至札敦河，西至依敏河，南至西尼克河东岸，北至海拉尔河南岸

陈巴尔虎厢白、正蓝两旗游牧地

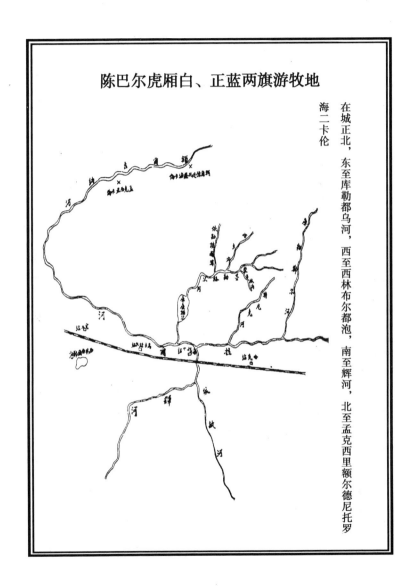

在城正北，东至库勒都乌河，西至西林布尔都泡，南至辉河，北至孟克西里额尔德尼托罗海二卡伦

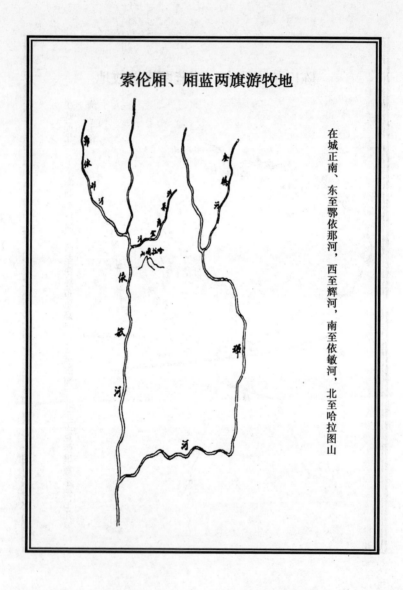

索伦厢、厢蓝两旗游牧地

在城正南、东至鄂依那河，西至辉河，南至依敏河，北至哈拉图山

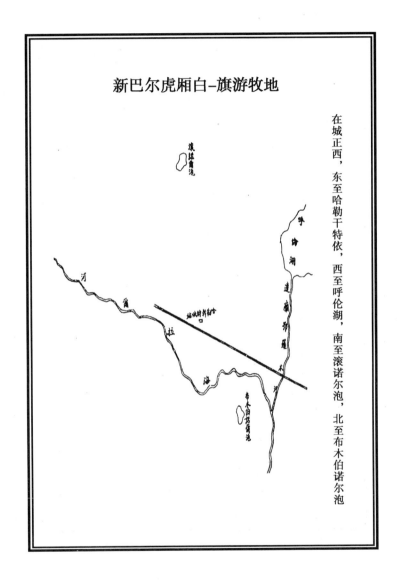

新巴尔虎厢白-旗游牧地

在城正西，东至哈勒干特依，西至呼伦湖，南至滚诺尔泡，北至布木伯诺尔泡

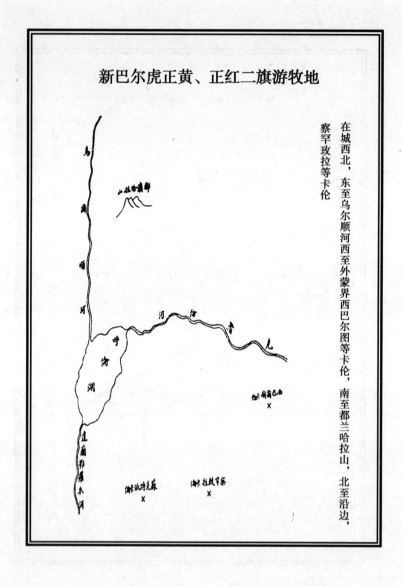

新巴尔虎正黄、正红二旗游牧地

在城西北，东至乌尔顺河西至外蒙界西巴尔图等卡伦，南至都兰哈拉山，北至沿边，察罕玫拉等卡伦

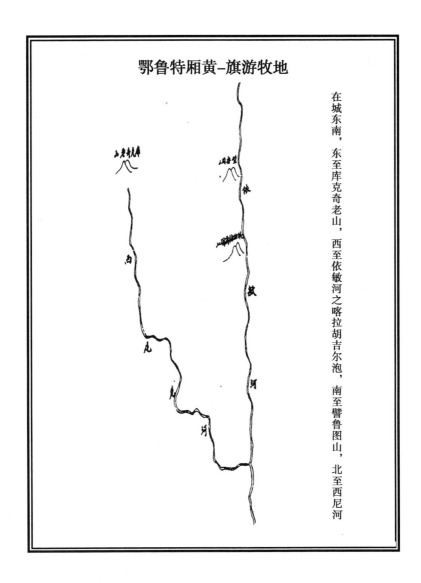

鄂鲁特厢黄—旗游牧地

在城东南，东至库克奇老山，西至依敏河之喀拉胡吉尔泡，南至譬鲁图山，北至西尼河

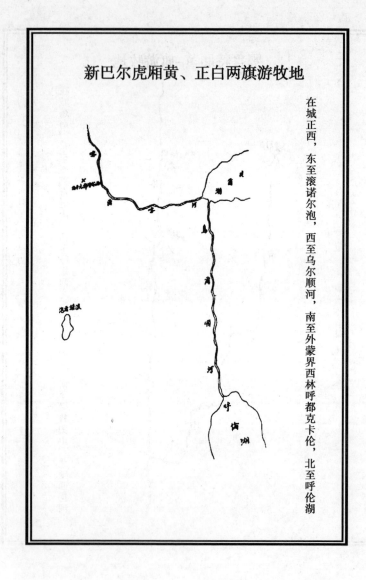

新巴尔虎厢黄、正白两旗游牧地

在城正西，东至滚诺尔泡，西至乌尔顺河，南至外蒙界西林呼都克卡伦，北至呼伦湖

索伦正黄、正红两旗游牧地

在城正南，东至依敏河，西至辉河，南至哈拉图山，北至锡伯山

新巴尔虎厢红、厢蓝两旗游牧地

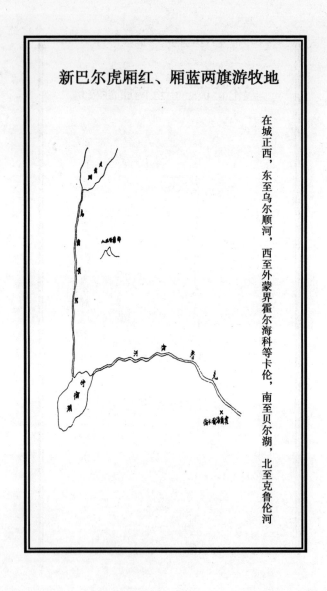

在城正西，东至乌尔顺河，西至外蒙界霍尔海科等卡伦，南至贝尔湖，北至克鲁伦河

新巴尔虎正蓝旗-游牧地

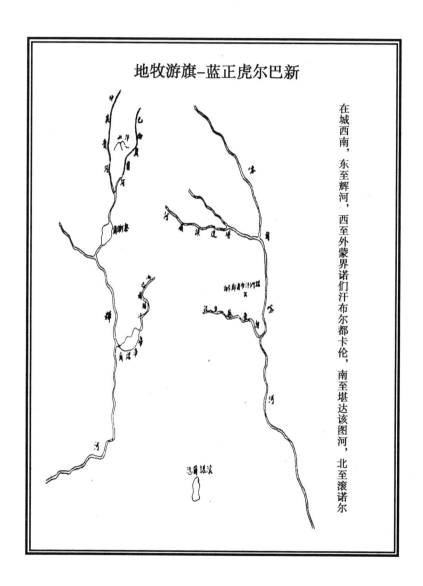

在城西南，东至辉河，西至外蒙界诺们汗布尔都卡伦，南至堪达该图河，北至滚诺尔

森　林

呼伦贝尔一大区域富有天然森林，面积广阔，多依山脉以繁滋。兴安岭为森林主脉，伊勒呼里山次之，循兴安岭迤东而北，幽谷深岩，蒙茏翁郁，翳蔽数百里，天日为遮，林木丰茂可想而知。惟以交通阻塞，采伐运输向叹困难。自然之利遗弃，殊为可惜。兹就已办林场列表以著梗概，其林壑深邃樵采未及之区姑从缺焉。

林业表

采木区域	方向	面积	木材种类	承领采伐者	附记
中东路西线，兴安、宜立克都、乌奴尔、免渡河四车站之北方，霍尔果车站之南	东北		黄花松、桦、杨、柞、杉	中日俄合办札免公司	旧为俄商谢夫谦克承办。其林区详合同表民国十一年合同取消，改归中日俄三方合办
梅拉尔河各河源及支流一带地方	东南	300方里	松、桦、椴、杉	俄商卧伦错夫	
洪果勒津	正南	700方里	松、桦	俄商义什马果夫	洪果勒津系河名，土人转音呼作红花尔集

续表

采木区域	方向	面积	木材种类	承领采伐者	附记
贝子河	东北			俄商马尔车夫斯克	贝斯得尔河转音作贝子河，即牛尔河，此区域已停采伐四年
备考	右表林业各商除札免公司外，均为蒙旗自治时与俄人所订之契约，现以履行纳税未曾收回。查境内林木，除表列林场及铁路公司改订合同所载之火燎沟三处（详见外交门）外，室韦、奇乾两县界、兴安岭一带弥漫无际，所产尤多。海拉尔迤东及南北三面木产以黄花松占半数，柞、桦、椴三种占半数。根河、小河子等处所产亦夥。又，境内木植材薪各半，各林场采伐每岁输于哈尔滨、齐齐哈尔、满洲里及距车站稍远地，约共大洋十万余元。按：谢夫谦克林场合同未取消以前，谢氏勾结日人参加合同，谬以兴安岭西华人李德才等经营之兴安岭采木公司领到林区疙疸沟、羊圈沟二处。谓为越界盗伐，武力强占致起交涉。嗣将谢氏合同取消，争议始寝。此项林区查非隶属，本境表不列及				

程督办巡视扎兔公司林区摄影

札兔公司林区

札免公司林区办事处

渔　猎

本属境内河泊与森林綦多，河泊多则产鱼富，森林多则藏兽众。渔猎二业诚为天然之利。然地处边荒，蒙人生计游牧而外鲜及其他，且以鱼为马魂，禁捕甚严。近十余年来，渐明此说之不足信，禁令以弛。而适值蒙旗自治时代，俄人乘机觊觎，订立各种合同，实以渔业为多，《蒙旗复治始末记》中表载綦详。复治以后，对于局部私订之合同几费周折，渐次取消。渔业事宜，改归征收局管理。兹就其出租起数及纳税细数立表，以附于篇。至狩猎事业，惟兴安岭北鄂伦春人以之为生活，徒以林密山深稽察匪易，遂多俄人私猎。近为整顿起见，就产兽最多之奇乾县发放狩猎证书以便盘查。藉收费用拨作游击队经费，呈准有案，此后猎术日益精研，多辟猎狩场所，亦角技讲武之道也。

渔业表

地点	承租商人		年纳租税总额
	姓名	国籍	
贝尔湖	巴里梭夫	俄国	1 750 元
	劳继母	俄国	600 元
	沙别巫根	俄国	300 元

续表

地点	承租商人		年纳租税总额
	姓名	国籍	
大赉湖	葛大夫	俄国	300 元
	古是麻金	俄国	300 元
	午力必果夫	俄国	5 000 元
克鲁伦河 乌尔顺河	于果落	本国	300 元
	侯辑五	本国	300 元
	洪兴泉	本国	300 元
备考	按：贝尔湖渔业，俄人瓦大果夫前订合同业已取消，收归省办。表载贝尔湖租出地点不在省办界限以内。又，大赉湖即呼伦湖。土人称为大赉。汉曰达赉诺尔。兹依原租约注载。查全境河湖鱼产丰富，现以每年捕获供给本境人食料外，所余闲夥拟招商创办一制鱼公司兼及牛羊肉类装罐，出运利用土产亦地方收入之大宗也		

物　产

　　呼伦贝尔地势广漠，天时恒寒。视中土自然较殊，而视察土宜山林。川泽原湿，间富有生殖。地壳积层中蕴藏深厚。地理上所渲染，亦不无方物之贡献。兹就调查所得动、植、矿三种与盐碱各宗分类列表以详之，俄人移存矿质物并附及焉。

动物表

类别	名称	产地	附记
家禽	鸡	全境各县	
	鸭	全境各县	
	鹅	全境各县	
野禽	大雁	全境各县	
	花雕	全境各县	
	天鹅	室、奇两县	色洁白，高约二尺，肉肥美可食
	灰鹤	室、奇两县	一名土鹅
	鹰	全境各县	
	乌鸡	室、奇两县	
	沙鸡	室、奇两县	鸠形，鹌毛，足高二寸，肉细味美，远胜家鸡

续表1

类别	名称	产地	附记
野禽	飞龙	室、奇两县	《黑龙江外纪》曰飞龙，即裴耶楞古之转音也。形如雌雉，足小，有毛，肉细嫩味美，于雉汤尤鲜。然较雉难得，多在深林密数。《外纪》又云汉人谓为树鸡。其实树鸡别有一物。《尔雅》注：鸠生北方沙漠者，大如鸽形，似雌雉。鼠脚，无后趾，歧尾。为鸟憨急群飞。《本草释名》突厥雀，即尔雅北方之鸠。《本草集解》突厥雀生塞北，状如雀，而身赤。考之诸书，殆即飞龙之一物也。清时以充贡品
	山鸡	全境各县	室、奇两县
	野鸡	全境各县	
	树鸡	全境各县	形似家鸡而大，味不甚美。《本草》谓木耳为树鸡。盖异物而同名也
	野鸭	全境各县	
	鹌鹑	全境各县	
	乌鸦	全境各县	
	百灵	全境各县	
	喜鹊	全境各县	
家畜	骆驼	全境蒙旗牧地	负重行远，绒毛为大宗原料
	马	全境蒙旗牧地	骨骼不甚高大，多力善骑。本境为产马区，土人有阿敦者十家而九（阿敦译名牧群）。市易者于夏秋间来伦采购。昔军将塔尔岱尔一良马久从行阵无一蹶之失。敕赐鄂尔哲依图（满语有寿）、阿尔萨郎（满语狮子）名号，马产之良骏可知
	牛	全境蒙旗牧地	不事耕作，以肉与乳供大宗食料，皮毛充作原料
	羊	全境蒙旗牧地	有黑白二种，除供食料外，其皮皆可制裘，黑羔而紫根者为尤贵重。熟皮方法，土人以硝，蒙人以牛乳
	豕	全境各县	类多白毛，畜者无多
	犬	全境各县	有家犬、田犬、野犬之别
	猫	全境各县	

续表2

类别	名称	产地	附记
野兽	虎	室韦、奇乾	
	豹	室韦、奇乾	
	熊	室韦、奇乾	
	鹿	室韦、奇乾	
	獐	室韦、奇乾	
	麋	室韦、奇乾	毛不挂霜，而易落服之者少。多为车帷等用，肉为御冬美味
	貂	室韦、奇乾	有黄黑二色。性畏人声，如鼠入山。采捕利在大雪，貂见捕匿穴者易得。升木稍难入罅中，则无计可施。猎者以犬为前躯，停嗅深草间知貂所在，伺其出而擒之。貂爱其毛，亦不自戕，因生致之。昔年商人入山往往以一易釜数貂，今则一貂百釜不足当矣。清时为最重贡品，本境出产近亦罕少
	猞猁狲	室韦、奇乾	满语曰西伦转为舒伦。虞人讳其名，隐语为威呼肯孤尔孤（威呼肯，轻也。孤尔孤，兽也）。能升木，最趫捷。其毒在溺，不谨防之著衣上，肌肤立溃。境内出产甚稀
	堪达罕	境内大山	一名驼鹿，或作堪达罕。背上、项下状类骆驼。毛苍黄色，体高大，重或千斤。性驯，行水尤速。角长大，色如象齿，制为射玦，盛暑无秽气。食其鼻，味至美，世以比之猩唇、熊掌云
	四不相	奇乾县界	鹿类。土人呼为四不相。以此兽鹿头、驴嘴、牛蹄而名。毛灰黑色。性驯耐劳，能负重。散处林中，以木击树，闻声群集。舐以盐则去。喜食苔，常居山阴。鄂伦春人呼之曰沃利恩，视为驱役之利用品，所谓使鹿部也。《异域录》称为角鹿。《清文汇》书云角鹿。牝牡皆有角，食苔。满语谓之鄂伦布呼

续表3

类别	名称	产地	附记
野兽	狐	全境各县	有火狐、沙狐二种
	貉	全境各县	
	野猪	全境各县	其威在牙，露吻外，马尾一拂万茎俱断，力猛难制。惟以猎犬啮其势能致之死
	狼	全境各县	室韦为多
	黄羊	全境各县	状类狍、白肚，河坞为多
	水獭	全境各县	
	旱獭	全境各县	穴居小兽也。《黑龙江外纪》谓为獭尔。毛色如土，不甚暖。昔惟贫者服用，今为出口大宗。相传此兽具有智识，其穴内构造如人之室壁，井然有序。又其为穴出积土，一仰卧载土，众衔尾曳之，既而载土者背毛尽脱，仅存鞟，故有奴才獭尔之称。近以此兽皮肉为传染鼠疫之媒，厉行禁止捕猎矣
	獾	全境各县	
	兔	全境各县	
	灰鼠	室韦奇乾	尾足时掉置背上自覆其首
	鼢鼠	全境各县	穴地，行经过处踏之成坑。坎马行道上，往往陷入，多鼢鼠也。俗呼粪鼠子
水族	蛇	全境各县	
	鲤鱼	境内河湖	大者重十四五斤，为水产大宗。呼伦、贝尔两湖尤多
	鲫鱼	境内河湖	
	鲇鱼	境内河湖	二种。黑皮黄鳞无须者，曰花鲇鱼
	黄鱼	额尔古讷河、室奇两县界	方口大者，重五六百斤。其骨尤为珍品，以充筵席，比之海参鱼翅云

续表 4

类别	名称	产地	附记
水族	屈尔富子	额尔古讷河、室奇两县界	又名小黄鱼。尖嘴大者重二十余斤。《黑龙江外纪》谓之屈尔富子
	白鱼	额尔古讷河、室奇两县界	《黑龙江外纪》作哲绿
	细鳞	境内河湖	《黑龙江外纪》作纽摩顺
	重唇	境内河湖	黑尾，俗名虫虫。《黑龙江外纪》同俗称。大者重四五斤
	红尾鱼	境内河湖	大者重四五斤，俄名秋巴克
	勾星	境内河湖	一作勾辛，俗又作狗猩。长喙，鳞如星。以箸探口中，齿不释。置之釜中，犹跃跃欲出
	华子	境内河湖	
	穿钉子	境内河湖	
	拉蛄	奇乾县界	
	江蛤	奇乾县界	
备考	右表动物以驼马牛羊四种为主要物产，额总数详牧畜门。如沙鸡、飞龙、四不相、堪达罕、紫羊羔、旱獭等物，均为特产。其制造原料，则以驼绒、牛羊、皮毛为输出大宗		

植物表

类别	名称	产地	附记
禾稼	大麦	全境各县	
	小麦	全境各县	
	穄子	全境各县	《说文》穄糜也。《广韵》糜祭别名，或作糜，亦通俗作稷
	油麦	全境各县	俄名牙力茨磨，为面作黑面包
	荞麦	全境各县	
	铃铛麦	全境各县	为养牲之饲料
菜蔬	白菜	全境各县	
	老羌菜	全境各县	俄种。土人名大头白菜，抽薹如蒿，高尺许，其巅叶叶相抱，取次而舒；已舒之叶，老不堪食。割球烹之，味甚美，昔以充贡
	马铃薯	全境各县	为出产大宗俄人以造西皮酒
	菠菜	全境各县	
	芸豆	全境各县	
	茄子	全境各县	
	芹菜	全境各县	有家植、野生二种
	萝卜	全境各县	有红白二种
	西葫芦	全境各县	
	金针菜	全境各县	俗名黄花菜，野生甚夥
	葱	全境各县	有家植、野生二种
	韭	全境各县	有家植、野生二种
	椒	全境各县	
	蒜	全境各县	
	白蘑	呼伦、胪滨	菌类。色白，味厚，汤尤鲜美。为境内特产，产出地点曰蘑菇圈，多在游牧草甸。相传为牛羊血入地所生
	桦蘑	胪、室、奇三县	生蘑树上，俗曰猴头，以其形似而名。烹饪食之，味最鲜美
	草蘑	全境各县	为腐草所生，味逊白蘑，不甚贵重

续表1

类别	名称	产地	附记
菜蔬	花脸蘑	全境各县	味与草蘑等，以有黑斑点而名
	木耳	室韦、奇乾	檽类。本草地生，曰菌木。生曰檽。境内丛林多有之，兴安岭产尤佳。味亚白蘑。一名树鸡，见本草
瓜果	王瓜	全境各县	
	倭瓜	全境各县	
	杜实	全境各县	一作都司。味酸实小而赤，似桑葚
	鸦格达	全境各县	俄名，可造色酒
	高丽果	全境各县	俄人用以制糖酱
	李子	全境各县	有红、黑二种
	山梨红	全境各县	
	野葡萄	全境各县	
	羊奶子	全境各县	丛生，实如羊奶，味甜
草木	羊草	全境各县	一名羊胡草。色青，茎细而长，末圆劲如松针。光滑油润，居人以时刈而积之经冬不变。饲养牲畜为天然之刍秣，不加豆粟而茁壮异常。《五代史》契丹境泽有息鸡草，味美而本大，马食易饱。今之羊草饲畜饱而肥泽，殆所谓息鸡草也。唐人诗作席箕
	樟松	全境各县	多生山阳，质胜杉松，产量极多，为用殊广
	杉松	全境各县	
	果松	全境各县	
	赤松	伊勒呼里山脉	出产无多

续表 2

类别	名称	产地	附记
草木	黄花松	全境各县	海拉尔北南东三方。此木产量约占半数，中日俄扎免公司采木林区亦以此为大宗
	意气松	全境各县	一作伊齐。性燥易裂，入土则裂者复合，坚如石为境内出产大宗
	叶松	全境各县	奇乾产出为多
	柏木	全境各县	
	桦木	全境各县	皮有黑白二。色黑质坚，类柞无大材。白者为用至广，境内产量极多。鄂伦春人冠履、器具、庐帐、舟车皆桦为之，详备考
	椴木	全境各县	
	柞木	全境各县	
	杨木	全境各县	
	柳木	全境各县	
	柳条通	全境各县	丛生。伐之编笆篱及各种器物，兼作薪柴
	山梨木	全境各县	
	榆木	全境各县	出产无多
	达子香	全境各县	灌木类。枝细，根最大可制器具。春夏间开花，粉红色，为俄人所喜食
药材	地黄	奇乾	
	黄耆	奇乾	
	黄连	奇乾	
	黄芩	奇乾	
	防风	奇乾	
	柴胡	奇乾	
	荆芥	奇乾	
	地榆	奇乾	
	益母草	奇乾	花分红白二色。山里者白，人迹所经则变白为红
	菊花	奇乾	
	瞿麦	奇乾	
	扁蓄	奇乾	

续表3

类别	名称	产地	附记
备考			右表植物以羊草、松桦木为大宗，白蘑、猴头为特产。案：桦木为用，自古已著玉篇。木皮可以为烛，通作华。《庄子·让王篇》原宪华冠，纵履注以华皮为冠。宋洪皓使金流冷陉（即今外蒙之肯特山）十五年，以桦皮习书，教授弟子远近向慕。司马相如《上林赋》华枫枰栌，颜师古注华，即今桦皮贴弓者。《唐韵》获同桦。《尔雅·释木》获落注可为杯器。《诗·小雅》无浸获薪。陆机疏获柳榆也。其叶如榆。其皮坚韧，剥之长数尺，可为恒。索其材，可为杯器。今考桦皮似山桃，有花纹紫黑。色泽而白者为香桦。皱而苍者为臭桦。傅皮两层外白内紫，厚二三分，卷之可引火，可制冠，可造履，可裹弓。背可贴车为盖、为穹庐、为札哈、为角吹。纵缝之为斗斛，大担水，小盛米面，谓之桦皮斗。俄人则雕镂精巧成极小物，以贮槟榔与鼻烟，曰老羌斗。其干则宜鞍板，宜刀柄，宜寻常用器，宜烧炭，宜铁道枕木。其枝宜箭干，为清时之贡品。又《英和卜魁纪略》云："桦木外皮为暖，内皮为桦，皆可以饰器。考暖木名也，入水久化为石曰安石。可为镞，肃慎氏之石砮即此。因其类松而小遂相化为松，化唐之仆骨康干石，清之瀛台，木变石当，即暖也。《纪略》谓桦即暖确否，虽未可知，然桦木用途至广。可据《本草》，桦生西北阴寒地，味苦，气平无毒。乳痈腐烂，以年久桦皮烧灰冲酒，日服一钱，可此愈。此其用又通于医矣

矿产表一

类别 事别 矿别	地点	面积	发现年月	办理公司名称	矿商或主任及发现人姓名	办理情形及出产量	附记
现办　煤	庐滨县属扎兰诺尔	16方里	光绪二十五年	东省铁路公司煤矿	铁路公司承办包工人斜皆司	办理尚称完善，每日可出煤三万甫子	矿区在铁路两旁六千响之内。北满一带及东省铁路赖此为燃料
煤	庐滨县属查罕敖拉	18方里	宣统三年	意大利商别力林诺	别力林诺、马落筛落	人工机力兼作，产量适敷发售数	此矿无铁道，用马车拉运。于民国十一年十一月，省长令广信公司以金卢布十四万八千元买收自办
金	室韦县东南吉拉林沟	40方里	光绪二十八年	黑龙江广信公司	主任王清祥	沟沙全产五枣约千矿已老残年约九百尼克	此矿于光绪二十八年由俄人越界探采发现后，经商人龚太山于光绪三十一年禀请开采，旋以资本不继收归官办。蒙人自治，契租俄公司接办。民国九年收回，由广信公司承办

续表1

事别 类矿 别别		地点	面积	发现年月	办理公司名称	矿商或主任及发现人姓名	办理情形及出产量	附记
现办	金	奇乾县属奇乾河	300方里	光绪十八年	黑龙江广信公司	主任宋荣甲	法流五一。官发小五一矿子。按碛淘金自备口粮。金由官家收买，每年约出金沙五六甫子。其有班四十人一班。官家垫口股子六人一班。	此矿初由俄人发现，光绪二十年收归北洋。庚子乱后，被俄人占有。三十三年收回，华商姜华堂接办。宣统二年，复归北洋。三年蒙古独立后，归黑龙江官办。民国八年，归并广信公司
已废	金	室韦县吉林子河上游，地名要班	10方里	光绪二十四年				初有华人私采，后有俄人接采，今已废置。金厂在山沟中，已作之碛眼甚多，沙堆层积
		奇乾县牛尔河卡界阿木毗河	80方里					矿地俗名安皮户，为昔时已作之官金矿

续表2

类别 \ 矿别		地点	面积	发现年月	办理公司名称	矿商或主任及发现人姓名	办理情形及出产量	附记
已废	金	奇乾县乌玛河上游						昔时已作之官金矿，久已废置
		奇乾县伊穆河卡界吉格达河						昔时已作之官金矿，久已废置
		奇乾县伊穆河卡界达克奇						已发现，无人承办
		奇乾县牛尔河卡界贝斯得尔河						同
未开	铁	室韦县吉拉林南铁现山		光绪三十四年		发现人赵春芳		赵春芳调查至该处，见石中含有铁质，遂以名山书，标立石山下志之，至今尚未开采
	粘土	室韦县河坞		民国十年		发现人王善彰		
	煤油	胪滨县属察罕敖拉		民国九年		采得人意商别林		此矿在煤矿左近四十里内，矿业极大。拟俟煤矿收回后开采
备考		右表系就曾经开采及勘得矿苗处所计之，此外未经发现者尚夥，矿产之富可见一斑						

矿产表二

产地别	矿石别	探采者及采得地	采得年月	署存标本号数	原册号数
爱泯河	石英（硅石）	俄人任列子聂阔夫及梭洛沃罗夫在尧根那木吉采取	西历1915年2月至3月	二〇二三	第一
同	石英绿泥石	同	同	二〇二四	第二
同	圆细石	同	同	二〇二五	第三
同	石英（硅石）	同	同	二〇二六	第四
同	未详	同	同	二〇二七	第五
同	石灰质类	同	同	二〇二八	第六
同	石英沙	同	同	二〇二九	第七
同	石灰质类	同	同	二〇三〇	第八
同	未详	同	同	二〇三一	第九
同	片麻石	同	同	二〇三二	第一〇
同	火山石类	同	同	二〇三三	第一一
同	片麻石	同	同	二〇三四	第一二
桀清河	同	同	同	二〇三五	第一三
同	层石类	同	同	二〇三六	第一四
同	火山石类	同	同	二〇三七	第一五
胡英沟	未详	同	同	二〇三八	第一六
同	粘土板石	同	同	二〇三九	第一七
同	清砂砾	同	同	二〇四〇	第一八
同	清砂砾类	同	同	二〇四一	第一九
同	未详	同	同	二〇四二	第二〇
同	石英	同	同	二〇四三	第二一
同	未详	同	同	二〇四四	第二二
同	石英	同	同	二〇四五	第二三

续表1

产地别	矿石别	探采者及采得地	采得年月	署存标本号数	原册号数
玡琅根河	石英	俄人潘洛夫在额尔古讷河右支流玡琅根河及其附近采取	未详	二〇四六	第一
同	黑栗色石	同	同	二〇四七	第二
同	同	同	同	二〇四八	第三
同	石英	同	同	二〇四九	第四
同	黑栗色石	同	同	二〇五〇	第五
同	石英	同	同	二〇五一	第六
同	黑栗色石	同	同	二〇五二	第七
兴干河	同	同	同	二〇五三	第八
同	白斑红石	同	同	二〇五四	第九
同	同	同	同	二〇五五	第一〇
未详	同	同	同	二〇五六	第一一
奇乾河	同	同	同	二〇五七	第一二
未详	花岗岩	同	同	二〇五八	第一三
同	同	同	同	二〇五九	第一四
同	白斑红石	同	同	二〇六〇	第一五
海拉尔河系泯得若戈罗支流	同	俄人苏拉麻斯克及亚特罗夫在长河采取	西历1915年2月	二〇六一	第一
同	同	同	同	二〇六二	第二
海拉尔河左岸，得任洛木切河右支流，莫家若戈洛河	白斑石	同	同	二〇六三	第三
同	同	同	同	二〇六四	第四

续表 2

产地别	矿石别	探采者及采得地	采得年月	署存标本号数	原册号数
同	同	同	同	二〇六五	第五
同	同	同	同	二〇六六	第六
珸琅孤河附近	未详	俄人怕尧在额尔古那右支流珸琅孤河及其附近采取	西历1915年2月	二〇六七	第一
同	绿泥石之片麻石	同	同	二〇六八	第二
同	未详	同	同	二〇六九	第三
同	片麻石	同	同	二〇七〇	第四
同	板石	同	同	二〇七一	第五
罗利大活耶苏木庙上八俄里爱泯河右	未详	俄人富拉蒲、若勒维利、堪票特罗夫三人在爱泯河右支流亚杜尔河采取	西历1914年1月	二〇七二	第一
距皮六道村二俄里道右	白斑红石	同	同	二〇七三	第二
红孤利日村爱泯河右岸	雷石	同	同	二〇七四	第三
同	同	同	同	二〇七五	第四
同	同	同	同	二〇七六	第五
由红孤利日村赴多洛文道旁泯河右岸	同	同	同	二〇七七	第六

续表3

产地别	矿石别	探采者及采得地	采得年月	署存标本号数	原册号数
同	石灰类	同	同	二〇七八	第七
同	花岗石	同	同	二〇七九	第八
同	同	同	同	二〇八〇	第九
距九条产地二俄里	大理石	同	同	二〇八一	第一〇
距十条产地半俄里	片麻石	同	同	二〇八二	第一一
距十一条产地二俄里	绿泥石之花岗石	同	同	二〇八三	第一二
穆戈良耳河上游	花岗石	同	同	二〇八四	第一三
同	同	同	同	二〇八五	第一四
距十四条上游三俄里	白斑红石	同	同	二〇八六	第一五
距十五条产地上游半俄里	同	同	同	二〇八七	第一六
亚杜耳河	角闪石之花岗石	同	同	二〇八八	第一七
同	喷火山石类	同	同	二〇八九	第一八
同	同	同	同	二〇九〇	第一九
同	同	同	同	二〇九一	第二〇
同	同	同	同	二〇九二	第二一
同	同	同	同	二〇九三	第二二
亚杜耳河往尧根那木基渡口	白斑红石	同	同	二〇九四	第二三

续表 4

产地别	矿石别	探采者及采得地	采得年月	署存标本号数	原册号数
散达勒河对岸	同	同	同	二〇九五	第二四
距二十四条产地上游二俄里	花岗石	同	同	二〇九六	第二五
吉拉林毕拉尔河附近亚杜尔河	同	同	同	二〇九七	第二六
由亚杜尔河上游下入尧根那木基地方	同	同	同	二〇九八	第二七
尧根那木基河	片麻石	同	同	二〇九九	第二八
赤根那木基河右支流别力赤尔河	片麻石及花岗石	同	同	二一〇〇	第二九
同	片麻石	同	同	二一〇一	第三〇
同	石灰类	同	同	二一〇二	第三一
同	五金石板	同	同	二一〇三	第三二
尧根那木吉河左岸	白斑红石	同	同	二一〇四	第三三
爱泯河尧根那木基河入口下游	石灰类	同	同	二一〇五	第三四
爱泯河	片麻石	同	同	二一〇六	第三五
同	石灰类	同	同	二一〇七	第三六
同	白斑红石	同	同	二一〇八	第三七
同	同	同	同	二一〇九	第三八

续表 5

产地别	矿石别	探采者及采采地	采得年月	署存标本号数	原册号数
爱泯河流入塌尔嘎河下游	石灰类	同	同	二一〇	第三九
同	花岗石	同	同	二一一	第四〇
同	石灰类	同	同	二一二	第四一
同	同	同	同	二一三	第四二
红孤勒日河口爱泯河	同	同	同	二一四	第四三
同	粘土板石	同	同	二一五	第四四
同	板石	同	同	二一六	第四五
红孤勒日村爱泯河	同	同	同	二一七	第四六
同	石英	同	同	二一八	第四七
同	石英结晶体	同	同	二一九	第四八
同	同	同	同	二一〇	第四九
同	同	同	同	二二一	第五〇
同	花岗石类	同	同	二二二	第五一
同	同	同	同	二二三	第五二
同	板石	同	同	二二四	第五三
同	群集花岗石	同	同	二二五	第五四
布尔河上游额尔古那河右支流	同	俄人怕克及潘非洛夫在海拉尔采取	西历1915年1月至4月	二二六	第二一
布尔河上游	未详	同	同	二二七	第二二

续表6

产地别	矿石别	探采者及采得地	采得年月	署存标本号数	原册号数
距克拉矣河口二俄里亚伦河右	同	同	同	二一二八	第二三
塔尔巴嘎戈泉木	同	同	同	二一二九	第二四
同	同	同	同	二一三〇	第二五
喀尔湾右	同	同	同	二一三一	第二六
别利作瓦河床	白斑红石三种	同	同	二一三二	第二七
桀尔布勒河左支流	未详	同	同	二一三三	第二八
同	同	同	同	二一三四	第二九
同	黑红石类	同	同	二一三五	第三〇
小杜波夫河	同	同	同	二一三六	第三一
桀尔布勒河	未详	同	同	二一三七	第三二
同	同	同	同	二一三八	第三三
室韦河上游	白斑红石	同	同	二一三九	第三四
喀拉湾河	多种花岗石	同	同	二一四〇	第三五
同	绿泥板石	同	同	二一四一	第三六
同	花岗石类	同	同	二一四二	第三七
同	未详	同	同	二一四三	第三八
同	花岗石类	同	同	二一四四	第三九
兴干河	黑红石类	同	同	二一四五	第四〇
同	岩石类	同	同	二一四六	第四一
瑯瑯瑯河	灰花岗石类	同	同	二一四七	第四二

续表7

产地别	矿石别	探采者及采得地	采得年月	署存标本号数	原册号数
同	板石	同	同	二一四八	第四三
同	同	同	同	二一四九	第四四
同	同	同	同	二一五〇	第四五
同	花岗石	同	同	二一五一	第四六
同	石英	同	同	二一五二	第四七
托尔巴嘎泉上游	花岗石	同	同	二一五三	第四八
未详	同	同	同	二一五四	第四九
同	石英	同	同	二一五五	第五〇
同	未详	同	同	二一五六	第五一
同	同	同	同	二一五七	第五二
同	同	同	同	二一五八	第五三
同	同	同	同	二一五九	第五四
同	同	同	同	二一六〇	第五五
同	同	同	同	二一六一	第五六
同	同	同	同	二一六二	第五七
同	同	同	同	二一六三	第五八
同	同	同	同	二一六四	第五九
同	同	同	同	二一六五	第六〇
乌瑯斯克河	杂种闪花圆状矿石	同	同	二一六六	第六一
同	未详	同	同	二一六七	第六二
同	铁花岗石类	同	同	二一六八	第六三
义尔尼赤诺以河口	板石	同	同	二一六九	第六四
同	石英	同	同	二一七〇	第六五
同	绿泥片麻石	同	同	二一七一	第六六
同	栗色铁石类	同	同	二一七二	第六七

续表 8

产地别	矿石别	探采者及采得地	采得年月	署存标本号数	原册号数
同	大理石	同	同	二一七三	第六八
同	未详	同	同	二一七四	第六九
额尔古讷河右支流	同	同	同	二一七五	第七〇
同	同	同	同	二一七六	第七一
同	黑红石	同	同	二一七七	第七二
大阔茹尔特	花岗板石类	同	同	二一七八	第七三
小阔茹尔特	粘土板石类	同	同	二一七九	第七四
库得茹尔托亚河	粘土矿石	同	同	二一八〇	第七五
同	粘土栗色铁石	同	同	二一八一	第七六
同	板石	同	同	二一八二	第七七
同	未详	同	同	二一八三	第七八
卜尔河	同	同	同	二一八四	第七九
雅尔得那泉河口	同	同	同	二一八五	第八〇
同	同	同	同	二一八六	第八一
义尔尼诺木河	同	同	同	二一八七	第八二
同	同	同	同	二一八八	第八三
义尔尼赤诺以河左方	同	同	同	二一八九	第八四
同	同	同	同	二一九〇	第八五
同	同	同	同	二一九一	第八六
同	黑灰色石	同	同	二一九二	第八七
同	薄层板石类	同	同	二一九三	第八八

续表 9

产地别	矿石别	探采者及采得地	采得年月	署存标本号数	原册号数
同	花岗石类	同	同	二一九四	第八九
萨克特泉	未详	同	同	二一九五	第九〇
萨克特山岭	同	同	同	二一九六	第九一
同	花岗石类	同	同	二一九七	第九二
寄沙脊左方	大粒状结晶石	同	同	二一九八	第九三
同	未详	同	同	二一九九	第九四
同	同	同	同	二二〇〇	第九五
未详	花岗石	俄人齐莫非也夫旅行时采得	西历1914年6月中	二二〇一	同
同	同	同	同	二二〇二	同
同	同	同	同	二二〇三	同
同	石英	同	同	二二〇四	同
同	同	同	同	二二〇五	同
同	未详	同	同	二二〇六	同
同	石英	同	同	二二〇七	同
同	花岗石	同	同	二二〇八	同
同	未详	同	同	二二〇九	同
同	同	同	同	二二一〇	同
同	花岗石	同	同	二二一一	同
同	未详	同	同	二二一二	同
同	同	同	同	二二一三	同
同	花岗石	同	同	二二一四	同
同	未详	同	同	二二一五	同
同	同	同	同	二二一六	同
同	同	同	同	二二一七	同
同	同	同	同	二二一八	同
同	同	同	同	二二一九	同
同	未详	同	同	二二二〇	同

续表 10

产地别	矿石别	探采者及采得地	采得年月	署存标本号数	原册号数
同	白斑红石	同	同	二二二一	同
同	未详	同	同	二二二二	同
同	同	同	同	二二二三	同
同	同	同	同	二二二四	同
同	同	同	同	二二二五	同
同	同	同	同	二二二六	同
同	同	同	同	二二二七	同
同	石英	同	同	二二二八	同
同	未详	同	同	二二二九	同
同	同	同	同	二二三〇	同
同	同	同	同	二二三一	同
同	同	同	同	二二三二	同
同	白斑红石	同	同	二二三三	同
同	同	同	同	二二三四	同
同	同	同	同	二二三五	同
同	未详	同	同	二二三六	同
同	同	同	同	二二三七	同
同	同	同	同	二二三八	同
同	同	同	同	二二三九	同
同	白斑红石	同	同	二二四〇	同
同	石灰类	同	同	二二四一	同
同	白斑红石	同	同	二二四二	同
同	未详	同	同	二二四三	同
同	白斑红石	同	同	二二四四	同
同	未详	同	同	二二四五	同
同	板石	同	同	二二四六	同
同	未详	同	同	二二四七	同
同	白斑红石	同	同	二二四八	同
同	花岗石之水晶石	同	同	二二四九	同
同	未详	同	同	二二五〇	同

续表 11

产地别	矿石别	探采者及采得地	采得年月	署存标本号数	原册号数
同	同	同	同	二二五一	同
同	同	同	同	二二五二	同
同	花岗石	同	同	二二五三	同
同	粘土板石	同	同	二二五四	同
同	花岗石及石英	同	同	二二五五	同
同	同	同	同	二二五六	同
同	花岗石	同	同	二二五七	同
同	石英	同	同	二二五八	同
同	花岗石	同	同	二二五九	同
同	同	同	同	二二六〇	同
同	同	同	同	二二六一	同
同	花岗石类	同	同	二二六二	同
同	同	同	同	二二六三	同
同	未详	同	同	二二六四	同
同	同	同	同	二二六五	同
同	角闪花岗石	同	同	二二六六	同
同	未详	同	同	二二六七	同
同	同	同	同	二二六八	同
同	同	同	同	二二六九	同
同	花岗石	同	同	二二七〇	同
同	未详	同	同	二二七一	同
同	同	同	同	二二七二	同
同	花岗石类	同	同	二二七三	同
同	未详	同	同	二二七四	同
同	花岗石类粒状结晶石	同	同	二二七五	同
同	未详	同	同	二二七六	同
同	同	同	同	二二七七	同
同	同	同	同	二二七八	同

续表 12

产地别	矿石别	探采者及采得地	采得年月	署存标本号数	原册号数
同	同	同	同	二二七九	同
同	石英	同	同	二二八〇	同
同	同	同	同	二二八一	同
同	同	同	同	二二八二	同
同	苦土云母片麻石	同	同	二二八三	同
同	未详	同	同	二二八四	同
同	同	同	同	二二八五	同
同	同	同	同	二二八六	同
同	花岗石类	同	同	二二八七	同
同	片麻石	同	同	二二八八	同
同	同	同	同	二二八九	同
同	石英	同	同	二二九〇	同
同	同	同	同	二二九一	同
同	未详	同	同	二二九二	同
同	同	同	同	二二九三	同
同	同	同	同	二二九四	同
同	同	同	同	二二九五	同
同	同	同	同	二二九六	同
同	同	同	同	二二九七	同
同	花岗石	同	同	二二九八	同
同	同	同	同	二二九九	同
同	未详	同	同	二三〇〇	同
同	同	同	同	二三〇一	同
同	花岗石	同	同	二三〇二	同
同	同	同	同	二三〇三	同
同	未详	同	同	二三〇四	同
同	同	同	同	二三〇五	同
同	石英	同	同	二三〇六	同
同	同	同	同	二三〇七	同
同	板石英	同	同	二三〇八	同

续表 13

产地别	矿石别	探采者及采得地	采得年月	署存标本号数	原册号数
同	未详	同	同	二三〇九	同
同	花岗石	同	同	二三一〇	同
同	板石	同	同	二三一一	同
同	花岗石	同	同	二三一二	同
同	板石	同	同	二三一三	同
同	未详	同	同	二三一四	同
同	同	同	同	二三一五	同
同	未详	同	同	二三一六	同
同	同	同	同	二三一七	同
同	同	同	同	二三一八	同
同	同	同	同	二三一九	同
同	花岗石	同	同	二三二〇	同
同	未详	同	同	二三二一	同
同	同	同	同	二三二二	同
同	花岗石	同	同	二三二三	同
同	同	同	同	二三二四	同
同	板石	同	同	二三二五	同
同	石英	同	同	二三二六	同
同	未详	同	同	二三二七	同
同	云母板石	同	同	二三二八	同
同	板石	同	同	二三二九	同
同	未详	同	同	二三三〇	同
同	同	同	同	二三三一	同
同	同	同	同	二三三二	同
同	同	同	同	二三三三	同
同	花岗石	同	同	二三三四	同
同	石英	同	同	二三三五	同
同	花岗石	同	同	二三三六	同
同	未详	同	同	二三三七	同
同	花岗石	同	同	二三三八	同
同	石英	同	同	二三三九	同

续表 14

产地别	矿石别	探采者及采得地	采得年月	署存标本号数	原册号数
同	花岗石	同	同	二三四〇	同
同	未详	同	同	二三四一	同
同	花岗石	同	同	二三四二	同
同	未详	同	同	二三四三	同
同	同	同	同	二三四四	同
同	花岗石	同	同	二三四五	同
同	同	同	同	二三四六	同
同	未详	同	同	二三四七	同
同	同	同	同	二三四八	同
同	同	同	同	二三四九	同
同	板石	同	同	二三五〇	同
萨克托戈小丘寄砂左面	绿栗色石	俄人怕克及潘非洛夫在琊琊河采得	西历 1915 年 5 月	二三五一	第九六
同	白斑红石类	同	同	二三五二	第九七
散托嘎和小岩左	同	同	同	二三五三	第九八
萨克托嘎和寄砂上游	同	同	同	二三五四	第九九
沃勒城对过	未详	同	同	二三五五	第一〇〇
同	白斑红石	同	同	二三五六	第一〇一
同	石英	同	同	二三五七	第一〇二
同	同	同	同	二三五八	第一〇三
得洛郭欠喀河口	未详	同	同	二三五九	第一〇四
得洛郭欠喀小丘	同	同	同	二三六〇	第一〇五
同	同	同	同	二三六一	第一〇六

续表 15

产地别	矿石别	探采者及采得地	采得年月	署存标本号数	原册号数
同	石英	同	同	二三六二	第一〇七
同	白斑红石	同	同	二三六三	第一〇八
沃洛城对过	同	同	同	二三六四	第一〇九
得洛郭欠喀小丘	未详	同	同	二三六五	第一一〇
同	同	同	同	二三六六	第一一一
同	玉石	同	同	二三六七	第一一二
河插河口地方	萤石及矿山水晶	同	同	二三六八	第一一三
室韦小丘	未详	同	同	二三六九	第一一四
室韦左面小丘	同	同	同	二三七〇	第一一五
室韦寄砂左面	同	同	同	二三七一	第一一六
同	同	同	同	二三七二	第一一七
西茶勒河浅坑	白斑红石	同	同	二三七三	第一一八
达尔巴干河源	淘金	同	同	二三七四	第〇〇
珊瑯根河第一线	同	同	同	二三七五	第〇〇
珊瑯根河第二线	同	同	同	二三七六	第〇〇
珊瑯根河别杜十根旧线	同	同	同	二三七七	第〇〇
同	金石及混合玉	同	同	二三七八	第〇〇
同	片麻石	同	同	二三七九	第〇〇
同	未详	同	同	二三八〇	第〇〇

续表 16

产地别	矿石别	探采者及采得地	采得年月	署存标本号数	原册号数
吴以特汉河流左	花岗石	俄人富峦若勒在亚布尔河及吴以特汉采取。	西历 1915 年 3 月	二三八一	第一
吴以特汉河口	白斑红石	同	同	二三八二	第二
同	同	同	同	二三八三	第三
多霍林村	石灰质	同	同	二三八四	第四
穆戈良尔河	未详	同	同	二三八五	第五
同	花岗石	同	同	二三八六	第六
同	白斑红石	同	同	二三八七	第七
牙杜尔河	石灰类	同	同	二三八八	第八
同	未详	同	同	二三八九	第九
同	同	同	同	二三九〇	第十
同	花岗石	同	同	二三九一	第十一
同	石灰类	同	同	二三九二	第十二
同	同	同	同	二三九三	第十三
同	同	同	同	二三九四	第十四
同	花岗石	同	同	二三九五	第十五
同	未详	同	同	二三九六	第十六
同	花岗石	同	同	二三九七	第十七
同	石灰类	同	同	二三九八	第十八
同	未详	同	同	二三九九	第十九
同	同	同	同	二四〇〇	第二〇
同	同	同	同	二四〇一	第二一
同	同	同	同	二四〇二	第二二
同	同	同	同	二四〇三	第二三
同	同	同	同	二四〇四	第二四
同	同	同	同	二四〇五	第二五
同	淘金	同	同	二四〇六	第二六

续表 17

产地别	矿石别	探采者及采得地	采得年月	署存标本号数	原册号数
同	未详	同	同	二四〇七	第二七
同	同	同	同	二四〇八	第二八
同	同	同	同	二四〇九	第二九
同	同	同	同	二四一〇	第三〇
同	同	同	同	二四一一	第三一
同	同	同	同	二四一二	第三二
同	同	同	同	二四一三	第三三
同	同	同	同	二四一四	第三四
同	石灰类	同	同	二四一五	第三五
同	花岗石	同	同	二四一六	第三六
同	未详	同	同	二四一七	第三七
同	同	同	同	二四一八	第三八
同	同	同	同	二四一九	第三九
备考	右列矿石类，系俄人采者。民国九年，停止俄领待遇，由俄领事馆将原册及标本移交中国交涉署保管。兹照原册俄文译，载于右以备考究。表中矿石产地，概系境内山河。惟以俄语译蒙地，于本志山川所载名称不无差异，如伊敏河作爱珉河、红果勒金作红孤利日村等名，未便以臆见更正，一仍原译，以备参考				

盐碱表

事别 类别	地点	方向里数	办理年月	主管机关	经理姓名	年产销额数	销售区域	办理情形	附记
盐产	白音诺尔	城南伦南360里	民国七年	拉广信公司海尔信公司	甄桂林	约产千袋，销售千余袋，销二余袋	至南札兰、北满洲里	系人业治消。初蒙管自取后，广公接办	伦尔图巴查干泡呼贝全作彦干
	珠尔博特泡	城南伦西210余里							作尔特。木泡有滩一绰卜达苏旧盐二，已废
	库库泊	城南伦西贝尔湖东							已废
	达木苏泊	贝尔湖东							已废
	那邻泊	贝尔湖东							已废
	查汗泊	贝尔湖东							已废

续表 1

事别类别	地点	方向里数	办理年月	主管机关	经理姓名	年产、销额数	销售区域	办理情形	附记
盐产	察布图绰尔湖	贝尔湖东南							已废
	呼伦湖	伦城西北 290 余里							产五色盐，不煮可食，见《黑龙江外纪》旧有盐滩三，今废
	贝尔湖	伦城西南 390 余里							亦产盐，无采取者
碱产	托宋诺尔	伦城西南 350 里正蓝旗牧界	民国八年五月	海拉尔广信公司	甄桂林	约产四万甫子，约销四万甫子	南至哈尔滨，北至满洲里	秋令樵采熬碱薪柴。冬令以人力凿冰，采取碱料入锅熬成	

续表 2

事别 类别	地点	方向 里数	办理 年月	主管 机关	经理 姓名	年产、 销额数	销售 区域	办理 情形	附记
碱产	东喀拉 胡吉尔 泡	伦城东 南 140 里，巴 彦温都 尔 山 西北						已 废。 一作顿 加拉泡	
	西喀拉 胡吉尔 泡	伦城南 一百五 十里延 福寺西 南							已 废。 一作希 拉泡
备考	查境内湖泊极夥，且多系碱。水可制食盐。右表盐碱系就已废与现 办者而言。其未曾署名之处，姑从阙载。按：碱泡碱质系由高原冲 入，积久而成。又诺尔，蒙语"水泡"也								

白音诺尔盐务办事处

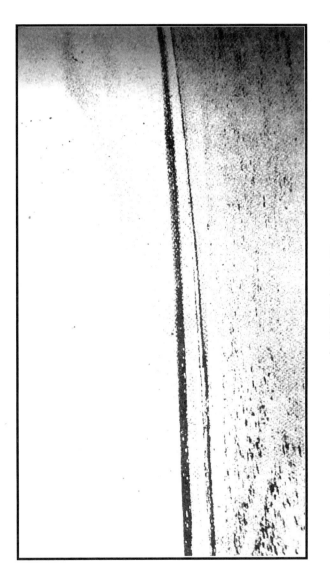

白音诺尔盐泡

古　迹

　　呼伦贝尔为中国羁縻最早，交通中国亦最迟。山环水抱，恣肆汪洋。而选胜搜奇则未之前闻也。辽金以来轶闻故事稍稍杂见于图籍，然或此存彼缺，犹有憾焉。兹经实地调查，并参考往籍所得者撷拾存之，以备谈古者之资料云尔。

　　七金山，索岳尔济山，辽名七金山。在城西南六百七十余里，高三百余丈，周千余里，为呼伦贝尔与内蒙东四盟界山。清乾隆间有荒火之变，林木荡然，野兽焚死无算。至今岩石焦黑处，犹有燎原遗迹。

　　木叶山，即呼伦贝尔之穆克图尔山。在城南四百七十余里，高一百七十余丈，长七十余里。山于辽代最为著名，风景绝佳，后人每艳称之。见诸前人歌咏者，如吴梅村诗"木叶山高鸟乱啼"句，幽邃辽夐，可想而知。惟山之所在，诸书所载不同。西清氏《黑龙江外纪》谓在齐齐哈尔西北数百里穆克图尔山，相传即木叶旧迹。其说较为有据。

　　饮马河，一名胪朐河，又名龙居河，即今之克鲁伦河也。元裔本雅失里杀明使郭骥。永乐八年，成祖初次出塞亲征，兵至胪朐河，更名曰饮马。本雅失里西遁，成祖渡河追击，败之于斡难河［详兵事］。又辽道宗筑城于克鲁伦河北岸，曰古可敦。明成祖命刘才筑城于克鲁伦河上，今均无可考。

俱轮泊面积。《唐书》俱轮泊在室韦。西有乌素固部，又在俱轮泊之西。元作阔连海子。明作阔乐海。即今之呼伦湖也。湖为袤长形，周围约五六百里，较唐时已缩一倍有余。其东南有盐滩遗址五，唐时泊岸所及之界也。清道光初年，湖泊大涨一次，然亦未及唐时广轮之大。则当日湖泽之巨，可想而知。缪学贤《黑龙江省图绘》载其形。又明成祖二次出塞征阿鲁台，阿鲁台遁去，呼伦湖侧为其弃辎重处。

捕鱼儿海战迹，在海东北八十里，元顺帝脱古思帖木耳图恢复驻兵于此，为明大将蓝玉袭击而败［详兵事］。捕鱼儿海，即今之贝尔湖。

呼伦、贝尔两湖山市。呼伦湖在城西北二百九十余里，周五百余里。贝尔湖在城西南三百九十余里，周三百余里，面积均极广大，遥望如海，深不可测。严冬不冻，白气浮出，上至天空。春夏秋三时旭日将升，附近山岗上或水泡之内现出一种异景，或万马腾空，或牛羊群集，或商埠市镇，或火车轮船，或楼台殿阁，或蒙古村落，幻化迷离，炫人心目。日上三竿，则色相全空。赵春芳调查宿此，曾目睹之，有诗以记其异［采入艺文］。

兀术长城，土人谓为兀术长城，一曰金源边堡。故址在城东北，由根河南岸蜿蜒一线，经满洲里驿，北入外蒙车臣汗札萨固山贝子界。自东而西，长五百里，约分四段。根河南一段由大库力村起至库克多博，长百四十余里。由库克多博经额尔得尼托罗辉，至红山咀一段，长八十余里。由红山咀跨额尔古讷河入俄境，经开拉斯台南林屯入中国界。至阿巴该图卡北一段，长一百八十余里，由阿巴该图经满洲里北，绕察罕敖拉，至蒙古达西木嘎卡伦入外蒙界，长二百余里。今有土壕遗址可寻，高处约三四尺不等。就地理考之，殆即金初所谓旧设堡障与。

铁木哥斡赤斤故城，废址在根河北岸各拉司纳牙村西库里页尔山西北三里许，特勒布尔河南岸一里许。案《元史》太祖四弟斡赤斤好土木，喜建宫室苑囿，封地亦最广，枯轮湖以东、嫩江东西皆其封域。今之故城当为斡赤斤所建，城高二丈，宽八尺。分内外二城，内城周四里，外城周八里。城各四门，外城四角有炮垒遗迹。北门靠一不高之孤土山。东门里有枯井一，深数丈。西门里一土围，中筑方台。内城中央有工字之方台，高五尺余，上有石鼓二，左右圆形平台各一，高二尺，琉璃瓦片，杂草莱间，视之金碧满目。残砖宽大，亦古制。台下东北隅殿址，尚依稀可辨。曩有三尺余之鸱吻委置其间，数年前为俄人移去。登山四顾，南亘长城，西接根河，水草茂美，形势雄壮，洵天然名胜之区也。朱履中有诗以记其事［见艺文］。旧说谓为宏吉剌氏故城，或又谓札木合称帝于根河，疑为札木合所筑者。然就时代事实考之，二说无可为据，以从前说为宜。

根河五古城，长城以北根河南岸遗址。凡五由东而西分列三点，东方城一在大库力村西，中一城在那布札林村西。西三城，一在古立也里村南孤山顶上，一在山下平原，由平原南行山巅一城，长方形。此三城南北直线连属，各距不远。按：五城皆土筑，周各里余。地当往来孔道，土人谓为古城。览其形势，似当日屯兵扼塞之堡垒，建筑时代渺不可考。

元兴都古城，在城西乌尔顺河左岸，新巴尔虎厢黄、正白两旗牧界内都兰霍罗山北，巴勒序纳鄂模以南。地势平衍，水草丰美。缪学贤《江省图》、林传甲校《黑龙江图》载其遗址是否元室肇兴地，何时建筑均无考。

乌尔顺河两岸古城，乌尔顺河左右一带旧为塔塔儿部所占据。金元之交，元太祖先世俺巴孩嫁女塔塔儿部，为部人捕送大金。及太祖父也速该为太祖求婚宏吉剌氏，归途过塔塔儿部，部下人又以鸩酒毒杀之。太祖兴起复仇，卒灭其部众。当日战斗乌尔顺河两岸壁垒甚夥，今仅存废址二。一在乌尔顺河下流左岸，新巴尔虎正黄、正红两旗牧界。一在乌尔顺河下流右岸，接近呼伦湖新巴尔虎厢黄、正白两旗牧界。

珠山古城，珠山在奇乾县境珠尔干河东南，距珠尔干河旧卡伦三里许。山高十余丈，形圆如半球覆地，故名珠山。山后古城一，四周残址依稀可考。据土著之鄂伦春人云系金代设防古城。

巴图尔和硕古城，西清氏《黑龙江外纪》载一老将称巴图尔和硕卡伦有砖城，方数里，址犹存。及肩者其砖式与色皆非近代所有，今调查近卡无所得。以地考之，巴图尔和硕去根河不远，所称砖城或即根河北岸之故城旧址。

答兰版朱思战场，答兰版朱思之野在乌尔逊河西岸，元兴都故城以东，都兰霍罗山以北，为元太祖与札木合野战地。太祖既称帝，札木合以太祖部人射杀其弟，纠泰亦赤乌等十三部，合兵三万人来攻。太祖亦起三万人，分十三翼以拒之。是役，烈祖宣懿皇后诃额仑［太祖母］率斡勒忽纳人为第一翼，大战于答兰版朱思之野［《元秘史》作答兰巴勒主惕，《新元史》作答兰巴泐渚纳］。太祖军为札木合军推动而败。

木兰围场，在索岳尔济山周千三百里。西临大漠，东接西兴安岭，草木丛茂，禽兽繁殖。康熙三十四年，萨布素奏称遍历阴山南北，惟索岳尔济山形势高大，定为各路边警进兵会集之地。康熙四十年，准部噶尔丹平，圣祖幸索岳尔济山，乌默客来朝扈驾，招集蒙古王公赐宴于上，以其山作为木兰围场。环山设守护围场四十卡伦。秋狝典礼，屡行幸焉。乾隆五十五年，高宗亲临此山，将围场周围划归于黑龙江喀尔喀、乌珠、穆沁、哲里木盟四处境界。留山顶为公共地，裁撤卡伦，并赋有游幸诗《边彻荒山》，经两朝润色遂与岱华争耀矣。

古操场，铁木哥斡赤斤故城。城东地势广阔，一望平坦，中有小石，草不丰茂，度其面积可容万幕，相传为元时兵马操练场。

海公练兵场，清嘉勇公海兰察以库图勒［控马奴］奋志从戎，功名显赫［详本传］。相传呼伦湖东南岸古城以东，为其教练马队处［见缪学贤、林传甲二人所著《江省图》］。

万人市，寿宁寺会场。一名万人市，蒙语为甘珠寺会。新巴尔虎旗左右两翼为国公某建之福寿道场也。市为各旗适中地，在城西南三百二十里布彦图布尔都之野。每岁集会一次，率以八月朔日为开市期。及期，则燕晋奉、吉、黑、布特哈、察哈尔、多伦诺尔、俄罗斯各商云集其间。而喀尔喀各部及索伦、额鲁特、新陈巴尔虎各旗均以此为互市地。凡蒙旗生活日用物品罔不备，蒙民终岁所需，咸于其时取给焉。以半月为闭会期，将闭喇嘛咸集唪呗音与鼓铙声相杂，洋洋盈耳。蒙民膜拜瞻礼者踵接襁连不绝，盖以之给束热闹坛场云。

名山崇祀，索岳尔济山巨而最著，内兴安岭所起脉，呼伦贝尔境内之镇山也。清圣祖既平准部旋师驻跸焉。尔后每岁追官致祀以答山灵呵护之庥。及高宗北巡瞻礼，环山围场拨归蒙旗，仍留山巅地以崇岳望，分命哲里木、锡林郭勒、克鲁伦巴尔城三盟轮年致祭著为例，至今不替。

地穴，车臣汗东界与呼伦贝尔接壤处有额尔得尼［译言多资贝］、托罗海［译言山也］，山不甚高，下临克鲁伦大河，有巍巍独尊之势。元太祖曾起兵于其地，故称为宝地之首也。旁有地穴深不可测，昔人有以二十里长绳系重铁探之，终不得其底。穴口旋风日夜不息，或不及防，竟有被旋入穴者，见龚之钥《后出塞录》。

古洞，在巴图尔和硕卡东北三十里山上，洞口约一丈三尺许，深莫能测，以石投之，旋转有声数刻不息。土人呼之曰古洞，并云每值天阴其处，有必先降雨之异。

海公楼，楼在呼伦城内北街路西，公来号市房上。清嘉勇公海兰察微时为公来号牧马。及以西丹［蒙语白丁也］从军，公来主人以健马赠公壮行。公既贵显，受封爵归伦，感脱骖恩义，为建层楼以志不忘。公来号今改称公源庆，其楼岿然犹存。土人艳其事，呼之曰海公楼云。

阿勒哈王墓，在城西南四百余里，喀尔喀河中流石岸，倭尔多山南，伊勤盖图山北［见缪学贤《江省图》］，氏籍年代无考。

三名将墓。呼伦贝尔古墓之大者有三：一为乌里雅苏台将军达勇巴图鲁都嘎尔之墓，在城西南三百余里乌勒锥图布拉克泉西南三里许。一为京都正黄旗护军统领达春巴图鲁恒龄之墓。一为西安右翼副都统明昌之墓。两墓同一地址，均在城西南二十里南屯西南五里。三将在清时战绩最著［各详本传］。

附呼伦十景

兴安积雪　内兴安岭纵贯伦境，正东极高峰二千六百余尺，巅崖险峻不可攀跻。严冬积雪经岁不融，遥望如银屏横空光照，远近所谓高处不胜寒也。

额河冰撬　额尔古讷河在伦境迤北，自西而东长千五百里，下流六七百里，较深，广为沿岸各卡交通之路。惟结冰最早，航行时短。九月封江，至来年四月始解冻。冻时则恃马引冰床以便行旅，去来如织，迅急如矢，亦冰镜上之异彩也。

双湖鱼跃　县城西南贝尔湖与那邻泊相连，俗呼为大小海子。两湖泊产鱼甚富。蒙俗迷信神话，以鱼为马魂，戒充庖厨。春夏天暖，鱼自湖跃出，顺乌尔顺河流而下，锦鳞腾跳，洋洋不绝，颇具活泼之观。

塞马鸣秋　呼伦外旗大户养马多者每千万成群［清咸同间陈巴尔虎总管迪明有马万匹］，纳诸山凹宽平水草丰茂之地，合群牧放，坑谷为满。秋高气爽，咆哮奔腾与山谷声音相应答，亦殊见塞外之雄风焉。

盐池堆银　县城西南四百余里一带高原中惟一池自然生盐。春夏晴暖时，盐屑随风拥出，池外雪白平铺，一望无际，几疑若银海焉。

温泉涤浴　在温河卡伦东北四十里许，俗名酸水泉子。水性温暖，味酸，色微黑，浴之可以疗疾，有如内地之汤池。土人架屋其地，中外人多往就浴者。温河得名，疑即由此（海拉尔西南六百余里新巴尔虎牧界有温泉一所，凡大小三十余池，温度各不等。每逢夏令，中外人士往浴者甚众，因附记于此）。

坝后赛神　县城北二十余里，海拉尔河北大坝后东山坡上，为蒙旗合祭鄂博之地点。每年五月择吉举行，届期副都统率旗属官员咸集，衣冠齐楚，喇嘛唪经祭毕，拣勇士骏马为赛跑角力之戏，竞争尚武，颇极壮观。

河口竞渡　县城北五里许，为海拉尔河口。其地有官船摆渡，当春夏河流泛涨时，行旅往来，车马货物充塞两岸不绝，人声嘈杂中驼吼马嘶，为之耳淆目炫，宛如趁墟之热闹云。

寺阁晚晖　县城西门外沙阜之阳，关帝庙后院，层檐耸起，高阁建焉。值春秋佳日选胜登临，远照夕辉与云影霞光相掩映，寓目赏心，亦天然风景也。

沙阜古松　县城西北附近，冈阜突起，沙性松浮，绵延约四五里，古松数千株映带其上，苍翠蔽天，大可合抱听涛。踏雪玩月，披风对之，饶有清兴，游人散步多集于此。

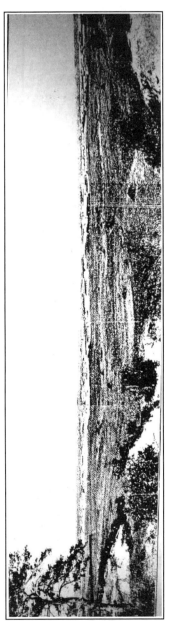

海 拉 尔 全 景 图 （一）

海 拉 尔 全 景 图 (二)

艺　文

呼伦一隅地当中国北徼，习俗榛狉，声教自昔未被。入清后，政纲粗举，文化缺焉，艺事词华都无所考。兹就宦游斯土与夫文人、学士所发抒，所吟咏，采其关于掌故者，得文七首、赞四首、诗歌五十六首录而存之，或亦文明之导线与。

谕令

呼伦贝尔召集全旗大会训词　东三省巡阅使兼蒙疆经略使、奉天督军兼省长张作霖

中华民国九年一月，呼伦贝尔全旗内向取消特别区域　大总统施旷荡之仁，赏赉有加。越四月为夏历三月十五日，呼伦全旗召集大会之期，万众喁喁，欢忻鼓舞，本使军长爰于其时特派专员参列斯会而致其殷殷诚恳之忱曰：

维我呼伦地方介在边隅，幅员辽阔，形势险要，防务殷繁，生计艰难，文化待启。此后屏藩如何永固，实业如何发舒，智识如何浚瀹，生计如何富裕。本使军长眷念西陲，具有无穷之希望。谨略举数端，为我蒙旗父老子弟告。查呼伦远处兴安岭外，中通铁路，密迩俄疆。慨自彼邦多事，影响所及风鹤频惊。惟赖我蒙众众志成城，慎固封守保卫地方，即所以巩固边圉。此对于国防之希望，我呼伦蒙众协助者一也。呼伦蒙旗向以游牧为业，马产之良为中国冠。然夷考近年出产骏足亦不多觏。加以上年大

遭匪乱，牲畜之数日形减少，我蒙民之生计坐是窘困。夫牧畜事业，近世各国每多发明新法，如配种改良、喂养选料诸事亟应随时研究，以资仿效。若笃守旧法不知变通，则生殖不繁，地方财力又何由而富裕乎？此讲求牧畜为我呼伦蒙众所应注意者又一也。国之强弱，视其民之智愚以为断。呼伦僻处极边，教育素乏讲求，兼以蒙汉言语不同，凡百事业亦遂皆墨守旧章，无由进步。现在各国文化新潮一日千里，而我欲以守成不变之术，角逐于天演竞争之场，不败何待？此推广教育为我呼伦蒙众当务之急者又一也。呼伦地方渔盐、林矿物产丰饶，额尔古讷河右岸一带土质甚沃，只以地方人民势涣力微未能经营，以致货弃于地为他人所觊觎，利权丧失，挽救何及。讵知天付人以地利，原所以供一地方之享受。倘极力自为经营，则他人无由插足。昧于启发，适以贻祸。惩前毖后，我蒙旗更不可不加之意矣。此振兴实业为我呼伦蒙众之亟宜讲求者又一也。本使军忝膺疆寄管理军民，知能缺乏，计虑未周，而于我呼伦贝尔前途之发达实具宏愿。我蒙旗同僚上下暨父老子弟其戮力同心毅然奋勉，以共图乐利金瓯永固，玉宇升平，我国家实利赖无穷焉。

序记

呼伦贝尔边务调查报告序［宣统元年二月］呼伦贝尔副都统宋小濂［友梅吉林］

治边之道，不贵能战而贵能守。汉晁错论备边务徙民实塞，使屯戍益省，输将益寡。赵充国镇金城首策屯田奏凡三。上其便宜十二事，亦不外贵谋贱战，先为不可胜以待敌之可胜，旨哉言乎？旨哉言乎？后之谈边防者，其孰能外之。近世以来，五洲棣通，列强竞进，不惮险阻拓地以为领土，可谓好勤远略矣。然每得一地必实行其殖民政策，诚以有人有土非侈言。广漠所能坐守，无古今中外其道一也。我朝龙兴东土，首先征服东海窝集暨萨哈连诸部。康熙二十八年，复征服罗刹于雅克萨城，定尼布楚、额尔古讷河界约，自外兴安岭以达于库页岛，无远无近悉主悉臣。自时厥后垂二百年无一将一卒之守，而边境安于磐石。固由威德遐迩大小畏怀，亦中外时势未移，得以宴然无事也。迨咸丰季年，俄人乘我无备，进据黑龙江左及乌苏里江以东至海滨之地，定《爱珲》《北京》两约，坐失外兴安岭天险，东北边界遂无一不关重要。呼伦贝尔居东北边界上游，西北迤东处处与俄为邻，西南控制喀尔喀外蒙古，东南屏蔽黑龙江省城，东清铁路自西边入境贯穿黑龙江、吉林腹地。又经庚子之变，客主易情，筹防尤急。光绪丁未冬，小濂奉命权镇斯土，目睹残破之余，熟计防维之要以为行政。次第首在边务，而筹边必先实边，实边必资屯垦。明年春，因请省署奏于朝，变通卡伦章程，以守以耕通力合作，务使戍卒坚久安之志。后来无失所之虞，擘画绸缪规模略具。顾边荒寥落，凭藉毫无，绝塞孤悬，陬度非易。百闻不如一见，知己尤贵知彼。自非实地视察，何以施措咸宜？泊夏时河冻解，水陆可通，檄令调查员拣选知县齐守谦、测绘员巡检赵春芳、将弁高等生曲观海、差遣员府经历庆禄等分道详勘。自五月至十月凡六阅月，历千五百里。陆行则叠嶂森林道路未辟，水行则荒溪绝涧舟楫难施。以至炎暑蚊虫、秋风雨雪，靡险弗履，无苦不尝。乃随行随记，随记随图，归而参互，钩稽详绘。编辑又竭五月之力而竣事，计分篇二十有一，而括以十三门。首国界严疆域也，次河流、次山脉辨形势也，次地质、次气候明土宜也，次物产著地理也，次部落重属人也，皆就固有者言之也。至于保其固有而谋所以布置之，则不能无事于人为，故次之以卡伦以植屯垦之基，次之以治所以立远大之规，次之以交通以谋转输之利，次之以税务以收利权之失，次之以兵防以消侵轶之萌，而后终之。以俄屯以见彼族经营之实，筹我国制御之方。取则不远于伐柯补牢犹及其未晚。既条分而缕析，庶本末之，兼赅复附益以图表发明。其现状既详，既实秩如瞭，如举而行之、推而利之，此其依据矣。虽然理论者事实之母，才智者干济之资。天下事言之非艰，行之维艰。行矣，而靡不有。初鲜克有终，古人于此尚兢兢焉。矧小濂之庸驽无似可与图，成功计久远乎？后之君子洞观时势熟权利害，尚有以补救而廓张之幸甚！

呼伦贝尔寿宁寺市场记　宋小濂

　　索岳兴安而北［索岳尔济山兴安岭在甘珠寺南］，呼伦鄂逊之南［呼伦湖鄂尔逊河在甘珠寺北］，沙草荒凉，人烟寥落，忽开一大市场焉。人则索伦、额鲁特、布特哈、新陈巴尔虎各旗、喀尔喀蒙古各部，内而燕晋，外而俄罗斯各商以万计。畜则驼马、牛羊以数十万计。货则金玉、锦绣、布帛、菽粟、轮舆、鞍辔，凡蒙旗日用器物之属无弗备。毡庐环绕，烟火上腾，周数十里支帐于野，连车为营，偕妇子以共处者，弥望皆是。蒙言、汉语、驼啸、牛鸣、车驰、马走之声澈日夜不绝于耳，大观哉。市在呼伦贝尔副都统署西南三百二十里，布彦图布尔都之野，寿宁寺北八里。寺宁寺者，新巴尔虎左右两翼八旗于乾隆四十八年为国公建之福寿道场也。蒙古语谓之甘珠尔寺。甘珠尔即寿宁之意，地于各旗为适中。而喀尔喀各部及京师、察哈尔、多伦诺尔之来伦者，亦以此为孔道。岁八月七日，喇嘛咸集，讽呗远近。瞻礼者相属，即于期前乘秋高马肥之际，开市贸易。副都统必亲临巡阅，所以重民生、振商务察物产之丰耗也。其市法必以八月朔日为始，未及期虽集不得擅开。售者、购者必于市内，不得在外交易，防漏税也。市作大环形，阙其南北为二门，南门两翼为车市，皆布特哈及本属索伦所造［土人谓之罗罗车，轻而易驾，惟不坚］。门之东迤北为伦市，及齐齐哈尔各商门之西迤北为京师、多伦诺尔、奉天各商，北门外别为一衢以处俄商。其中央则副都统行幕及税课司在焉。来市者朝而入，暮而出，五方杂处，无争斗攘夺之警。虽有旗属官兵巡察，不过具形势而已。市以银，近或杂以俄钞，无所谓银铜各币。蒙古旗族终岁所需，均于此时购备。然终以物相交换为多。如是者七八日始各散归。古所谓日中为市，交易而退，各得其所者庶几近之。其风气之朴，生计之裕于此，可见一斑。夫蒙旗各部，古所谓强族也，今则稍稍弱矣。而又值文明竞争时代，僻居荒野，蔽于固习，论者遂屏诸不可复用之列。

然愚窃尝谓北边数千里处处与强俄为邻，彼族肆其雄图，难保无烽燧之警。一旦有事，欲征兵调饷于数千万里之内地，微论馈运不继，饥疲为患，而野居食肉日仅一餐，亦非内地习于温饱之人所可任。况平原旷野利于骑，蒙旗童子皆善骑马驰骋如飞，倘能宽以岁月，就其生计之裕，以启其文明，本其风气之朴，以振其武勇。吾知固圉威远，仍不出韦鞲、毳幕、膻肉、酪浆之伦。惟询诸士人，今岁牲畜价低，又乘春雪过盛饥冻倒毙之余市况为之一落。然亦远近商情，牵率不过一时之消长，无关久远之盛衰。庸何害所惜者，[小濂] 才力薄弱，坐拥数千里边荒，二三万旗族怀揽辔驰驱之志，乏乘时振厉之方，挽弱为强，长驾远驭，是不能不望于当代之贤豪矣。光绪三十四年戊申八月初三日，权镇呼伦贝尔等处副都统花翎二品衔军机处存记道吉林宋小濂记于寿宁市场行幕。

送程中丞引疾归里序　宋小濂

中丞程公莅江之四年，戊申三月以疾请归报可。寅僚治筵公钱属，[小濂] 为词以祝公。[小濂] 从公久，知公深，虽不敏，何敢辞。公以诸生从戎塞上，遍历东三省十余年，间蒙殊恩，建节钺由副都统而将军而巡抚，何其荣也。尚安病，然而公竟病者。当公来东三省时，三省故完善。公以为国家根本形势，物产均占优胜，特以边备不修，荒芜未辟，致事事落人后。著忠愤所结思，有以开通而筹布之。而事权不属，郁郁以去，听鼓于皖江者数年。岁己亥，原任黑龙江副都统寿公治军瑷珲，素知公，调襄戎幕。明年，寿公擢将军，公随至省任要差，似可稍稍展布矣。乃适丁庚子之变，祸起滔天，西望神京，潸然雪涕。虽止敌人炮火之发，以保全城却强虏。军符之授以秉臣节，公之志行昭然。然事已焦头烂额，处不可复为之势，且又为忌者所排，仓猝引避，其郁郁如故也。光绪二十九年冬，用长忠靖公荐以直隶州知州入觐，召对称旨，两宫又素闻公贤，擢道员加副都统衔简署齐齐哈尔副都统，命办黑龙江垦务善后。三十年二月到任，未几署将军。萨公以疾归朝，旨命阿勒楚喀副都统达公来权军篆。达公故与公善，至是相得益彰，遇事和衷商榷，而闻风景从之士如郑国华、多禄、徐骦霖及〔小濂〕等亦多归之。当是时，日俄事起，江省当东清铁路之冲，俄兵过境者日不绝，强横驿骚不可理喻。奸民乘间啸聚，肆行掠夺，饷绌兵单，猝难剿办。公与达公外筹中立，内理庶政，如招垦设官，均乘间兴办具有规模。次年四月，达公奉召入都得旨，以公署将军。江省以荒落之区，当残破之后外兵压境，铁路交涉患在肘腋。公因应对待，无不出以苦心，每语僚属曰："遭世艰，虞受恩深重，激急不可，敷衍不可，舍忍辱负重、精进不已，别无报称挽救之法，诸君其共图之。"是年冬，以日俄战结，奏派〔小濂〕赴都备外务部议约顾问，得遍谒枢府，诸公皆嘉公成绩，赞叹不置，属转致公尽力为之，毋顾虑。公于是奏改旗制，裁齐齐哈尔、呼兰、通肯、布特哈四副都统，去旗署把持之积弊，开化除满汉之先声，延揽贤豪来者益众。逾年，学堂、巡警诸新政亦相继并兴。通肯、巴拜、汤旺河、莽鼐、布特哈及三蒙各荒地领户闻风争集。次第开放，设官分治，而瑗珲一城前经俄兵占据，亦于三十二年夏间收回，副都统得率旗属官兵复业。其各属马贼之肆扰者，公激厉将士，整顿疲卒渐次剿平。数千里穷荒一无凭藉，得此良非易。易以常人论之，洵公踌躇满志时矣。然而仍郁郁者，荒地离放而未辟，新政虽举而未成。马贼虽平，仍未净绝根株。旗制虽改，尚待筹维生计。加以时艰之棘迫，边境之空虚，外界之风潮，地方之罢敝，无日不往来于胸中，凡此皆公疾之所由致也。

上年春，朝廷以三省势逼两强，应速经画，诏改行省。以民政部尚书徐公总督东三省驻奉天，改公署黑龙江巡抚。徐公以公在江久习边事，素重公，事必驰书咨公。而行省之设，又公未逮之志也。得时乘势，尚何不达之隐，不遂之为，乃公忧劳益甚。若时有不如意者，然盖公性沈厚忠勤，日坐公厅治事，事无巨细，必集僚属反覆讨论。有来谒者必见，见必深谈委曲详尽，虽终日不厌。其待僚属也，务积诚相感，以故人皆用命。或事有不如意者，无疾言厉色，必沉思以究其所以然，往往中宵不寐，甚至失眠。僚属劝以节劳，公笑颔之，而勤劬如故。至是公谓朝廷既改行省，凡事宜更始图新。吾无奇才异能岂偃息优游，所能为理虽劳何敢恤。公之疾自此作矣。公虽疾，而公之治事如故也。秋九月，请于朝赏假一月，调理渐见轻利，然犹时愈时发。今年二月，公不欲以病躯误国家事，陈请入关就医。既得允，僚属及远近知公者，多以公得位乘时遽引疾去为可惜。而小濂独为公贺。夫人生精力几何，萃时事忧危于一心，负责任艰巨于一身，昕夕焦劳无晷刻暇，欲不病得乎？今公毅然归去，溯长江历巫峡，逸性豪情，豁人胸忆，而且舞莱衣于堂上，话故旧于乡间，家庭族戚之欢尤足颐养天和，消除郁积。吾知公疾将不医而自愈。虽然公固未尝须臾忘江省也，侧闻新帅当世贤者，必能益扩远图。吾辈其各尽乃心，竭乃力赞佐新帅，以竟公未究之志，使公闻之而喜曰："功固不必自我成也。"喜则疾必速瘳，疾瘳朝廷必召公出，坚凝夔铄宏济艰难。其所以扶持世运者正远且大，岂仅在目前一日江省一隅也哉？至公之政绩事业昭昭在人耳目，有识者类能知之，无俟赘及。特述公疾所由起，兴其所以愈者，以谂同僚。同僚曰："子知公以质公。"公亦曰："子差知我。"

祭告

祭克鲁伦河神文康熙三十五年　清圣祖

朕统御寰宇，怀柔百神，遐迩内外罔有殊视。凡乘舆巡历之地，必虔告所过名山大川，所以昭秩祀也。顷因额鲁特、噶尔丹悖德逆天，俶扰边境。朕躬统大军远出声讨，以期殄寇安民。兹已行次克鲁伦河，惟神夙以巨名漫于绝塞，溯长源之浚发，引千里以潆流。朕帅师莅止观，临嘉叹，用是备陈牲帛，遣官申祭。神其丕彰灵应，默赞军威迅荡涤夫，秽氛永澄清。夫朔漠异日垂诸史册，蔚有休光，惟神鉴焉。

论说。

为蒙古代祷文

呼伦贝尔蒙旗学校校长　郭摩西　［道甫，呼伦蒙籍］

蒙古自古为东亚最强盛之民族，有固定之土地，并有特殊之言语文字、宗教、政治、风俗、习惯。今虽愚弱衰微，究与世界大局颇有密切关系，兹特述其大略，倘亦全国信徒所乐闻者欤。

蒙古对外之关系

（一）蒙古之人口、土地、物产。蒙古民族人口大约五百万人，其所居之土地，合中国之内蒙古、外蒙古、青海、黑龙江之西部北部，新疆省之天山北路及俄属之贝加尔州义尔库次克省皆其范围。[①] 所属每一英方里平均仅得二人。其版图之广大，人烟之稀少，为现今全球所罕见。其物产五金、森林最富，而尤以马、牛、羊、驼为特产。富人之产羊群大者以数万计，小者以数

————————

① 义尔库次克省即今俄罗斯伊尔库斯克省。

百计。马、牛群大者以数千计,小者以数十计。驼群大者以数百计,小者以数头计。最贫者亦必有牛一头,羊数头以为常。由此可见,蒙古牲畜之丰盛。

(二)蒙古之对于中国及世界之关系。蒙族与汉族自古同为东洋强族,取中国近代史以观,可知中国历代沿革不啻为汉蒙两族消长之写真。自有清一代,蒙族始失其英武不羁之精神,事事屈服人下。凡今日蒙人所衣所服之布帛、绸缎皆出于汉族之手,所食所饮之米面、茶叶亦皆出于汉族之手。蒙古之宫室、庙寺,汉族之所筑也。蒙古之商场、工业,汉族之所营也。今且取消外蒙自治,汉蒙关系益形密切,惟蒙人智识不开,对于共和真理毫不明瞭,故于举兴新政动辄误会,往往为两族感情款洽之障碍。而其地大物博,人烟稀少,将来影响于世界大局颇重。近数十年来,俄国垂涎蒙古苦心经营,并利用蒙人之无知,大施其笼络侵略主义。外蒙之脱离中国宣告独立,厥为俄国主动。今虽国内大乱自顾不暇,然其在蒙古之势力则已根深蒂固,绝非数年之内所能挽回。日本则在东蒙一带,已立经营内蒙之基础。此次藉出兵西伯利亚之机会,在外蒙一带亦大施运动。又组织日蒙佛教联合会,派人欢迎蒙古喇嘛赴日本观光,野心勃勃,令人心寒。且此次欧战原因,实起于民族侵略主义之发展与夫经济竞争剧烈之结果。今虽国际同盟言归于好,而欧美各国之需要原料尤为特甚。又以世界各处土地日辟,牲畜产额日减,人人必需之皮毛、牛奶、肉类等品日见缺乏昂贵。惟蒙古广大无边之牧场,千百成群之牲畜,正在振兴发展之时代。将来必为供给世界人类皮毛、牛奶、肉类之一大市场,毫无疑义。因此,英法美意各国亦必不能漠视蒙古。一旦各方面利害冲突,难免不起争端。其结果必演成世界第二次之大战,有心人岂可不早设法以谋挽救乎?

蒙古内部之情形

(一)政治。蒙古之政治为贵族阶级制度,清时分内外蒙古为八十余旗，每旗设札萨克以统治之。俨然与帝王无异，子孙世袭以迄于今，凡生杀予夺之权皆为札萨克所独揽。又定兄弟每二人，一人为喇嘛。除王公子弟之外，不准蒙人读书，以寓愚弱蒙古之妙策。方今中华民国虽以民权为本，究以蒙古有特别情形，人民程度不齐，遂仍其旧。故今日之五百万蒙古同胞名为共和国民，其实为专制之奴隶。

（二）宗教。蒙古之宗教为喇嘛教，现以外蒙库伦之哲布尊丹巴活佛为教主，蒙古之王公、札萨克、白叟、黄童莫不朝夕礼拜。凡吉凶、祸福皆委命于喇嘛，以故迷信太甚、流弊滋多。近年以来，蒙人罹于疾病，充斥外患日炽，惟知在各庙讽呗诵经，冀消祸患于无形，毫不务革新之道。尤有甚者，蒙人居常不知宗教得救真理，终日念佛礼神亦终日无所不为，而一生必朝诣库伦活佛，或至五台山献财纳银以为必蒙赦罪，死后得入佛土。其他伤风败俗之事，不可胜举。

（三）风俗。蒙人之性情，因得喇嘛教数百年来慈悲主义之感化，已变为纯厚柔驯之改观，惟无知无识实属可怜。人死则弃于野外，任令饱食。禽兽愈速，则愈庆大有造化。至于婚姻问题大体上可谓一夫多妻制，亦可谓一妻多夫制（非同时嫁于多夫，因其可以自由离婚，并不守贞洁者甚多），习非成是演为风俗。故不尚贞洁亦无完全美满之家庭。

（四）生活。蒙古民族之生活除数处半游牧村庄外，尚在完全游牧时代。无城郭、宫室，逐水草而迁移。古人所谓韦鞲毳幕以御风雨，膻肉酪浆以充饥渴之景况，至今依然。其贫者每日仅以砖茶兼牛羊乳代为饮食。蒙古之妇女责任甚重，凡经理家务、制酪、剪毛、移幕、拾薪之事，皆以妇女任之。又妇女每日负筐随马牛群后，举拾其粪以为柴薪。蒙人无论男女不知沐浴，其污秽不洁之生活，良可悲悯。

蒙古之需要及救济

蒙古民族之现状因政治、宗教、风俗、生活各方面黑暗不良之结果，已堕入奴隶、贫穷、愚昧、病弱、罪恶之苦海。其最苦者，深云迷雾充满天空，使蒙古不得见上帝之真光。是其心灵之黑暗饥渴，较身体之压制逼迫尤甚。若此之不救，决无改造之希望。故今日蒙古之需要及救济，除传入基督教之外，再无第二法门。

（一）基督教—布道　基督教为普遍世界之宗教，凡基督徒及有识之人皆所共认。其改造世界、变化社会之能力，亦昭昭在人耳目。尤能解脱人类奴隶、贫穷、愚昧、病弱、罪恶之重轭。蒙古民族数千年来，即负此种重轭，至今未释，非基督教何以救之。于是乎，布道蒙古实为不可容缓之图。环顾全国，布道蒙古之马利逊，其谁属哉。

（二）教育—学校　凡欲人类之良知、良能完全发达以尽天赋之用，必先以教育开其端。而促其成今日蒙古民族之愚弱、衰微可怜万状，实因教育未兴、学校未立之故。今蒙古不但无基督教精神贯注之学校，即一普通小学亦不可得，良可悲悯。欲其不为奴隶、贫穷、愚昧、病弱、罪恶所束缚，岂可得乎？仁人君子盍不察诸。

（三）卫生—医院　蒙古民族本不知讲卫生，凡有疾病皆延喇嘛诵经讽呗，并服喇嘛所用之药粉，其幸而生者不过十之三。近年以来，交通渐便，所有流行病及花柳病亦皆传入。连年发生传染，死者颇众，故设立医院医治疾病，并设法预防各种恶疫之流行，亦为蒙古今日最要之举。此事可为基督教传入蒙古之先导，凡吾基督徒更当竭力图之。

布道蒙古之进行方法

（一）阻力及助力　偌大可怜五百万蒙古之民族无一宣教士，

无一福音堂，推原其故，厥有四端：（甲）蒙古数百年来已包括于中国名称，世人但知注意中国，而不知特别注意蒙古。（乙）蒙古地位在亚洲中部，交通不便，易于闭塞。（丙）蒙古有特别言语、文字、宗教、政治、风俗、习惯，非谙练熟习者，不能知其内容。（丁）蒙古喇嘛教之势力支配政治、宗教两界，一种迷信之团结力最强，排外教侵入之心亦最烈。故虽有一二注意布道之人，究竟毫未奏功。今则形势大变，时机已熟，现在世人皆注意蒙古民族之活动，故甲种阻力已去。现在西伯利亚铁路已成，贯穿蒙古之北部，以通东西洋，故乙种之阻力亦去。现在世人皆知注意蒙古，而蒙人之习知外情，欲告苦况于世人者亦渐多。故丙种阻力不久必能除去。惟丁种之阻力实为蒙古之最要问题，其破除之道良非易事。然近年以来，喇嘛教流弊特甚，有识之士皆引为隐忧。又新进少年怀抱如荼如锦发奋改良之志愿，故对于喇嘛教颇不满意，咸有改弦更张择走新路之势。而对于基督教之服务社会、铸造人格之能力颇为赞叹。是为基督福音传播蒙古千载一时之机会。吾辈基督徒之责任其重大，为何如耶？

（二）布道团及通讯机关　吾中华基督徒既蒙恩得救享受真幸福，更宜服从救主、爱人如己、舍身传道之意旨，以尽救世、救人、救国之天职。今蒙古既为世界未来之祸源，又为中国五族共和之同胞，吾中华基督徒不能不大发博爱之热心，牺牲其精神直接的补救蒙古，即间接的补救世界。其问题之重大、事业之荣光，二十世纪之中半期莫此为甚。现在中华基督徒既有中华归主之运动，云南布道之组织，似当急起进行组织蒙古布道团，以促中华归主之告成。故特委托北京基督教青年会干事徐宝谦先生，为筹备蒙古布道通讯机关。此后全国信徒对于蒙古布道之举有所建议，及对于蒙古情形有所询问之事，请直接与徐先生接洽可也。

（三）造就人才　蒙古有特别之言语、文字、宗教、政治、风俗、习惯，故宣道之士亦必先学其言语、文字为布道之预备。

又当选择蒙古青年有为子弟来内地教会学校，肄业，以资宣教士之助手，是二者为布道蒙古进行之初步。

个人之供献。仆系呼伦贝尔（在黑龙江之西部，外蒙之东、内蒙之北）之蒙古人。民国三年，卒业于黑龙江省立第一中学校。民国四年，升于北京外交部俄文专修馆，肄业。民国六年，受洗礼于中华基督教会，为基督徒。是年夏，桑梓变乱，家资荡然，不得已半途退学。即在本地竭力提倡教育，乃以私资创办呼伦学校。民国八年春，始得呼伦贝尔副都统署认为官立学校。仆又晓音瘏口，由俄国富商募得捐款，备置学生制服及学校应用书籍等项，学务甫见进步。孰意是年夏秋之间，瘟疫流行颇烈，蒙人死者甚多。仆之家祖舍弟亦遭天殃，乃为家务所累，未能前赴办学。学校从此停办，至今未开。现仆欲在墨和尔图（在呼伦贝尔之海拉尔城东南，距城一百二十里）地方就蒙人村庄设立公立蒙古模范学校。拟建筑校舍三十余间，计八间为讲室，教员及学生室各六间，办公室、印刷室、差役室及厨房、浴室各二间。惟事在初创不求宏大华美，但求坚朴清洁不背于卫生，并以基督教精神贯注学校，为福音传入之先导。现由仆首先捐助现洋一千元、大牛十头。此外尚待募得现洋三千元，始能从事经营。此事关于蒙族全体之文野，民国根本之安危。望吾辈基督徒十分注意，并请日夜祈祷上帝。庶几多人蒙召，福音早布于蒙土。蒙古五百万同胞之希望惟此而已。兹将应为蒙古代祷之要项列下：

（一）为蒙古五百万民族。

（二）为蒙古布道团早日成立。

（三）为国中信徒注意蒙古问题，随时研究考察，并为布道蒙古踊跃捐款。

（四）为模范学校计画早日成功。

（五）为行医事业。

（六）为上帝感召传道者。

（七）为仆个人厚蒙主恩，作主合用之器皿。

策蒙者众矣。然皆属德国式之并吞主义，求能为蒙古五百万民族设法以谋根本上之解决者无一人。焉有之唯博爱、牺牲、平等、大同之基督教徒耳。郭君主张以基督教救蒙古可谓卓见，然基督徒之任于是益重矣。

郭摩西字道甫，原名浚黄。三年前肄业北京时，同予研经进教信道。后即以拯救蒙古民族为己任，年来回蒙创办学校成效卓著。此次远道来津京，即欲与国中教会中西领袖，按洽蒙古布道之事。计已与诚静怡、张伯苓、余日章、司徒雷登、张纯一、巴药满及其他诸领袖征求意见，颇蒙赞许。且已为天津公理会、北京美以美会中华基督教会、协和医学、燕京大学青年会等机关演述蒙古情形及布道蒙古之必要。郭君系蒙古贵族，亦系蒙古信道者之第一人。此次在京津一带奔走呼号，颇类当时马其顿人之呼声。予知天父仁慈，郭君之志必得如愿以偿也。［北京青年会学生干事徐宝谦附注］

蒙古之教育事业与中国将来

民国十一年三月作于日本东京　留日学生郭文尚［呼伦蒙籍］

自来策蒙者众矣，而卒不能举效者何？因人之视蒙也，不曰桀骜不驯，即曰冥顽不灵。恒以武力加其身而未能服，其心故耳。夫蒙古非我中华之一大民族乎？民俗敦庞，人情质朴，体格强悍，秉性沈著。有史以来，无时甘为雌伏，虽其行为乖戾，由此亦足征其民族性也。自满清褒奖喇嘛增大封爵以利禄之，饵行灭种之计，蒙古自此遂一落千丈，形同亡国奴矣。今则屏息塞外无人过问，俨如无娘赤子，以致数百万之可怜同胞被玩弄于异人之掌上，吁可慨也。夫蒙古面积约二百五十万方里，人口约五百万，牧场之广大、牲畜之繁多、土地之肥沃、矿产之丰富，东西洋无不垂涎，而我国人何竟不之介意。今后望同胞中之有心人对蒙加以研究，则蒙古幸甚，中华前途幸甚。兹将蒙古之风俗人情，并治蒙急务略为介绍。蒙古直无文化之可言（清时尚有读满文者），迷信佛教，赖事生活，视喇嘛为佛之替身，不敢侵犯。凡治病、除灾诸事，皆延其诵经拜谶，故人多信赖之。一般人民逐水草为转移，仍属游牧生活。举凡衣服之布帛、绸缎、饮食之米面、茶盐、住民之宫室寺庙皆出自汉人之手。因其知识未开，对于种族思想、国家观念及共和真理毫不了解。故一举新政，动辄误会，前次外蒙之宣告独立实为其证。虽然亦我国人不介意之所致也，蒙古何尝有独立资格、独立能力，不过为俄国所煽动耳。蒙民大部以复辟为要着，故年来时受外人之煽惑而蠢蠢欲动。欧战以还，俄果失败，恐蒙古亦非吾有也。然西北沉疴虽减，东南毒焰方张。日人组织殖民协会努力向蒙古进攻，国民组合团体，政府为之后援。凡无力无资而有心前往者贷费，有人应援，亦有人野心勃勃，欺蒙人之无知，施其侵略之手段，篡中美脔争欲尝之。亦不独日俄然也，西洋之先进国有不以蒙古为世界之富源者乎？蒙人固不自知也，我全国同胞何独梦梦夫。以可爱、可惜之大好山河，竟致之可怜可悲之地狱，有心人莫不同声一哭。揆厥由来，则由于蒙人之知识不开，国内同胞之不介意所致。故也欲发展蒙古者，教育问题乃为今日之先。务使再不起而图之，灌输新知识破其畛域之见，固其爱国之心，其不沦胥于异族者，未之有也。须知蒙古者，非蒙古之蒙古，实中国之蒙古也。而中国又非一人之中国，我四万万同胞之中国也。国家兴亡，匹夫有责。然则蒙古之存否，非我同胞之责乎？将见广大之牧场、万千之牲畜为他人所攫取也。矿产之富、森林之茂，为列强所采伐也。肥沃之田、膏腴之地为异族所垦植也。同胞乎！同胞乎！请看今日之蒙古，竟是何人之领地，时机一过，噬脐何及！将令此强悍健儿为奴隶者何人？数百万蒙人之生命，四万万同胞之命运，皆在吾等之手中也。

嘻！最可异者，国内高唱统一之诸先生，而将若大之蒙古置若罔闻。呜呼！五色旗中蓝将不见矣。悲夫！总之，我国方以内讧、外患交迫，政府欲顾无暇，所赖爱国志士急起直追，作补牢之计，收桑榆之功。余敢信天固将降临蒙土也，否则耽耽者将申其毒辣之手而瞵瞵攫之也。我国统一耶？行将分裂也。叹惜我执政诸公对于蒙古不思根本解决，仍沿旧技以武力压服，恐愈压，反抗力亦随之而愈大矣。为今之计，首宜创兴教育以咨其知，以驯其性，培养其道德，锻炼其身体，而奠永久巩固之基。庶有豸乎！庶有豸乎！乃蒙人近因识见之不真，造成感情上之恶果，而国人遂亦视为扰乱份子，因而衔恨之。其彼此误解势若仇敌，愈积愈深，愈演愈烈，致为外人所煽动贿赂而利用之，而酿成无穷之祸患。蒙古前途、中国前途，岂可得而望乎？愿热心同胞急起发展，蒙古我辈尤不能辞其责也。愿大整旗鼓以作先锋。今将教育上进行急应方法特介绍数则，祈我同胞一垂察焉。

（一）普通教育。包含学校教育及社会教育是也。此种发展已非难事，盖今日北京及黑龙江省垣与蒙古之呼伦贝尔等处学校教育已稍有萌芽，再加努力振刷推广之，则不难普及。惟所虑者，即缺乏同志者协力提倡之耳，教才亦异常缺乏。惟望我行政诸公之注意，我少年有志者之踊跃前趋也。

（二）职业教育。蒙古之牛、羊、皮毛、乳肉及五金、森林等异常丰富，皆宜经营之大可助行政之经费而补中央之窘绌，但必有此项人才方可济事，此职业教育尤为必要也。

（三）培养教育及实业专门人才，其方法有二（甲）派送蒙古之具有新知识者于国内及国外留学，使得真实的学问以为师范之资。（乙）设立蒙语学校，凡我同胞有志于开发蒙古者，不可不学其言语、文字及风俗、习惯而思有以调剂之。现在日本之对于蒙古一切无不详细调查明瞭，且有专门蒙语学校聘用蒙人教之，是何居心不待明言，吾人顾可不加之意乎！

（四）改良蒙古之生活。凡携带全家逐水草而游牧之蒙人，令其建一有定之村庄，俾从事开垦耕种。

凡此四则若能一一举行，则教育实业均可望振兴发达矣。使蒙人觉醒，而于共和真理国家观念悉能彻底明悉。则实为保持蒙古之唯一政策，而统一中国之不二法门也。较之兵马之劳苦，涂炭之凄惨，喋血连年，暴尸郊野为何如乎？以力服人者非心服也，望同胞三致意焉。

颂　　赞

紫光阁平定西域功臣、二等侍卫、额尔克巴图鲁海兰察像赞
清高宗

烈风扫枯，迅其奚难。亦赖众杰，摧敌攻坚于塔巴台，射巴雅尔是其伟绩，勇鲜伦比。

紫光阁平定金川功臣、参赞大臣、一等超勇侯、都统海兰察像赞
清高宗

射巴雅尔，超授侍卫，洊至都统，参画军计，坚碉险砦，无不先登。勇而有谋，封侯实应。

紫光阁平定台湾功臣、领侍卫内大臣、三等超勇公海兰察像赞
清高宗

勇弗知书，谋胜智士。匹马弯弓，贼不敢视。欲致活口，射勿令死。晋爵锡服，言难尽美。

紫光阁平定廓尔喀功臣、领侍卫内大臣、一等超勇公海兰察像赞
清高宗

勇而有谋，侍卫洊公。索伦巨擘，黼衣锡龙。图形四番，福禄鲜比。旋终于家，矜惜无已。

［原注：己亥征讨准噶尔特，海兰察方以索伦马兵从军。先是辉特台吉巴雅尔率属来降，已封为汗。及阿睦尔撒纳复叛后，巴雅尔旋亦从逆。以大兵追急，遁入塔尔巴哈台山中，海兰察奋力穷追之坠马，遂生擒以归，以北立擢为侍卫。嗣后每派出兵，无不奋勇争先。而料敌策应，宛若素娴韬略者。然屡以战功洊封公爵。此次为参赞功成，复晋封一等超勇公，实为索伦之杰出者矣。］

诗　歌

登兴安大岭歌［原作无考，照蒙古游牧记节录句载入］

清高宗

杭爱阿尔台舒右臂，索岳尔济凭左肩。皇祖昔年曾一至［康熙二十六年，圣祖幸索岳尔济山，鸟兽客来朝扈驾］，即令圣迹苍岩间。

命领侍卫内大臣、一等超勇公海兰察入昭忠祠诗以志情

清高宗

本以索伦兵，手擒巴雅尔。因之识英材，超群擢侍卫。感恩益忠勤，征战无不委。犹忆伐缅甸，领队率一旅。［叶］明瑞被贼阻，就近欲救彼。额［勒］登额挟仇，无奈为所止。斯则勇兼谋，赤心更莫似。是后凡用师，浮至参经理。凡战皆获胜，深明进退揆。曾不一字识，每合七略旨。台湾及廓喀，福康安肩比。崇爵锡黼衣，恩荣冀永祉。五子申予怀，千秋述伊美。

原注：缅甸之役，将军明瑞师次猛腊，屡战克胜，既而贼大积，我孤军无继。明瑞令将领分队以出，自为殿后。而参赞额勒分驻旱塔，忌明瑞成功不救，以致殒躯。时海兰察闻信，即欲往援，为额勒登额阻止。彼时海兰察不过一领队侍卫，固不能违参赞之号令，径自赴救。而其忠诚于此益见。嗣后每遇征战无不简派，伊亦感激朕恩，倍加奋勉。至其料敌、攻战进退、策应悉协机宜。虽未知书，俨若素娴韬略者。金川奏捷，遂封为一等超勇侯。丁未，台湾逆匪林爽文等滋事，福康安为将军，并令伊为参赞。不数月，逆匪悉就擒获。事蒇论功，因晋封为三等超勇公，赏戴红宝石顶、四团龙挂。及此次廓尔喀侵扰藏界，仍命伊为参赞，同福康安征讨。七载皆捷，贼人震詟乞降，大功告竣，又晋封一等超勇公。及去冬回京，朕方冀其长受宠恩永膺福祉。不意今春抱病，未及旬日，遽尔溘逝，可胜惋惜。所有饰终令典俱已恩锡。既念此次深入贼境，山径崎仄，备极艰辛，其得病未必不

由劳瘁所致，尤为悯恻。因令入昭忠祠，用彰勋绩，并为宣力效忠者劝。

呼伦贝尔纪事　宋小濂

兴安岭西北斗北，驴朐河外渺无极。黄沙满地雪满天，胡儿三万服威德。忆昔国家全盛时，约束异类随鞭箠。河上誓碑界已定［康熙二十八年平定罗刹，与俄罗斯定约在额尔古讷河立界碑］，山头鄂博石难移［陆路分界堆对以石为之，蒙古语谓之鄂博至今尚存］。此疆彼域各严守，谁敢试越鸿沟走。一草一木戴兵威，碧眼赤髯皆缩手。牛羊遍野驼马鸣，千庐万落腾欢声。沐日浴月二百载，四境从无烽燧惊。世界风云变倏忽，约书一纸来罗刹［光绪丙申与俄罗斯订中东铁路之约］。毁垣入户建飞绍，穴山跨江通修辙。藩篱自撤堕国防，黄巾兆祸虏骑猖［庚子拳匪变起兵，俄藉口入据］。凭陵蹂踏等蝼蚁，八年俯首饱豺狼［自庚子之变俄兵入据，至丁未始撤］。即今乱定脱刀匕，电蛇笑看飚轮驶。部落星居自晓昏，山川瓯脱谁疆理。我武生愧李将军，我才远逊赵翁孙。岩疆权镇作都护，筹防拮据营边屯。千五百里渺人迹，山高溪深岩如壁。陆无道路水无舟，到此仰天长太息。仰天太息空疑犹，何如且为尺寸谋。裹粮分道据天险，开榛辟莽勤绸缪。营巢渐见初基植，河干遍树黄龙帜。邻族惊呼吉代来［俄人呼华人为吉代斯，按：即契丹之转］，官民相诫无妄肆。回头切切语我蒙，尚武勿忘先代风。有马可骑羊可食，同仇共愤图边功。鲁阳挥戈日为返，补牢莫恨亡羊晚。吁嗟乎！亡羊补牢虽已晚，余羊尚在庶几免。

满洲里　宋小濂

群山郁苍莽沙草，迷天荒寒日淡回。野边风严清商乘，郭绝斥堠游牧无。牛羊百年拚弃置，谁知严国防阴谋。善蹈隙突起强邻，强于此通万国轨。道辟周行兴安凿，混沌拜嘎失汪洋。上游据形势入境，扼我吭市尘平地。起灯火通宵张虎，狼恣眺荡意气何。扬扬曰维满洲里，第一停车场中外。艳称说都邑相颉，颃譬如寒村女被。以时世妆王嫱与，西子环佩遂铿锵。岂知世界史此名，从未彰经管在人。力天意终微茫我，遂不自量振策凌。冰霜当车奋螳臂，谓可全危疆三年。苦撵挂尺土谁保，障中央有奇策谦。让实不遑精神日，以瘁躯干日以僵。四肢任屠割痛痒，心早忘，登高一怅。望涕下，徒沾裳。

达赉晚行 [土人名呼伦湖之野为达赉]　宋小濂

平原衰草接灭荒绝人烟见雁行。湖气远涵斜日淡，边声秋挟朔风凉 [是晚北风初起劲甚]。泛舟室犍怀雄略，饮马胪胸有战场。今古兴衰难预料，停车欲话暮苍茫。

登阿巴哈依图岭审视中俄国界

[阿巴哈依图一名阿巴该图，又曰阿巴海图]　宋小濂

群山西来行逶迤，一山突兀余陂陀。昂头驻瞰平野阔，草青沙白乱流多。下马策杖凌绝顶，凭临万象争纷罗。东来长蛇海拉尔，蜿蜒奔赴山足过。地形中高南北下，审观水势一一可。缕尔小渠南溢乃，是达兰鄂洛本中。流北转曰维额尔，古讷河以手递物。作声折 [额尔古讷蒙古语以手递物也。海拉尔流至此转折，其形似之，故同河异名] 循名求实，无差讹鄂博喀伦。于此立形势最易，分中俄箭头凸出。最高处译文虽异 [中俄界约汉人与此处译为最高、最凸之处。俄文则谓为箭头冈，实皆高之译也]，意靡他乃知当年。两国使臣具卓识，界点岂容后人诃。虽有辩士之辩不，能易位置即以愚。愚公之愚讵可移，岩阿黮何采胡奋。

智力峥嵘山势平，揉搓更弃今水寻。古水茫茫陆地［生俄勘界员谓箭头冈系在箭头地方之冈，是将立体形易为平面形。又以今之海拉尔河系改流，遇寻旧海拉尔河］，中外国势有强弱，世界公理无偏颇。噫，吁戏世界公理无偏颇！三韩眼见，并于和大海天堑。可奈何！

阿巴该图俄屯　　宋小濂

阿拉公河上［额尔古讷，俄人名阿拉公］，俄人第一屯［额尔古讷河西岸，俄喀伦于此屯起］。防边初置堠［询之俄屯父老谓此屯原系喀伦，岁久生聚，遂成村落］，聚落渐成村。实塞营田意，资生牧畜蕃。山南回首望［俄喀伦在山南，喀伦以外皆荒野］，沙草漫平原。

额尔古讷河　　宋小濂

石大兴安东海滨，毳衣穷发皆王臣。威棱远格不毛地，立碑界首期常遵［康熙二十八年平定罗刹定约立碑，将流入黑龙江之绰尔纳，即乌伦穆相近格尔必齐河为界。循此河上流不毛之地有石大兴安岭，以至于海。凡岭南一带流入乌龙江之溪河，尽属我界］。承平日久边备弛，乘危抵隙窥强邻［咸丰四年，俄人乘我东南多故，乘势东侵］。约书一纸弃天险［八年，在瑷珲立约由黑龙江分界，无端弃地数千里］，黑龙江水来平分。西北山河余一角，额尔古讷长蛇奔［康熙二十八年，定约将流入黑龙江之额尔古讷河为界，河之南岸为我属，北岸为俄属，至今未改］。千五百里严旧界，紫髯碧眼犹逡巡。绵蕞勿失在人力，前车已覆无相循。亡羊补牢或未晚，三年拮据营边屯。樵苏刍牧守约束，殊俗尚知圣武尊。山灵亦抱爱国热，西成禾稼堆黄云［本年边境秋收甚丰］。乘鄣秋深按斥堠，风清日暖车无尘。有人有土理不易，荒芜讵可图长存。侧闻下诏减繁费，倘因实塞筹移民。小臣报国乏奇策，务农积谷尊前闻。愿钞古今中外拓殖史，一一条列陈吾君。

额尔古讷河岸野宿　　宋小濂

山苍苍，河洋洋，连天沙草落日黄。牛鸣马啸人在野，毡庐布帐须臾张。凿坎架甗爨晚食，折蒿爇火烧羔羊。抽刀割肉恣饱啖，笑谈惊断归鸿翔。饭罢吏士借草卧，鼾声齐入黑甜乡。嗟余平生惯行役，冰霜雨雪无弗尝。即今筋骨渐衰老，若论意气犹飞扬。今日巡边按斥堠，草肥马健争腾骧。正好野盘趁秋暖，五更梦到黑水旁。危途巉岩不能阻，精神直欲周边荒。岂知局促不称意，簿书法令徒周章。二三奇杰善谋国，揖让谓可格虎狼。人生纵意在八表，安能缩手偃息耽。帷房坐，销壮志，负昂藏。

晓渡根河　　宋小濂

北风一夜冰棱起，征人晓渡根河水。昨日尚暖今朝寒，边庭气候竟如此。根河之水清且涟，兴安西下开长川〔根河发源兴安岭，西流数百里至此入额尔古讷河〕。临流可置万家邑，辟地岂惟千顷田。曰有故城宏吉拉〔根河北岸有古城，相传为宏吉拉氏所筑〕，蓬蒿瓦砾相杂沓。当年雄略起边陲。今日英风犹爽飒，朝阳回首望中原。山河大地皇舆尊，整顿乾坤协万国。区区荒徼何足论，区区荒徼何足论，时有虎狼来窥门。

放歌行巡边途中作　　宋小濂

寒云黯黯山苍苍，边风浩浩雪茫茫。中途揽辔试极目，凭高矫首隘八荒。八荒大陆渐沦陷，海波轩然日月黄。攫身欲飞无羽翼，临流欲渡无舟梁。胸中悲愤向寥沉，一声仰啸秋天长。世间富贵我何有，天下英雄谁可当。汉武唐文不复作，郑侨富弼将安望。儒生俗士昧时务，文明顽固徒分张。国家大势如累卵，奋身畴与争存亡。诸公方自廓权力，零金碎玉集中央。丈夫报国贵达道，安能随声附影参。翱翔不如挂冠拂，袖入岩壑覃精研。思撼衷肠取彼万，古未有之世局发。为千秋不灭之文，章书成沥血和墨。写锢以铁匣名山，藏此身可没心不。没灵魂呵护无敢，伤天晴画晦起雷。电元精耿耿腾光，芒望气发取进天。子凿匣展观惊庙，堂要言至计契神。圣当几立断绝彷，徨小用大用各有。效危者复安弱者，强政本不摇九州。奠黎民于变四表，光大开明堂受朝。贺协和万国来冠，裳协和万国来冠。裳传之万代蒙沐，昌山苍苍雪茫茫。吁嗟，此愿何以偿。

求李佑轩作兴安立马图以诗代束　宋小濂

兴安岭北西安西，二十年来栖复栖。老树连云绝沙漠，乱山积雪迷荒蹊。凭高驻马西风急，旷野无人落照低。到此不堪搔首问，穴空谁塞一丸泥。我亦人中之一人，何须状貌太求真。但能写出胸怀意，便是传来阿堵神。万里边荒忧国恨，一鞭风雪壮游身。即今齿发非畴昔，犹望翁孙逐后尘。

哀哉行　宋小濂

毒蛇在前，猛虎在后，腥风四起天地昏。黽进则饱蛇腹，退亦入虎口。哀哉！乃无险可走。闻道东邻被蛇吞，磨牙吮血无人问。幸逃一二拳空奋，东邻已饱腹蛇，意犹不足。掉尾邀虎来分，遮姿攫扑西邻空。望东邻哭安得猛士，磨利剑斩蛇，刺虎如扫电，乾坤从此庆清晏。呜呼！乾坤从此庆清晏，老我梦中或一见。

将去呼伦贝尔留别司局诸僚属　　宋小濂

我本无宦情，况跻崇高位。我本无吏才，况膺专阃寄。风尘二十年，奔走营衣食。乃遇云阳公，谬说才出类［黑龙江将军云阳程公德全专折奏保，谓为出类之才］。幕府作元僚，庶政采刍议。鱼水感恩知，遂动激昂义。每有兴革端，肩任无顾忌。时会方艰难，四郊屯虏骑。命我谒枢廷，痛陈折冲计。冒险西入都，历历皆奏记。公谓绩效彰，艰巨已明试。一鹗荐九重，比岁迁不次。东海仗节来［东三省总督、天津徐公世昌］，亦谓堪任使。表我摄边符，责我筹边事。驽马效驰驱，勉奋千里志。行尽路巉岩，腾踔忘颠踬。回首望平原，蹀躞多良骥。胡为汗血斑，自蹈危机地。

忆昔游漠河，屡出兴安道。前年来岭西，忝综牧政考［副都统所辖皆游牧蒙旗］。生本是粗才，合向边庭老。沙草边地荒，风雪弥天搅。为欲启群蒙，重译劳譬晓。每思固吾圉，深筹极冥杳。辄作无米炊，勉逞贫妇巧。况复世路艰，人事横牵扰［前被言官弹劾，交东督查办］。热心忧患多，何如知机早。到此方经年，须发半已皓。屡上求退书，无灵空祀祷。谁知默默中，转关生意表［屡请开缺未允，近已改副都统为兵备道，改奏以毛福模试署］。天若悯我劳，放我归来好。行乐宜及时，不见尘栖草。山巅与水涯，策杖穷幽讨。衡茆足栖迟，布粟易温饱。岩伏望大平，庶几余年保。

昔我方来时，皑皑冰雪恣。今我将去日，依依杨柳枝。中阅岁两改，世变纷如棋。抚心每自问，良久安所为。蒙旗重游牧，生计实在兹。可能致蕃息，比户无冻饥。其次在弭盗，保卫固安绥。可能制虏贼，无敢越雷池［时有俄匪越界劫掠］。边蒙俗塞野，教育良所宜。可能谋普及，弦诵遍荒陲。尚武本旧习，此风今已衰。可能振颓靡，还我军人资。四者皆要政，愧未竟厥施。

覥颜踞高位，徒贻人瑕疵。官民恕我拙，疾苦谓我知。临歧尚恋恋，饯我酒一卮。钦然饮卮酒，殷勤重致词。风潮四面迫，世界危乎危。况我处边徼，时有强邻窥。其各奋智力，万众营蕃篱。

营平制羌虏，策划屯田留。赞皇镇西蜀，乃筑筹边楼。古人重远略，战胜非所求。先为不可胜，一一备豫筹。我才愧往哲，妄思追壮猷。诸君幸同志，携手来荒陬。荒陬何所有，榛莽连云稠。经年卧冰雪，辛苦劳绸缪。瘝瘝讵敢恤，艰阻何足忧。据险立屯堡，伐彼侵轶谋。突闻我将去，壮士颜为愁。笑语二三子，别泪无轻流。乘除有定数，疲敝应归休。安知后来者，不较前人优。况复际嘉会，旭日明金瓯。万国仰新主，负扆咸朝周。纪纲一清肃，国势争上游。皇威暨遐服，荒漠皆田畴。帝曰允汝绩，定远知谁侯。其各慎终始，努力懋前修。

胪滨府［民国三年作时未改制，仍前称府］黑龙江学务处提调林传甲［〈字〉奎腾，福建闽侯］

胪滨府治满洲西，铁路交通轨道齐。广辟牧场栽苜蓿，新镕沙漠作玻璃。近邻蒙古绥藩服，远驭欧罗译狄鞮。克鲁伦河谁饮马，犹闻永乐旧征辔。

呼伦厅［民国三年作时未改县，仍依旧称］　　　林传甲

呼伦厅有呼伦泊，室韦俱轮纪盛唐。达赖喇嘛尊佛地，扎兰诺尔辟商场。寿宁市集能徕远，伊敏平原待垦荒。海拉尔河都护府，索伦劲旅旧知方。

室韦厅［民国三年作时未改县，仍依旧称］　　　林传甲

室韦厅名思故国，沿边寸地抵兼金。勇声犹号巴图鲁，矿厂先营吉拉林。鞢鞢几朝无事纪，毡裘十袭有寒侵。收回越垦兴边垦，共勉同胞爱国心。

登高四望［《龙江诗集》原四首录其一］　　　林传甲

西望胪滨饮马河，夹心滩地费磋磨。蒙荒瀚海初兴学，卫藏须弥尚枕戈。文轨遥通乌拉岭，飞车径度墨斯科。轺轩来往寻常事，玉帛雍容万国和。

闻呼伦独立　　　　　　　　　　　　　　　　　林传甲

印度为墟已百年，须弥三藏祸相连。中原无主民生困，蒙古联盟帝制专。边吏犹堪争旧约，书生不幸烛几先。索伦劲旅多忠勇，抚驭凭谁策祖鞭。

题龙江地图重九四望　四首之一　　　　　　　　　林传甲

西望呼伦贝尔城，殊方政教几经营。漠河夙号黄金国，蒙古犹存白马盟。铁轨凿山开大隧，火犁越界已深耕。满洲里外长途远，谁向欧洲万里行。

随中东铁路宋友梅督办视察西路途。中诸作［民国十年十月］中东路董事袁金铠［洁珊，奉天辽阳］。

过碾子山驿［呼伦境东］

早过朱家坎，行经碾子山。沙痕涸残渚，石壁露羼颜。村远人踪少，日初晨气闲。路旁榛莽际，野烧尚留殷。

过成吉思汗驿［呼伦境东］

成吉思汗地，犹留怪杰踪。一龙极天矫，万马昔横冲。余亦能过此，斯人不可逢，山川剩陈迹，瞻眺扩诗胸。

过扎兰屯驿［呼伦境东］

侵晨行抵处，风景扎兰屯。岚重山容近，尘清树荫繁。游踪夸避署，僻地数名村。瞥睹修髯叟，人业气象尊［遇二老叟，白发俨然］。

过巴里木驿［呼伦境东］

山岭回环处，驿程巴里过。午餐试窝酒，远势出危坡。峭碧石凝画，萎黄叶隙多。行行见晴雪，气候奈渠何。

过博克图驿并示济侄［呼伦境东］

沙石绕长途，行行博克图。雪堤寒料峭，云树影模糊。旷野无村落，翔空见雀乌。此间欣晤汝，情话立须臾。

过兴安岭

盘道纡回度，兴安岭上来。亭亭扶树直，缓缓按车开。洞凿倏然入，晦明阴画猜。这边寒气重，惊睹雪成堆。

过扎兰诺尔驿

夜雪呼伦过，边风破晓寒［夜过呼伦贝尔遇雪，程守初督办来访，以睡卧未晤］。冰攒溪水合，履响叶声乾。矿产天然富，人工极大观。貂裘车上拥，犹觉客衣单。

探扎兰诺尔煤矿地洞七古六十韵

扎兰诺尔驿路隅，茸茸羊草纷平芜。牧人牧马来求刍，中有佳矿世所无。辛酉小春秋日徂，广平督办出视涂。我充路董滥吹竽，步亦步兮趋亦趋。锋车行值煤产殊，探险视洞肯踟蹰。鱼贯接踵势不孤，汽梯悬下惊幽途。此亦人间特别区，昏昏笑对含胡庐。忽然堕落廿丈躯，凝神且复立须臾。莹莹灯光亟所需，见有路径非通衢。钩连铁轨纵横铺，凭藉巨木各枝梧。墨质壁立削其肤，载之量之联运输。高下曲折诡形俱，布置缜密纲织珠。人行有如蚁穿珠，又如缘壁走鼪鼯。佣工出入相嬉娱，我来怕冷衣貂狐。疲甚挥汗沾重襦，蒸汽潜滋水渗濡。偶然一滴或在须，俯仰修干碍崎岖。猥琐恨不如侏儒，鄙夷钻穴来窥□。前程困惫遭揶揄，双瞳短浅迷素朱。寸心惴栗转辘轳，势处孤立有阻虞。刘君扶掖殷相须［刘处长钧衡时扶掖之］，此地漫拟地狱图。取精用宏累锱铢，神工鬼斧穷描摹。难煞善画倪也迂，土人攻矿移山愚。两两相形彼则雏，小巫何堪见大巫。霄壤悬绝难合符，术有巧拙技精粗。叔世诈谋相剪屠，蜩螗沸羹互主奴。何方缩地韬真吾，桃源避秦携妻孥。我愧荷戈与执殳，又惭终军能弃襦。愿借此地藏驸驽，九十九年长期租。吟诗兼可避索逋，谁管人世有荣枯。矿主弗允嗤矫诬，循出旧隧仍车驱。

到满洲里

行抵满洲里，平沙入望频。舆图严国界，边事接强邻。旧日

胪滨境，今朝游历身。宾筵奏羌乐，歌吹绕梁尘。[万寿山司令与自治会设宴欢迎，并演俄剧]

归途过呼伦贝尔 [所作诸　诗画间视察者为限，凡归途之所咏，皆去时夜间所经过者也]

海拉经行处，归程到内蒙。霜华凝地白，砖影映街红 [新筑屋宇多用红砖]。游牧如前日，存旗有旧风。别区销自治，犹忆一时功。

咏堪达含　　方世庄

臃肿额端欺鹿角，郎当项下门狼胡。可怜骨碎三军指，曾助天山一战无。

[堪达罕驼鹿也，项多肉。陆佃埤雅云北方有鹿形如驼，即此。色苍黄无斑，角坚莹如玉，中有黑理，横截之镂为玦，使周于外一线匀圆，选一玦于数十角，直数万钱。]

龙江杂咏 [原诗名百五秒计百五绝句，兹录其关于地方事迹者得十首] 朱履中

三路分延事最严，各书时日与名衔。瘗山挂树无人觉，留与明年再启缄。

[清制每岁五六月派三城协领至俄罗斯界，分三路巡视，谓之察边，事毕各书姓名时日于木牌，包以桦木一挂树一瘗山。明年察边者取归呈验]

卓帐河东记察边，车臣罗刹贡年年。外藩臣服输诚切，常宴琼浆五色筵。[罗刹即俄罗斯酒，有五色]

边地城垣土墼环，根河尚有一砖关。辉煌金碧琉璃影，零落荆榛草莽间。[边地城垣率用土墼，惟北根河有一砖城废址。每岁察边者皆言，旧城尚有柱础及黄碧琉璃破瓦杂于草莽]

绝尘良骥自生威，白草黏天去打围。黄豆瓣儿一声出，可怜绝辔又思归。[黄豆瓣儿，小鸟也。黑龙江马产于呼伦贝尔及西布特哈者养之他处。于立秋后闻此鸟鸣声，辄垂头不食在厩中，腾踔嘶鸣思归故土，防之不严每脱羁而去]

扁舟扎哈胜威呼，飞渡轻于水面凫。任受两三人亦可，烟波时有钓鱼徒。[扎哈，小船也，受两三人。威呼，独木船，仅容膝。扎哈、威呼并清语]

轻车驾狗即扒犁，近制鞭将二马挥。山路崎岖行不得，能教冰上疾如飞。[扒犁制如浚床，屈木为辕，驾二马。行冰雪上疾如飞鸟，或曰此即蒲与路之狗车也]

礼缺马牛不许婚，幸而执子已登门。成行儿女随娘去，新妇依旧体态温。[达呼里巴尔虎以牛马为聘礼，礼不备不容娶。然婿既行执子礼。（即满洲叩头礼也），许婿往来与女同寝处，往往子女成行乃归，仍称新妇]

熊梦未占早出房，草棚新搭野田旁。只须弥月才归得，莫怪人称是弄獐。[鄂伦春妇人临产，其夫为搭棚数里外，产后弥月乃归]

妾家捕鱼海上居，郎家打虎是苏苏。打虎不会来布雨，捕鱼何能到达呼。[布雨尔池即捕鱼儿海。达呼尔即打虎儿一声之转也。清语籍贯曰苏苏]

中庭缚草树高竿，小帜飞扬屋上看。不比索摩虔祀事，腰铃手鼓闹更阑。[达呼尔屋脊插一帜，院中树高竿缚草一束，与满洲索摩杆不同]

巡视河坞归而感作 [民国十年九月] 呼伦贝尔善后督办程廷恒 [守初，江苏昆山]

凉秋九月塞草黄 [时十年九月二十一也]，朔风怒号掀天狂。河坞北巡三百里，沙碛处处落大荒 [河坞居呼伦贝尔北三百余里，满目荒凉如入不毛]。汽车疾驰逐飞电 [不驾马车而乘汽车取其轻快]，崎岖险越无康庄 [由海拉尔至河坞道路凹凸，颇形颠簸当思设法平治]。同与行者人四五，卤簿不惯气张皇 [出巡之时人有劝予多带护从，予甚不喜]。俄侨坡奥二代表，沿途指点格磔忙 [时有俄侨代表坡尼金、奥西坡夫二人为予前导]。车中谈笑破寂历，译员警官杨与郎 [同行之人除本署译员杨鼎芬及警察厅长郎官普，他无与焉]。路所经过各俄屯，扶老携幼拜道旁［一路经过村屯，俄侨老幼多出欢迎］。侨民疾苦听译告，绥抚拯救我所当［俄民各陈困苦情形，无不一一安慰以去］。愿汝屯民各安守，为筹生计为保障。老者欢笑幼者舞，贡盐贡面同迎王［盐与面包为俄俗接待长官之礼。此次遮道贡献，不啻箪食壶浆之以迎王师也］。胡笳声声夜不寐，终宵警署心彷徨［道间驻足苏沁警察署，慨念边业不能成寐］。我欲久留留不得，手无剑戟驱豺狼。自去徂来二日间，边情百一窥微芒。言寻归路渡根河，矢鱼漫讯公如棠［归途在根河观渔，俄人以鲜鱼加餐］。吁嗟乎！龙城飞将不再见，胡儿偷度谁严防［河坞左近时有俄党越界抢掠。读"但使龙城飞将在，不教胡马度阴山"之句，为之怅然］。天生我才不如赵中郎、李太尉，屯田、筹边两茫茫。我行河坞我叹息，蹙蹙靡骋瞻四方。额尔古讷一水界，中外紫髯碧眼出。入我奥堂［康熙二十八年定约以额尔古讷河之右岸为我属，左岸为俄属。近以越界日众交涉颇烦］，安得扫除？诸羌胡濡笔，牢记毋相忘。

随扈吴军长重莅海满两埠视师［民国十一年五月］　程廷恒

清笳汽毂彻宵征，又见元戎抵塞城［十年，廷恒甫任呼伦贝尔督办，大军征库伦，军长曾驻师海满］。一路羽书纷寇警［沿边要隘时有俄新党举兵入境之报］，三军鼛鼓壮边声。麾旄令重风霜肃，挟纩诗添雨雪情［帅节抵满，值风雪交作，边士时尚衣棉］。璘玢威名惊异域，饶歌唱去扫搀枪。兵机民计两心殚，分得余闲布政宽。溥利不辞探坎井［校阅归途视察札兰诺尔煤矿］，筹防岂止整师干。飚轮远道星驰急，刁斗连营月影寒。车骑几番欣扈拥［辛酉壬戌海满两次简阅均兴其役］，北圻镇抚仗怀安。

登呼伦贝尔城北山［己酉春三月］留江任用县知事

于家铭［石□，山东牟平］

自笑生非用世才，栖栖何事渡江来。泥鸿爪印迷芳草，塞马声嘶吊古台。铁轨贯穿谁失算，金瓯残缺有余哀。无情天地安能问，消遣愁怀但酒杯。

铁木哥斡赤斤故城［在根河北岸特尔布尔河南岸，旧作宏吉喇故城。考正说见古迹］ 胪滨县知事赵春芳［香圃，直隶涞县］

元代发祥说故都，登高远眺意踌躇。当年裂土雄牛耳，盖世英名建骏图。气并山河留胜概，年湮台阁已成墟。兴亡时势如泡影，变换沧桑感隙驹。野草闲花萦旧址，苍茫薄暮认归途。

呼伦贝尔湖山市 　　　　　　　　　　赵春芳

泡泉神斧何年凿，一在城南一在北。遥空碧色水长流，岛屿萦回疑无际。侵晨蜃气结楼台，异彩辉煌幻顷刻。气象万千变化间，觉比蓬瀛尤奇特。快意适观如登仙，至今想像犹在侧，寄语骚人莫忘游，妙境天开留边塞。

咏辘辘车　黑龙江高等审判厅长 　　　周斗钦

有族达呼尔，错居龙江澳。特产轻便车，桦柞为轮毂。轮径四尺余，国近高车俗。周廊合双弓，火烘继日曝。矫揉经岁时，坚强始拳曲。良匠结构成，宛然轻就熟。北徼道平平，追飞迅于鹘。纪俗肇嘉名，初哉肆创作。音义协辘轳，名正双声合。或称大毂轮，象形尤仿佛。嗟哉！大兴安虎视北门，钥轮辙贯欧亚。殊风渐异域，墨守鉴前车。经边赖远略，同轨期何时。光我大汉族。

呼伦贝尔怀古　岁贡生 　　　张家璠［鲁箴，奉天复县］

民国十年岁辛酉，我抛青毡漠北走。到此库楞布雨尔，旷怀兴废幻云狗。远眺峻岭内兴安，索岳尔济亦不朽。额尔古讷一水环，两大湖泽分左右。如斯形胜壮三边，山河表里信天然。更严俄疆与喀界，数十堡障［旧设卡伦四十六处］相勾连。胡为罗刹竟深入，干净土遍染腥膻。黄发碧瞳狰狞异，辎辅格磔语难诠。忆昔黄帝封域广，大鲜卑山［即今外兴安岭］辟榛莽。传至拓跋徙而南［元魏为黄帝子昌邑之后，始迁呼伦湖继入中国］，乌洛侯［《皇朝文献通考》云即今俄罗斯］①来据兹壤。失韦［即室韦］八部跨乌江［锡伯利亚东部旧为北室韦地，余部分据本境。《黑龙江外纪》黑龙江一称乌江］②，契丹角逐称雄长［室韦为辽所灭］。兀术长城［在呼伦西北境］断若连，而今凭吊意惘惘。蒙兀灭俄汤沃雪，皙种犹言黄祸烈。帖尼河［本境特诺河，《新元史》作帖尼］畔阵云深，扎木合帝终扑灭［札木合称帝于根河，灭于元太祖］。根河阔洑［呼伦湖一作阔洑海子］考遗踪，烈祖诸子封土裂。明定塞北准扰清，饮马［胪沟河］捕鱼［贝尔湖］几流血。曼珠崛起土宇宽，泥扑处［尼布楚别名］属茂明安［蒙古部名］。奈何一旦甘割让，额沴古涅［《元〈朝〉秘史》"尔"作"沴"，"讷"作"捏"］界汍澜。瑷珲北京两续约［外兴安岭南、黑龙江东地两次丧失］，读之令人心倍寒。金瓯自是痛残缺，斯拉夫族任盘桓。加以汽毂贯西东，抉藩破篱大交通。黄巾无端兴妖孽，扼吭拊背召外戎。入我堂奥利我土，野心未已诱我蒙。渔林矿垦缔密约，脂膏吮吸患无穷。天幸悔祸厌邦邻，红白蔷薇乱同长［时俄内有红白党乱，说者比以英之党争］。纠我貔与虎驱彼，豖与狼黄种势力。未可量成吉思汗，旭烈兀土人毋忘。祖业强况复索伦，耐苦战骑兵勇悍。称独擅使犬使鹿［即鄂伦春人］，民族雄雪窖冰天。经锻炼从此奋斗，振精神整顿江山。清荒甸，吁嗟乎！整顿江山清荒甸，尘沙揭起风云变。

呼伦县　　呼伦县知事——郭曾煜［〈字〉亦廉，福建闽侯］

呼伦县治幅幄长［呼伦区域辽阔，西北东与俄接壤，西南与各蒙为邻］，滋愧轺才宰一方。游牧殖民蒙古地［呼伦蒙旗向以游牧为生，马产之优尤为特冠］，刊碑立界讷河疆［康熙二十八年平定罗刹，与俄罗斯定约在额尔古讷河立界碑］。五都物产甘珠寺［甘珠寺即寿宁寺。每岁夏历八月朔日在寺前开一市场，凡

---

① 《皇朝文献通考》即《清朝文献通考》。点校者。
② 锡伯利亚即西伯利亚。点校者。

金玉、锦绣，以至驼马、牛羊、布帛、菽粟靡不罗列。内外蒙古各商麇集以万计。惟购买物品必于市内，以防漏税。古所谓日中为市，交易而退，各得其所者庶几近之]，三国公司采木场[呼伦境之东伊立克都一带森林茂盛，有俄商谢夫谦克林场。现改为采木公司，由中日俄三国合办]。风鹤俄邻频寇警，围棋赌墅靖边防[呼伦贝尔沿边要隘时有俄党聚兵□□□程督办从容坐镇将俄旧党领袖什立尼果夫密□解治□东山赌墅围棋□□□□□□□□□]。

登兴安岭　　　　　　　　　　　　　　郭曾煜

兴安岭上路回环，薄宦遨游亦等闲。终古苍岩留圣迹[清高宗《登兴安大岭歌》有"即今圣迹苍岩间"之句]，五丁隧道凿深山[兴安岭原有洞穴约四里左右，自中东铁路订约后，凿开山道遂以通车]。风吹白草霜千里，天接黄沙月一弯。直与根河流域贯[根河发源兴安岭，西流数百里入额尔古讷河]，建瓴险堑旧秦关。

月夜归乡　　　　　　　　　　　　郭濬华[呼伦蒙籍]

恨车声之辚辚兮，厌马鸣之萧萧。羡明月之永照兮，怜此身之飘摇。

[癸亥夏历八月二日，有甘珠庙之行，同往者为呼伦警察厅长郎官普、呼伦县知事阮希贤暨本署译员杨鼎芬。甲日去而乙日回。就恒耳目所及关乎风俗、民生感触甚多，率成五古四十二韵，聊备采询于百一云尔]

程廷恒

俗尚各殊异，到处宜详志。捧檄守北陲，名忝观察使。呼伦贝尔区，曰有甘珠寺[甘珠译义为经文，名称寿宁寺。敕建后颁到藏经蒙旗，因即以经名。名庙为甘珠庙云]。清乾四八年，圣跸曾戾止。谓此大丛林，建筑承御旨。年年八月间，蒙旗集大市。秋高马正肥，中外商罗致。敦俗首劝业，而可不一至。南行驱汽车，迅疾如飞驶。不远四百里，仅仅卯及巳。千山鸟飞绝，一路无人趾。凉秋草衰黄，野旷寒无似。我行月二日，庙会已开始。新陈巴尔虎，大半元孙子。沿道结毡庐，妇女乐共处。膻肉与酪浆，旁视食甘旨。趋步污芒屦，狼藉牛羊矢。贸易辟四门，出入分彼此。设局督征收，尔我循税制［会期前督办公署会同副都统公署以汉、满、俄三种文字布告，由呼伦征收局设行局征税］。节节列旗兵，露积亦足恃。时有各总管，庙会奉监视。闻予税驾来，握手亲导示。寺名溯寿宁，古刹垂远祀。喇嘛聚百千，僧服杂黄紫。趺坐集讽呗，缺舌听不啻。合十迎檀那，谨恪无放肆。洒我以甘露，喻意降蕃祉。示我以藏经，莫辨蝌蚪字。佛应笑我愚，瞻礼太造次。日夕神倦疲，野宿亦适志。胡儿善骑逐，晨起看赛试。谁著祖生鞭，千金标神驷。我行我叹息，蒙汉一而已。重以蔽聪明，尚力不尚智。畜牧不改良，陈法守喂饲。垦植不讲求，地利听弃置。我来行三年，日日图民治。蒙旗习性成，劝导苦无自。宣尼适卫国，教民先富庶。龚黄不再生，贤吏愧青史。临行摄数影，盐池［由海拉尔至甘珠寺途中所经盐池利益甚薄，由广信公司承办］与寺址。纪与同游者，厅长县知事。

甘珠庙之行已在《志略》编竣以后本可不列，以事关观俗采风，且正在付梓，因附末焉。甘珠庙巡行回海后十日，乘车东南行，再往依立克图站，径入扎兔公司林场调查一切，途成四绝，我心喟然。

程廷恒

车站旁依立克图［站名依立克图］，北行廿里有林区［扎兔公司林场离站约廿里左右，于破晓时坐小车前行］。当年大错凭谁铸，租借无端入谢夫［中国领土本不准外人垦牧，蒙旗自治竟与俄人谢夫谦克订立合同，并许其无年限承租，未免错误主张］。

森林大木看连冈，多谢东人指点忙［自公司归中日俄合办后，各派职员经理查察，而我国事务所长遥驻哈埠接洽，多不方便。此次廷恒往查林场时，招待指导以日人居多，且感而且愧矣］。惘怅喧宾能夺主，此身不啻入榑桑。

拒虎迎狼莫奈何，几回交涉费商磋。三公一国成言谶，编史伤题中日俄［谢夫谦克林场几费周折始得取消，然以多所牵制，改以中日俄三国合办，称为中日俄采木公司，主权未能完全有地方之责者，此心终不释然］。

屐痕来去喜探奇，砖埴涂泥辨士宜［日人至林场附近调验土质者，络绎不绝。公司日人以合同限制甚宽，近更有兼办垦地事宜］。隰柳山枢谁爱也，不堪行迈我靡靡。

蒙旗复治始末

蒙旗独立交涉电文

前清宣统三年十一月二十七日，江抚电称呼伦蒙旗遵照库伦来文宣告独立。清外部当电令江抚派员带兵弹压解散。二十九日，东督电称呼伦独立系俄人接济枪械，俄亦派兵进剿，乞示机宜对待等语。清外部以俄人接济呼伦未有确据，不便诘问。俄使同时复据江抚电称据驻俄领照会呼伦一案。奉本国政府命令，中国政府如与蒙古战争，俄守中立。东清铁路界内不许华兵与蒙兵冲突，且不许火车运华兵等语。十二月一日，东督电称俄领照会之意，务与俄使严重交涉。六日，江抚复电告蒙旗倾心向外，俄人明为干涉，并蒙兵围攻胪滨，火车不肯运华兵。俄外部复宣言路界不准容留道厅官吏居住，限期迫令出站。清外部当电陆使依据《东省铁路合同》第十一条向俄外部力争。陆使覆称俄外部坚守中立。诘以《铁路合同条款》，则云现在情形不合，再与婉商等语。十八日，江抚复电称俄兵改装助蒙合攻胪滨，勒交枪马。同日，又电告蒙攻胪滨有俄西伯利亚十五号队武官带兵攻击情况。十九日，清外部照诘俄使，俄官助攻显违中立。二十日，又照诘俄使，俄兵队带同蒙兵围攻胪滨府，勒交枪马。实违反中立之确证。俄使覆称派员查办，虚与委蛇。是时，清外部将先后情节电知陆使请磋商。俄政府坚守中立。陆使覆称俄不认助蒙，并指华官造谣。

民国元年二月二十四日，东督江抚文称俄兵助蒙兵攻胪滨查有确据，并各国旅居该处人签有字据可以明证。三月七日，江抚咨送俄兵助攻地图数十帧。十四日，东督江抚文称呼伦变乱，现派员侦查蒙俄屡有私立合同、租售渔业、金厂。又，蒙俄占据吉拉林金厂时驱逐厂内华人。俄人并教授蒙兵操演。又，察罕敖拉煤厂、呼伦湖渔业均为俄人占用。当请示政府卒未解决。同日，又据俄使称华官由齐调兵，俄政府不能膜视等语。我外交部当于四月念五日电告江督军队暂缓调动，免生交涉。江督覆电呼伦乱事，并未由齐派兵。俄虽云中立，实则暗助，显然干涉用心可知。二年十一月十九日，又据江督电告，据俄领面称齐齐哈尔有准备进兵呼伦贝尔之事。俄政府愿和平解决，不愿武装从事。现在协商办法，请停止进兵。同日，又据江督电称查呼伦贝尔在前清未改行省以前与齐齐哈尔等城各设副都统，为八旗驻防之地。该旗种族非纯系蒙古，多由他族迁徙而来。计分五大部落：曰索伦、曰达呼尔、曰鄂伦春、曰新陈巴尔虎、曰额鲁特，各以总管领之。官制纯系满洲旗制，如副都总统、副管、佐领名称是也。与蒙古之称汗王公、贝勒、贝子及札萨克、台吉等制度迥然不同。宣统初年，改设民治以呼伦兵备道直辖全境，分设呼伦厅、胪滨府及吉拉林设治局，实与内地民治无异。又不但与外蒙绝不相同，即较之江省所辖内蒙各旗情形亦大相悬殊。该处虽独立，只能认为内乱，决不能因附和库伦视同一律云云。二十日，我外交部函军事会议处以本日俄库使来部面称，近日齐齐哈尔军队有准备进攻呼伦贝尔之举动应请注意。俄政府主张呼伦制度不能如外蒙之自治，亦不能如内蒙洮南之已改郡县相等。同日复电江都，呼伦独立实由外人暗助，迄今未能复我主权。如以武力解决，又虑衅自我开。俄使声言呼伦不在外蒙范围之内，又诡称调停一语实难悬揣。比接江督电覆江省每届冬令不时派兵剿捕胡匪，并无向呼伦贝尔准备进兵之事。俄使所称当系传闻之误。二十六日，我外部电驻俄刘公使声明呼伦自前年乘乱独立，从前协议蒙约时，迭经俄使声明呼伦不在外蒙自治范围之内。今俄使又称中国不能以兵力收复，虽不能比照外蒙，亦须格外优待。希密探俄外都意旨。十二月二十五日，江省朱护军使电告俄使干涉呼伦贝尔之事，藉口齐齐哈尔军队有准备进攻呼伦贝尔之举。其实冬冷出防，俄官实为误会，请主持办法等情。十二月二日，我外交部据陆军部函以呼伦贝尔既经设治，向不在外蒙区域，自非俄使所能干涉。是以一面调查呼伦从前兵制、民治、沿革，一面与俄使协商办法。越一岁至民国四年，遂有中俄会订呼伦贝尔条件之事。（以上摘录《东三省纪略》）

《中俄会订呼伦贝尔条件》　民国四年

（一）呼伦贝尔定为一特别区域，直接归中国中央政府节制，并受黑龙江省长官监督，遇有必需之事及便利文牍之往来，则呼伦官府可与该省长相商。

（二）呼伦贝尔副都统由中国大总统以策令任命之，并享有省长之职权。呼伦贝尔总管五员及三等以上职官始有任命为副都统之资格。

（三）副都统设左右二厅，厅长一由副都统拣员，一由内务部拣员，均须经中国中央政府任命。此项厅长之任用，应以呼伦贝尔四等以上职官为限。各厅之职掌由副都统规定之，该厅长应受其节制。经副都统许可后始有与中央政府及其他各省直接往来文牍之权。

（四）平时所有该地军事专就本地骑兵执行，但副都统应将军事筹备情形及其缘由呈报中央政府。呼伦贝尔官吏若认地方不靖无力弹压之时，中央即可派兵前往。惟先应通知俄国政府，迨地方靖后，即行撤出呼伦贝尔境外。

（五）除海关及盐政进款专归中央收存外，其呼伦贝尔他项各税捐尽数留作该地方之用。副都统应将收支情形年终呈报中央政府。

（六）呼伦贝尔及中国内地农工商人等自由往来侨居均一律看待，不稍歧视。惟呼伦贝尔土地既认为旗民所共有，则华人仅得以定期租借名义在各处取得田地，并须禀由地方官查明此项农业无妨碍旗民牧放牲畜之处，始可办理。

（七）将来如拟呼伦贝尔修筑铁路须借外款时，中国政府应先与俄国政府商办。东省铁路公司及林矿及他项实业之俄国承办人，如欲在呼伦贝尔境内修筑专用铁路以为运输材料及出产之用，非经中国中央政府允准不能修筑。除有特别窒碍情形外，应即批准。

按照下列第八款所载，俄国人民应修之专用铁路已包括于中国中央政府业经允准之合同内者，当然不适用上项所规定之办法。

（八）俄商与呼伦前订各契约已由中俄派员双方审查，并经中央允准。（按：俄人干涉呼伦之始大端在东清铁路界内不准华兵与蒙兵冲突，及不许火车运载华兵数事。厥后蒙约协议尚认呼伦不在外蒙自治范围之内，迨条件甫经宣布俄使复有准备进攻呼伦之诘问，是其干涉之野心始终未尝稍异。而条件之内容，又无非以笼络蒙旗侵害我主权、利权为目的。所幸天心悔祸，俄党革命内乱发生，呼伦蒙旗倾心内附。而前项之《中俄会订呼伦条件》遂由我中央政府以明令取消，呼伦贝尔之主权至是亦完全恢复矣。）

附呼伦蒙旗请愿转电中央取消特别区域文

东三省张巡阅使黑龙江孙督军钧鉴：查呼伦贝尔地方向属中国完全领土，隶黑龙江省管辖。自迫于库伦大势不得已而独立，嗣复改为特别区域。惟至今以来，政治迄未能发达。经全旗总管、协领、左右两厅厅长、帮办等代表本属蒙旗全体，诚意会议多次，佥称取消特别区域，用图治安实万世永赖之利。据情呈请暂护副都统贵福一致赞同推派代表等来省，用特肃具电稿恳请我［巡阅使、督军］转电中央。俯察愚忱准予取消特别区域，所有呼伦贝尔一切政治听候中央政府核定治理。再，中华民国四年《中俄会订呼伦贝尔条件》，原为特别区域而设。今既自愿取消特别区域权分，则民国四年会订条件当然无效。应请中央政府主持作废，不胜迫切，待命之至。除正式请愿书另行呈递外，谨请代转施行。呼伦贝尔蒙旗代表左厅厅长成德、右厅厅长巴嘎巴迪、署理索伦左翼总管荣安、署理索伦右翼总管凌升，民国九年一月六日呈。

伦署各旗员会议旗署办事权限说帖［七条］

一、呼伦贝尔各蒙旗一切政治均归旗署办理。惟关于蒙汉人民牵涉事项，须另订办法。

二、呼伦贝尔财政现已移交督办公署办理。惟关于蒙人营业事项，须仍由旗署办理。

三、呼伦贝尔前有各项矿务均已移交督办公署。嗣后地方如有采办矿务事项，须与蒙人生计暨祭祀、鄂博均无妨碍，并须与旗署妥商后，始可开办。

四、各旗蒙人原拨之游牧地点，将来督办公署如有招户开垦之时，须先与旗署商妥，先将蒙人游牧之地划清界限，方可开垦。

五、警务事项，如本城暨满洲里、吉拉林一带有华商民居处之地警务，由督办公署办理。其蒙人游牧地方如设警察，须由旗署办理。

六、教育蒙人子弟设立学堂之事，仍由旗署办理。其以前划归蒙旗学堂额依尔地方之学田计六千响，并该地草甸、柳条通均仍划留以充学堂经费。

七、呼伦贝尔交涉事项，业已移归督办公署。惟各旗蒙俄人交涉事宜甚繁，应由旗署拣派蒙员一员，常在督办公署协办一切，以资接洽。

省长公署签复伦署说帖各条

第一条　查该旗既经取消特别区域，则地方上一切政治均应归地方官办理，无蒙民汉民之分。其关于民刑诉讼事宜统归司法机关管辖，但轻微事件可由旗自行了结者，不在此限。

第二条　查原说帖关于蒙人营业事项句，究指何项营业而言，应由该旗署详细声明。如仅指该旗现办之呼伦贝尔官商钱局，尚可商量。

第三条　查地方如采办矿务，应查照国家所订关于矿务各条例办理，断不容有侵害他人之事。如果蒙旗中业主受有侵害，准被害者提起诉讼，秉公办理。

第四条　查招户开垦，自应以不妨害蒙人游牧为限。届时应由善后督办副都统会商办理。

第五条　查蒙人游牧所在地方，自有蒙兵保卫。惟此项保卫之蒙兵不得称为警察，以免与警察系统混淆。

第六条　查该旗自设学校教育人民，实所欣愿。所称学田应先查明实在数目，记注明晰，报省查核，以便划作该旗学产，但须开垦成熟有所收益方足以咨学校基本，非有名无实空划此地也。至六千晌未经垦熟以前，所有六千晌段内草甸、柳条通准专留为办理学校之用。该旗教育应遵照教育法令办理。

第七条　查外交事项直隶中央，即省署亦不能干涉。各旗蒙俄交涉事繁，该交涉员既负有专责，自能妥办。原说帖所称由旗署拣派蒙员一员在督办公署协办一节，无此办法。惟该署如需蒙员相助，应由交涉员直接与旗署商调。

省长孙烈臣致国务总理函

总理钧鉴：敬肃者窃查呼伦贝尔自督办公署条例颁布施行以

来，所有呼伦全境司法、行政、教育、实业、交涉、财政、警察、警队各事业已划归于督办职权之内。其副都统一方面止当沿袭旧制，专理旗务，于国家设官分职之意相符。乃近接该副都统来函，于旗署办事权限意致扩张，谓一切政治均归地方官办，是呼伦旗署即无可办之事，俨同虚设，于设官分治之义未免失实。拟嗣后伦城各旗署办事，暂仿照内外蒙旗各札萨克办事手续，以资治理，而免偏枯等语。查江省设治之始，凡经设治区域地方官均系旗民兼理，其副都统、协佐、防校等官只准管理旗务，不准干预地方公事，曾经奏明有案，即以蒙旗设治而论。查前清奏定《蒙旗地方设治章程》第十八款亦曾有蒙旗不得干预公事。大赉厅地处蒙疆，应照奉天昌图、洮南两府章程，蒙民兼理所有已放荒段以内，无论旗民、蒙古命盗、交涉、词讼案件均由地方官厅勘验。至派充乡约创办巡警，凡在厅治界内亦归该厅自行办理，不准蒙员搀越，以专责成等语。况呼伦原系旗制，与内外蒙迥不相同。缘旗制为驻防土地，属于国家。蒙制为藩属土地，归其所有，名实之间关系极重。今该旗不明斯旨，其所陈议每多逾越范围，实属根本错误。惟查呼伦地方甫经收服，正资拊循。若遇事驳剔，诚恐有拂蒙情。若竟予容纳，不惟权限混淆，尤虑将来滋生枝节。且察此项纠葛实非本省文告解释所能解决，兹特具陈原委并附管见四条，伏乞鉴核。并请根本此意斟酌办法，谕令该副都统遵照，以期融洽分明，相安无事，曷胜盼祷。

管见四条

一、呼伦全属旗务行政，如验放官缺、发放俸饷、牧政生计等事项，统归副都统管辖办理。

二、呼伦贝尔境内地方各官厅遵照前清奏定成案旗民兼理，各依其职权办理地方行政及兼理司法等事项。

三、呼伦善后督办办事权限依照颁定督办公署组织条例之规定，所有全境司法、行政、教育、实业、财政、警察、警队等事项均归其管辖。

四、旗务事项与民政有关，由副都统、善后督办会商办理。

按：蒙旗归政之初，关于划分权限首由伦署各旗员会议办法七条呈请省署，当经督军兼省长孙公统筹兼顾擘画周详，就说帖逐条签覆，结果并作四条，咨报内务部。旋奉部覆将第二、第三两条略加修正（详见下载部咨）。此为旗民官署划分权限之根据。此外，尚有关于拟定旗署两厅职掌、受理汉蒙诉讼各节、省部文件往还，并足为一切施行之轨道。兹特分别节录如下：

内务部咨黑龙江督军明定旗署左右两厅职权

为咨行事，案查呼伦贝尔自取消特别条件以后，所有军民各政添设善后督办及镇守使，以资控驭监督。前经明令发表在案，其蒙旗事务并由东三省巡阅使等陈请善后办法，内开仍留副都统及左右两厅以总其成。所有官兵员额均照旧设置，亦经国务会议议决在案。惟查呼伦贝尔副都统署左右两厅，原系根据《中俄会订条件》而来。该两厅职掌范围，卷查该前副都统胜福于五年十二月依据《中俄会订条件》第三条分别规定报部有案。原咨内开凡地方户口、财政以及工商、学务等事，均归左厅职掌。凡军务拣放旗官等缺，以及挑选兵丁暨诉讼、邮政等事，均归右厅职掌等语。是该两厅在未经取消特别条件以前，所有该区军民两政以及蒙旗事务统为该两厅职掌。现在特别条件既经取消，而军民两政亦已另设机关管理。该两厅依照国务会议议决，原案虽仍旧存留，然副都统以及该两厅之职掌范围，依解释之结果自应以蒙旗事务为限，设无明文以规定之，则该两厅先后职掌。既各不同，权限不免混淆，似应将该副都统署及左右两厅组织权限分别修订，拟具章程以资遵守。惟究应如何规定相应咨商。贵督军会同东三省巡阅使查核拟具详细办法咨部，以便由部提出国务会议议决施行。此咨内务部咨黑龙江省长修正条文。蒙人诉讼归蒙署暂理。民国九年九月十六日。

为咨行事，案准国务院函交黑龙江督军陈请划分呼伦贝尔善后督办与副都统权限管见四条，当经国务会议。以所陈管见第一、第三、第四各条均属妥洽，惟第二条规定地方官厅，旗民兼理权限自系查照江省设治成案办理。然江省其他设治区域，如大赉、肇州、安达等处多已实行放垦。汉蒙杂处地方官厅旗民兼理自系为统一事权起见。若呼伦地方虽设官，而土地尚未经放垦，人民仍以游牧为生，向归各旗管理，与其他设治区域垦辟日广、居民殷繁者情形不同。倘遽援地方官兼理旗民成例，将旗民诉讼归地方官厅管理，事实上恐多窒碍。况呼伦人民归附伊始，正赖拊循。若变更太骤，诚有如原函所云，恐拂蒙情者自应酌量变通。所有蒙旗人间诉讼事件仍其旧习，暂归副都统署管理。拟于第三条下加"但遇有蒙旗人与蒙旗人之诉讼案件暂归副都统管理"等语。俟将来放垦渐多，人民辐辏，再由黑省咨行院部援照江省设治成案办理议决。由院函达本部，转行遵照，除咨东三省巡阅使暨呼伦贝尔副都统外，相应咨行贵省长查照此咨。

黑龙江省长咨准前因请内务部明定范围　九年十二月十四日

（首略）查呼伦地方蒙旗人民居多，汉户寥寥。自特别区域取消以后，所有该处行政、司法各事项目应分别统系各守职权，本不应再有蒙民、汉民之分。前以蒙署不明此意，斤斤争论解决无期，不得不具陈原委，请求中枢根本纠正，以期各守范围。兹准大部咨以蒙旗人间诉讼，拟令暂归副都统管理。并已由部分行等因，在中央为抚绥蒙情起见，斟酌变通，实具苦心。惟深恐蒙署视此项规定为蒙民、汉民各思管辖之表示，而对于一切政治应归地方官办理者，亦不免迟回观望格阻横生。固不仅法权纷歧、观听混淆为可虑也。窃以诉讼案件其属于民事琐屑，无关诉讼者。若能由蒙旗自行了结，按诸不告不理之原则，原不必过事干涉。至若刑事案件，或干国法或妨治安，若听蒙署自行处理，而又无上诉关机①以救济，其流弊有不可胜言者。再如民事诉讼，若有一方向地方官厅呈诉者，蒙署即不应再行受理。以上各节似应明定范围，庶不至临时发生困难。拟于来咨所示（但遇有蒙旗人与蒙旗人之诉讼案件，暂归副都统管理）之下，再加以如属刑事案件或民事诉讼一方已向地方官厅诉请申理者，副都统均不得管理等语之声明。是否妥洽，仍请大部与司法部商明核订，并将磋商情形先行示知。俾资接洽是为至荷此咨。

内务部咨复黑龙江督军兼省长仍照国务会议议决案办理

查来咨所称，拟于划分权限办法第三条，"但书"下再加"如属刑事案件或民事诉讼一方已向地方官厅诉请申理者，副都统均不得管理"等语。在将来呼伦地方放垦渐多，蒙汉杂处之时，自不可无此规定，以为杜绝权限争议之计。惟现值归附伊始，该地居民蒙旗居多，汉民尚属寥寥，前经国务会议议决，于原拟办法第三条下加列"但书"其意。所在一方为抚绥蒙情，坚其内向之心；一方为暂仍其旧习，以免纷更太骤。原系一种暂行办法，且既明定蒙旗人与蒙旗人诉讼案件暂归副都统管理。则凡蒙人与汉民之诉讼，自应仍照原则规定归地方官办理。又若诉讼以外一切政治，应照原案规定统归地方官办理，亦当然不能据"但书"为例而横生疑阻。至"但书"中对于蒙旗人间诉讼案件，所以未就民事、刑事为区别者因旧制。关于蒙旗人民诉讼向有专律，与普通人民所适用之律例不同。"但书"既以暂仍旧制维持蒙旗人民习惯为主旨，故仅为浑括规定，以示与普通司法管辖有别。来咨所称将诉讼案件分别民事、刑事明定范围，各节应仍查照国务会议议决原案。俟将来放垦日多，汉民杂居渐繁，能与大

① 原文为"关机"，疑为"机关"。

赉、肇州、肇东等处相同，再行斟酌情形咨行院部核办。相应咨
覆，贵督军兼省长查照此咨。

　　查蒙旗自治时间与俄侨订立各种合同所定年限甚长，且有并
无年限，复治以后，善后清理诸感困难。廷恒继任督办已及二年，
或设法取消，或收归自办，或予以限制始稍稍就绪，因别为二表
以附于后。

蒙俄订立渔业合同表

俄商姓名	地点	里数	原约			续约				附记
			合同号数	订立年月	期限	合同号数	订立年月	限期	期满年月	
结列聂次克里莫维赤司、□臣阔夫瓦大果夫、俄里聂连廊	乌尔顺河	7俄里	1号	1912年2月17日	5年	2号	1913年7月26日	5年	1922年2月17日	现已期满
布什马肯	呼伦湖	2俄里	3号	1913年2月11日	5年					现已期满
书特果夫、乌拉基米尔	阿尔顺河	15俄里	4号	1912年2月12日	5年	33号	1915年7月8日	10年	1927年2月12日	

续表 1

俄商姓名	地点	里数	原约			续约				附记
			合同号数	订立年月	期限	合同号数	订立年月	限期	期满年月	
米特罗方诺夫、司结潘	乌尔顺河	1俄里	5号	1913年7月27日	5年					现已期满
别子灭里尼岑	乌尔顺河	1俄里	6号	1913年6月10日	5年					现已期满
马特尾河三诺夫	乌尔顺河	1俄里	7号	1912年8月26日	5年					现已期满
米哈也夫	乌尔顺河	1俄里	8号	1913年6月1日	5年					现已期满
吉普新	乌尔顺河	1俄里	9号	1913年9月26日	5年	42号	1915年8月12日	10年	1927年6月1日	
尼匡诺夫、巴兰诺夫、楚频内衣	乌尔顺河	1俄里	10号	1913年6月27日	5年					现已期满

续表2

俄商姓名	地点	里数	原约			续约				附记
			合同号数	订立年月	期限	合同号数	订立年月	限期	期满年月	
尔拉衣连	呼伦湖	2俄里	11号	1912年7月4日	5年	34号	1915年7月16日	10年	1926年6月1日	
索洛尾夫	乌尔顺河	3俄里	12号	1912年7月5日	5年	41号	1915年7月29日	10年	1927年6月1日	兼续6号合同
马特尾	乌尔顺河	1俄里	13号	1913年6月15日	5年					现已期满
马特尾	达兰鄂罗木	8俄里	14号	1912年7月6日	5年					现已期满
查果也夫	乌尔顺河	1俄里	15号	1912年12月5日	5年	40号	1915年8月7日	10年	1927年6月1日	
索洛夫	乌尔顺河	1俄里	16号	1913年3月18日	5年					现已期满

续表3

俄商姓名	地点	里数	原约			续约				附记
			合同号数	订立年月	期限	合同号数	订立年月	限期	期满年月	
倭罗标夫	乌尔顺河	1俄里	17号	1913年1月6日	5年	38号	1915年8月7日	10年	1927年6月1日	
倭罗标夫	乌尔顺河	半俄里	18号	1913年7月27日	5年	39号	1915年8月7日	10年	1927年6月1日	
米特罗方诺夫、马司连尼廓夫	乌尔顺河	1俄里	19号	1912年10月20日	5年	36号	1916年7月16日	10年	1927年8月1日	
米特罗方诺夫	乌尔顺河	半俄里	20号	1913年6月6日	5年	35号	1915年7月16日	10年	1927年6月1日	兼续5号合同
结列聂次克里、莫维亦倭达阔夫、摩列和多夫	贝尔湖	3俄里	21号	1913年9月12日	4年	37号	1915年7月18日	10年	1927年2月27日	兼续1、2号两合同。民国十年取销，呈缴省署

续表 4

俄商姓名	地点	里数	原约			续约				附记
			合同号数	订立年月	期限	合同号数	订立年月	限期	期满年月	
伊夫莲德	乌尔顺河	1 俄里	22 号	1913 年 6 月 6 日	5 年					现已期满
俄蒙商务公司	乌尔顺河	1 俄里	23 号	1913 年 6 月 6 日	5 年					现已期满
瓦结利赞	乌尔顺河	2 俄里	24 号	1913 年 6 月 1 日	5 年					现已期满
贝林、库日阿也夫	乌尔顺河	1 俄里半	25 号	1913 年 3 月 20 日	5 年					现已期满
库子聂磋夫	乌尔顺河	1 俄里	26 号	1913 年 7 月 27 日	5 年					现已期满
布什马肯	克鲁伦河	10 俄里	27 号	1912 年 5 月 1 日	5 年					现已期满

续表5

俄商姓名	地点	里数	原约			续约				附记
			合同号数	订立年月	期限	合同号数	订立年月	限期	期满年月	
伯里索夫	大赉诺尔湖	12俄里	28号	1912年3月9日	5年	32号	1915年6月11日	10年	1927年3月9日	
伯里索夫	乌尔顺河	12俄里	29号	1914年5月9日	3年					现已期满
卧伦错夫	海拉尔河、库杜尔河	15俄里	30号	1914年9月14日	10年					
喀塔也夫等6人	大赉湖		31号	1915年5月23日	10年					
什林廓夫、尼廓拉夫	乌尔顺河	1俄里	43号	1915年9月26日	10年					
库士马钦	克鲁伦河	1俄里	44号	1917年5月1日	10年					

续表 6

俄商姓名	地点	里数	原约			续约				附记
			合同号数	订立年月	期限	合同号数	订立年月	限期	期满年月	
背林	乌尔顺河	1俄里	45号	1917年1月18日	10年					
罗克列夫	乌尔顺河	15俄里	46号	1918年8月4日	5年					因不履行纳税，由本署勒令呈缴合同，取销
沙木舒勒恩	萨拉里河	1俄里	47号	1917年1月3日	10年					
米哈也夫	乌尔顺河	1俄里	48号	1916年3月16日	10年					
考备	查表列号数计共四十八号，其中原约有未依次编列者均于续约栏见之。续订各约均在原约年期未满时所定。其继续期限，则以扣足前后两约年限为准。又本表合同列数原编四十八号中，有续约十二。查续约各件系与各原约为一起，实核合同件数则为三十六起云。上表注年月系就原合同所载，仍用西历，以下仿此									

蒙署外商协订各种合同表

事别\种别	外商姓名	地点	合同号数	订立年月	期限	附记
林场	谢夫谦克	权东沟 巧沟 五奴尔沟	1号	1914年 1月3日	无定期	此合同交涉横生，几费筹画，始改为中日俄札免公司
	卧伦错夫	海拉尔河之各河源及支流一带地方	2号	1914年 8月6日	无定期	
	拉本斯齐	倭宜那河、亚达尔河、环廓尔振河、依明国鲁	3号	1914年 8月28日	无定期	俄人义什马果夫承继
	拉本斯齐		4号	1915年 2月28日	无定期	此件系锯板合同
	马尔车夫斯克	白子河等处	5号	1916年 5月28日	无定期	暂停采伐
矿业	上阿穆尔公司	额尔古讷河并支流各地方	1号	1914年 2月16日	50年	收归广信公司接办
	上阿穆尔公司	额尔古讷河并支流各地方	2号	1913年 5月13日	50年	收归广信公司接办

续表 1

事别\种别	外商姓名	地点	合同号数	订立年月	期限	附记
矿业	吴萨仄夫斯齐	满洲里站至贝尔湖北岸乌尔顺河西岸喀尔喀蒙界中间各地	3号	1915年7月23日	50年	此合同未经履行
	葛罗火夫斯克		4号	1916年2月24日	50年	此件合同未经履行。十年十二月间，美人白连向外交部陈述，曾与该俄人订立合同开垦兴安岭至额尔古讷河间地段。今查驳覆，始无异词
	义商别林诺	察罕敖拉	不列号	1912年10月5日	20年	省令广信公司收买接办
垦种	卧伦错夫	免渡河车站附近库渡尔河源一带地方	1号	1915年3月20日	12年	此合同未经履行
	商舒林、伯罗杜林	伊敏博克图	2号	1915年7月8日	12年	此合同未经履行

续表 2

事别 种别	外商姓名	地点	合同号数	订立年月	期限	附记
摆渡	沈阔维赤、马斯连尼阔夫	海拉尔	1 号	1914 年 8 月 22 日	3 年	期满收还,现由呼伦县接管
租房	上阿穆尔公司	海拉尔	1 号	1915 年 5 月 20 日	15 年	
备考	上表年期半无制限,除已取销无效外,其余仍拟设法收回,以挽利权。又,表列外商除别林诺系意大利人外,余均俄人。又,民国七年,即西历 1918 年,呼伦贝尔副都统与东省铁路公司订立租借扎兰诺尔地段一万九千俄亩,租期 66 年,现正设法收回,以挽权利					

呼伦贝尔蒙旗全图

督办善后年事记略

中华民国九年二月

大总统令，任命钟毓督办呼伦贝尔善后事宜兼呼伦贝尔交涉员。

省长令，前设之呼伦厅改为呼伦县，胪滨府改为胪滨县，吉拉林设治局改为室韦县。

呈省长，呼伦贝尔改建民治，督办兼交涉员署筹议善后各节。署内分置外交、总务、民治、教育兼实业四科。呼伦、胪滨、室韦三县均列为一等缺，受督办直接管辖。各县设警察所一处，以县知事兼充所长。呼伦为华洋杂处，设警察厅一缺，受督办监督。至沿边卡伦旧共二十一卡，现拟将拨归黑河道管辖之奇永额三卡划回并为十八卡伦。

三月

省长令，准外交、内务部电旅华德奥平民回国，准发出境护照。

军长令，查验外人来华，除日本对我免验照证应互优待外，仍照对待德奥人民办法均须具备护照，由华使领各馆盖章签证，方许入境。

大总统令，任命张奎武为呼伦贝尔镇守使。

省长令，德奥以及无约国人民来华，未经外部特许，无驻外使领馆所给入境护照，一概不准登岸。

省长令，实行保护东省铁路。

军长电，俄人如有形迹可疑，或无正当营业者一律押送出境。

省长令，组织警察厅，准委郎官普代理厅长。

呈报呼伦贝尔督办兼交涉员钟毓三月二十七日到任。

呈军长，俄领吴萨缔被海站工界举为新党首领，照译俄新党议事纪略及该领签押证据，抄请电达政府取消吴萨缔领事资格。

省长令，满海警备总司令耿玉田辞职，另委丁超兼任满海警备总司令。

省长令，满海警备总司令丁超兼任哈满护路司令。

四月

呼伦贝尔副都统咨请划分办事权限，遵照移交卷宗。

省长令，呼伦善后事宜关于变通司法一节准照旧制办理。

军长电，海埠自解除铁路公司政权后，所有俄人旧设各级审判厅暨铁路交涉局会审制度一律撤废。

财政厅咨，委任前充呼伦税务局员锡廉为呼伦征收局局长。

呼伦警察厅拟订管理娱乐场营业暨征收捐款简章。援照黑河警察厅先例，呈请核准试办，藉补消防、卫生各费。

呼伦警察厅拟订管理乐户、妓女暨筹收妓捐章程，呈请核准试办。

呼伦警察厅根据旧有屠捐，拟订试办屠兽场简章暨取缔屠商售肉规则。屠兽捐票式样，呈请核准办理，藉补警装经费不足。

胪滨县呈署西旧有土房，前被苏勒芳阿租于俄人设厂。现既县治恢复，请将该俄人合同注销。土房由县归管，以便设立学校，准予照办。

呼伦县呈报，接收蒙旗税捐局及归县征收日期。

军长令，严防朝鲜、印度、土耳其等人载运各国文字书类由圣彼得堡运至鄂连布克，使分赴新疆、外蒙、东省各处传播过激主义。

咨副都统呼伦、胪滨、室韦三县已经设治，所有各该县税务事项应归各县知事接管。

呈省长，俄国驻海拉尔包副领事照称，吉拉林金矿已由金矿局长杂斯铺勒完全移交接管。

海拉尔新街商会长兼警察局长穆文彬呈报，移交新街警察事务于警察厅。

呼伦县呈，请将收回蒙旗税捐局房，拨归县署占用。

呼伦警察厅呈报，两署四队暨各分所同时组织成立。

军长派胡寿庆到海宣慰蒙旗各属。

五月

副都统以满州里警察局发放捕猎旱獭票照，易致酿成疫病，咨请转令停止。

室韦县呈复，遵查收回吉拉林金厂交涉困难情形。

军长令，东省铁路界内从前俄人侵占一切政权均已次第取消，凡关于司法事项拟定暂行办法四条。

胪滨县呈请丈放街基拨段开垦免收荒价，藉以移民实边，并请拟订优先奖励章程。

省长令，俄劳农政府让与中国权利六条，经外交部译明饬知。

财政厅咨室韦、胪滨两县税务，仍归县署兼办。

省长令，颁发国务院交发新刊木质铜镶督办呼伦贝尔善后事宜关防一颗。同时颁到呼伦贝尔交涉员铜质印信一颗。

令胪滨县议覆满站铁路交涉丁专员所请，剥夺中东铁路理事会权及满站设局抽税办法。

胪滨县以公署孤立四无人烟，呈请开放商民建筑，发给街基地照。

令呼伦、胪滨、室韦三县兼理司法暨监狱事项，应即按照法院普通章程隶属高等审检厅管辖。

呼伦警察厅呈订组织章程办事细则。

照会俄代理领事转奉外交部电，对于驻海拉尔俄领事吴萨缔行为诡谲不守法律，不能照旧接待。

六月

军长电，海拉尔日军时于路线内逮捕俄人侵犯我国主权，应由驻在官长据理交涉。

电军长，和解日捷冲突及日捷双方道歉，流弹击毙我国兵民情形。

军长电，询海站日军开枪缘由。

电军长，日军与捷军反悔前议，据隘备战。现经邀双方磋商，捷军承认日官要求，或可不至再生他故。

军长电，日军擅捕俄人，已函外部径向交涉，据由东少将承认禁止。

电军长，日捷事结，满洲里开来日军一律撤回。

军长电，日捷冲突衅由日启，被毙华人应即提索抚恤。

电军长，江桥日军撤回，仍归我军守护。

呼伦警察厅呈，拟取缔民有枪械章程及登记薄与枪证式样。

呈报军长日捷冲突经过情形，附拟备提条件。

黑河道咨珠尔干河总卡已奉省长核准，改归督办管辖。

胪滨县呈请恢复旧有察罕敖拉、阿巴该图、孟克西里、额尔得尼托罗辉四卡。

省长令，准黑河道呈奇雅河、永安山、额勒和哈达三卡伦，仍行划归呼伦管辖。

庐滨县以呼、室、庐三县辖境时有俄人越界牧畜、割草等事，会拟收税章程及收税票照呈请核办。

呈省长，规复呼伦贝尔沿边卡伦，并将奇雅河卡伦改为奇乾设治局，拟具章程预算书。

呈省长，接收黑河道咨交奇永额三卡官产军械等件。

省长令，满洲里调查员携有侨民二千过境，应行妥为照料。

省长电，沿边卡伦准复设立，惟五卡另有陆军驻防。该五卡经费当较他处减短，饬编预算呈核。

省长令，日捷冲突一案对于日军枪击伤亡各兵民要求恤金，日领表示不能承认，并将原照复抄饬详查。

七月

庐滨县呈请设法收回察罕敖拉煤矿，以保利权。

副都统以俄币紊乱，改组蒙旗商业钱局，并咨送钱局章程及纸币式样。

呼伦警察厅呈报，并无俄党人谢氏在呼伦贝尔附近村落密藏军械。

海拉尔新街华商会呈报选举会长。

庐滨县呈，送出放生荒招垦简章。

照会俄领，依据江省税章成案征收羊草、牧放牲畜、贸易贩买土货、砍伐柳条、鱼纲刨石各项税捐，并送暂行税章。

令厅县侦防激军之一部日人纷渡额尔古讷河，向海拉尔方面进行。

军长令，查俄党谢氏召集所部会议决定组织政府，并闻已举定陆军、外交、内务各总长。

庐滨县呈报国民学校成立日期。

室韦县呈报　国民学校成立日期。

省长令，抄发俄临时政府送至中俄沿边居民过境暂行章程。

八月

令室韦县接收吉拉林商团保甲事宜。

扎兰屯征收兼稽垦局以创设博克图警察队，呈请备案。

珠尔干河总卡官呈报驻防陆军会商勘修沿边道路。

省长令，呼伦、胪滨各县华洋诉讼案件以呼伦贝尔督办兼交涉员署为上诉机关。

省长令，准以移驻奇雅河之珠尔干河总卡官李玉琛改任为奇乾设治员。

省长令，禁止俄人在呼伦贝尔各处围猎。

省长令，准呼伦贝尔副都统咨请禁捕旱獭案，抄发限制猎獭简章。

照会俄领，派员赴满洲里办理检验外人入境护照。

照会俄领，满站为我国领土，俄党设立检验机关应亟撤退，以清界限。

胪滨县转请商民张泰和愿押税款五千元，于呼伦湖及鲁松河一带创办渔业公司并附简章。

胪滨县呈报俄邻侵越国界，请发中俄约界图表全案。

九月

省长令，抄行祀孔、祀关岳典礼。

呈省长，筹议满洲里警察局拟设警察教练所情形，并附签注条文。

令厅县奉军长电饬俄使领资格已奉明令销灭，东路界内俄民数目迅即详查具报，一律归我保护。

省长令，呼伦县展放街基，收入基金应全数解缴国库，不能提用建筑华洋诉讼法庭。

省长令，满洲里警察局涉及地方行政事件，应受呼伦贝尔督办监督指挥。

省长令，满洲里警察局呈请征收鱼贩捐，抄发知照由财政厅暂准照征。

省长令，转饬厅县详查我国公家及人民由俄国政变所受损失确数，预备交涉提出索偿。

省长令，颁发《俄币一览表》，转饬县厅查报华商所存卢布数目。

省长令，副都统署暨各旗署预算办公费暨准照九年度原编数目酌减二成，仍饬将各署人员俸薪照减二成，另编预算。

省长令，满洲里华俄商民组织租居评议会，既为评判租价、息止争讼起见，准予组织。

广信公司价买海拉尔电灯公司更名呼伦电灯厂，抄送华俄文卖契清单存查。

呈省长，据胪滨县具报查勘边卡俄人侵越国界情形。

室韦县呈复蒙古与俄公司所订金厂契约，并收纳官金手续。

抄发沿边各卡分区章程。

十月

省长令，呼伦县谢夫谦克林场警察应行划归呼伦县署管辖。

令胪滨县收取正税以及警学各费，准放狩猎旱獭三联票照。

令呼伦县属境砍伐柳条并下网捕鱼，准照前颁税章办理。

令胪滨县防疫卫生办法应由该县与理事会合组，除各项行政事务归入警察范围，余均由县管辖。

省长令，第三届省议会选举转饬各县依法筹办造送名册，并定各县知事兼充初选监督。

胪滨县呈报选举事务所成立。

省长令，转饬奇乾设治局绘具管辖区域图说。

奇乾设治局呈报开办及启用关防日期。

马廷骧呈请招集股本，在呼伦贝尔界内免渡河他方组织垦牧公司。

胪滨县报，据满洲里公共理事会函称阿巴该图及葛拉斯堆、葛不次盖等俄屯有发现时疫，请示防疫办法。

省长令，呼伦等县已设置完备，地方自治亟待施行，自应遵照部订厅县户口编查规则，转饬各属限日查报。

省长令，呼伦、室韦、胪滨三县准用以前旗人编审旧制，会同各旗员编查户主及家族、姓名、年龄汇数列表呈报。

财政厅咨奇乾县改设治，所有地方税务应照胪滨、室韦办法由局征解。

省长电，转饬呼伦、胪滨两县接收海满俄法庭、监狱。

省长令，满洲里警察局所拟改局为厅办法多有未合，转饬另筹核报。

满洲里警察局呈报裁撤扎兰诺尔分署，划归胪滨县管理。满埠原设之第二、第三区拟改为一、二两区。

省长令，满洲里警察局拟收皮张及旱獭照费有碍国税，转饬停止征收。

令呼伦警厅、满站警局，日本军医小田定藏来海面称大乌里一带发现百斯笃疫病情形，迅速查覆。

令三县设治局一体禁止猎捕旱獭。

军长电，查照前发《防疫报告书》《捕獭简章》严订取缔办法。

呈省长，谢夫谦克卖与日人林场一案，已据博站交涉局查报并未成立，并请取销俄蒙合同，以保主权。

省长令，俄人在华所设之邮局及兼办邮政储金各局一律撤退。

省长令，珠尔干河卡续添兵饷按月由财政厅截留，径发呼伦贝尔督办转给。

抄发沿边各卡征收俄人税则及财政、赋税现行规则。

令县厅防范谢米诺夫遣日韩人赴外蒙协议招兵窜扰蒙边。

军长电，谢党运械赴海，饬一律严防。

省长令，转饬侦查外蒙王公派代表赴哈与某国人会议借款购械等情。

军长电，饬查活佛与蒙古王公会议河套勾结红党发生独立情形。

警察厅呈报俄总管吗门特与其等四人在办公室内被抛炸弹等情。

十一月

政务厅函，据转蒙旗厅长等称蒙旗选举，拟照扎赉等选送特派并于省议员额外加增一名未便照准，仍饬按照法定进行。

省长令，满洲里警察局长姜全我免职，委陶景潜署理。

省长令；胪滨县呈送《出放柳条通简章》，转饬派员查明核办。

省长令，胪滨县阿巴该图俄屯一带发现时疫，应行先事预防。

警察厅呈报筹设贫民集合所。

胪滨县呈拟保卫团办法。

军长电，俄党谢氏战败退至大乌里，激党节节进攻，所有住在沿东省路线之俄人应行加意保护。

军长电，俄新旧党发生战事，满赤间大小票车停止，饬属注意严防。

咨送副都统蒙旗户口编查清册式样。

咨副都统札敦河入海拉尔河口至顺河流下游此干站，又伊敏河上游洪果勒金至西屯二处柳条先尽蒙人领票砍伐。

庐滨县电，报赤塔路线桥被炸。

省长令，大乌里与马蹄页子站铁桥炸毁，满站戒严，沿路各县局转饬一律严防。

省长令，从新选举参众二院议员。

警察厅呈报，新街路灯已与俄理事会添设完竣。

庐滨县电报，谢军被赤党围困阿巴该图俄屯。

满洲里警局陶局长电，白党被赤军击退情形。

张镇守使电，告谢军败退入满之零星溃兵，均已依法解除武装。

满洲里警局陶局长电，玻璃金子地方被激党占领，大乌里附近亦有战事发生。

满洲里警局陶局长电，赤军攻退谢军，二张司令已得谢氏允诺于我国境内解除武装。

满洲里警局陶局长电，谢军被赤军击退纷入我境，在十八里小站解械。

电军长，据满站县局探报谢氏与某国人已有秘密协议，其总司令部有拟守兴安岭等风说。

军长电，万旅长与张旅长陆续到海拟即解除谢装。

张司令电，满站逃来伤兵难民已遵省令运哈转崴。

庐滨县电，谢军军需车自行焚毁，其原有之嘎宾力队宣言如果不能支持，有实行退至满洲里之说。

陶局长电，谢赤两军正在阿布该图一带交战。

张司令电，谢部被赤军攻退入我国境，现在正拟着手解装。

陶局长电，海收容部经俄赤塔代表要求提出四项事件：（一）引渡谢氏；（二）谢氏在满所有财产交赤军接收；（三）取销谢氏在满各机关；（四）赤军在满设联络机关。

哈埠总司令电，谢军如未赴海解械，转饬严防他窜。

省长令，案准督军咨陆军旅长，转告研讯炸放俄总管等匪人五名称为嫌疑近于罗织，转饬满海警备司令分饬所在军队严缉逸匪。

大总统令，任命傅强署东省特别区域高等审判厅厅长。

司法部令，派金殿选署东省特别区域地方审判厅满洲里第六分庭推事，萧焕烈署东省特别区域地方审判厅第六分庭检察官。

十二月

省长电，各卡伦需用枪弹现经军署准给连珠枪一百八十四杆转饬遵照具领。

呈省长，转据呼伦县呈调查选举人民，请从汉民入手，蒙民或由该旗选送，或俟国会成立议决再行补送。

省长电，调查呼属蒙旗选民，饬令委用蒙调查员按照元年《众选法》四条二款后半以不动产计算与汉选民同列册报。

军长，由委呼伦贝尔督办为外交处长。

谢军参谋长苏金报称军官杜斌聂等偷运公款，请将车扣留。

军长电，俄官兵运费候电哈总司令部向铁路公司交涉。

警察厅呈拟设立检疫事务所。

警察厅呈报四旅营部被炸一案，经俄军官具书谢罪。

满洲里陶局长电，在满停留之难民七千余人先后运送哈埠完竣情形。

军长电，未经解械之谢军转饬各属防范。

呈军长电，海遣送解械谢军官兵人马数目。

军长电，日本防疫部小田定藏等赴海调查鼠疫，转饬一体照料。

省长电，预防领土疫疾已电伍医官连德到满施行检验。

军长电，部派防疫副处长来海调查鼠疫，饬属妥为接洽。

警察厅报告海埠发生百斯笃病。

省长令，筹设地方自治模范暨道县自治讲习所，饬属实行筹备。

警察厅具报，本埠受疫死亡人数暨预防情形。

室韦县呈复，收回俄商月尔哈尼乌金斯克金矿公司，交还吉拉林金矿情形。

警察厅呈报购置防疫用品，增设隔离所。

呼伦县厅会送商民因俄乱损失财产表，另附商会证明书。

覆选事务所咨送成立日期，转饬知照呼伦、室韦、胪滨、奇乾等县局关于选举事宜悉归本覆选区管辖。

令县局预为筹备选举众议员。

省长电，准特别区法院筹备厅函称满海两处分厅推检官不日前往视事，请即转饬知照。

室韦县呈送俄乱所受损失财产，商民出具发誓证明书。

副都统咨，调查蒙人户口未能按照省令分归呼伦、胪滨、室韦编查，仍拟暂用以前旗人编审旧法办理。

呼伦县呈报汉蒙选民一起调查种种困难，拟请将蒙民选举暂缓举办。

满洲里警察局呈订暂行防疫办法。

电省长，扎兰诺尔发生百斯笃病。

十年一月

军长令，护路军哈满司令张奎武辞职，委任张海鹏接充。

军长令，军事外交处裁撤，改组驻满交涉员办事处。

军长令，一月二十八日废止中日军事协定条件。

省长令，伦属蒙民选举仍饬依法办理，覆电蒙旗选举困难。

警察厅呈报疫氛方盛，酒饭馆、戏、妓、娱乐各业一律传令停止。

省长令，据转呼伦警察厅拟设检疫事务所章则预算切实可行，令饬遵办。

军长令，据总办哈尔滨等处防疫事务兼总医官伍连德呈报海拉尔鼠疫较烈，饬各严速防范。

镇守使会电，督军海站防疫实行检查客车，并报检查办法。

军长电，哈埠各国领事会议，满海间暂停止三等客车。

长春警察厅电，遵照省电筹办防疫，二道沟车站设立检验所、隔离所，转询海埠防疫情形。

省长令，转奇乾设治局造送区域详图。

东省铁路督办电，满洲里实行封销，侨民行将绝粮，商请设法救济华侨。

省长令，东省铁路沿线划归特别区域，附发《警察编制大纲》。

大总统令，董士恩兼东省特别区警察总管理处处长。

警察厅呈报督军派员宣慰出力，解除俄装颁给长警奖洋，已遵照办理。

函东省邮务管理局，呼伦至室韦暨奇乾至室韦添设邮局信差，以便传递迅速。

呼伦、室韦、胪滨分呈条议举办自治及筹画经费情形。

电军长，查获俄军官藉日商保险偷运公款一案，拟存海站道胜银行以备将来与俄交涉还垫散给溃兵费用。

呼伦县呈报审理俄员杜斌聂等四名私运公款金洋三十二万九千六百八十元一案，认为俄国国家公款由县暂为保存，另附判决副本。

呼伦县电，由镇署转奉省电派员将扣留俄款解送督署，请示银行总办索扣存费可否于存金内提取。

伍医官以扎兰诺尔发生肺疫，电请派警堵截扎满人来往，以免传染。

军长电，钟督办、张司令充扎满防疫监督，并派各医官为处员。

省长令，扎满两处肺疫剧烈，伍医官请发海拉尔防疫医官款项，准由广信公司汇交转发。

黑龙江省政府为救济旅俄华侨及德奥俘虏起见，派督办钟毓与赤塔代表亮宾克夫等协定赤满通车条件十三条，开通边界条件十二条以备交换利益，而谋局部通商之始基。嗣因驻北京赤塔代表优林氏对于开通边界条件原订第六条不甚满意，该政府未予批准。而我外交部对于原订第十二条亦有不满意处。赤满虽已通车，尚须协商修改。

二月

大总统令，任命程廷恒督办呼伦贝尔善后事宜兼呼伦贝尔交涉员。

电军长，海站疫势近渐扑灭，扎满势正炽，盛请饬铁路公司实行暂停开车。

胪滨县呈送水陆国界意见书。

军长令，防疫会议决，今日起满海间停卖三等客票，另设医官检验一二等车，行旅转饬一体知照。

驻哈铁路交涉局咨，海拉尔疫症盛行，拟设隔离处所，派由兵士看守，请将隔离办法商订实行。

呼伦县呈报沿路各站发生疫病。

镇守使咨，奉军署令兼任陆军防疫处处长。

东省特别区市政管理局正、副局长函知就职日期。

副都统咨请转呈省长援照七年法令，增加蒙古议员名额。

省长令，转胪滨县所呈满洲里防疫经费查照宣统二年先例，准由东省铁路公司拨发。

俄前陆军中将马池月巫四克请准保护运到难民口粮，藉以救济俄民。

呈省长，与镇守使会拟监视俄难民代表运发粮食规则，请示办理。

三月

副都统咨德克锦布总管全家被匪杀害，请饬驻守边卡官兵一体严拿。

赤满通车实行开驶。

东省特别区域地方审判厅海拉尔第五分庭推事钱光谟函报就职。

大总统令，特任孙烈臣调署吉林督军。

大总统令，特任孙烈臣暂行兼署吉林省长。

大总统令，特任吴俊升署黑龙江督军。

大总统令，特任吴俊升暂行兼署黑龙江省长。

呈省长，遵令取销谢夫谦克木植合同，请令博站桂专员就近接收，监令停止工作。

令俄商谢夫谦克停止林场工作，听候派员接收。

驻哈铁路交涉总局函，述俄商谢夫谦克利用日人招工砍伐，应行严厉查禁。

省长电，日人参加兴安岭招工砍伐森林，转饬桂专员妥慎办理。

省长电，日人参加兴安岭林场权利，饬照前电令该俄商自向日人取销合同办法，妥洽办理。

室韦县呈请保护华侨回国，以实边防。

关于禁猎旱獭办法并修订取缔简章，呈请省长核夺。

哈司令部电，谢氏在海哈购买面粉接济外蒙温格耳军等情，请一体查办。

满洲里警察局呈报查获俄军官翠尔古林斯基等在满招抚谢氏溃兵，偷运军用药品输入库伦情形。

四月

呈报军长，督办程廷恒四月七日就职，前督办钟毓即于是日交卸。

军长令，哈满司令张海鹏奉调赴吉，另委万福麟充任。

东省特别区满洲里第五区警察总署长陶景潜呈报警察局改署日期。

特别区第五区警察总署呈报查获俄人哈德泰斯痕等私藏军械马、匹等件。

军长电，库伦活佛委日人山田氏输运军火等项，海满两埠为输入要道，转饬军警一体侦查。

驻满赤塔代表函，请取缔谢党委员招募军队、转运粮食与巴伦有密切关系，请饬严予查禁。

呈省长，查视满站所得情形，缮折密陈。

室韦县呈拟出放沿河荒地章程。

选举总监督令，转副都统仍照元年选举法办理选举。

奇乾设治局转送毕拉尔、河温、永安山三卡署辖区域及对岸俄屯名称图说。

选举总监督电，黑龙江众议院选举日期延至四月二十日举行初选，五月二十日举行覆选，转饬督促赶办。

奇乾设治局条陈与俄通商意见。

省长令，吉拉林金厂与广信公司所辖之奇厂毗连，准归公司接办。

呈省长，扎兰诺尔疫势渐减，拟将防疫处缩小范围，以节经费。

军长电，据谢米诺夫在大连购运大宗军火、粮食，由日商押车保护过境，请饬侦查截留。

军长令，据转俄阿发那西那夫中将函请发还所扣杜斌聂等私

商人赵秀丰被俄税局扣留金钱，函准俄代表送署转发。

俄代表请免检查远东政府往来密电，呈奉省长准免检查。

六月

通令规定各卡伦传递公文暨报告地方情形规则。

呈省长，转报警察厅请奖防疫异常出力人员。

胪滨县电，报结束扎埠防疫，垫款由煤矿公司单独担任。

省议员选举总监督委任程廷恒为第九区覆选监督，以呼、胪、室、奇为覆选第九区。

省议员选举总监督电，初选各县名额除第九区不敷选举议员一名，应行停止初覆选外，余均依法配定。

呼伦警察厅呈送河坞地图。

省长密令，调查俄商马尔车夫斯克勾结日荷两国人加入吉拉林金矿。

省长令，准日领事照会日人庄司钟五郎参加俄人谢夫谦克林场，有李德才盗伐森林，请求保护等情。

省长令，据博克图兴安采木公司禀称俄木把谢夫谦克勾结日人霸占木植，饬将俄木把传案究覆。

呈省长，俄人越垦地亩收回困难，拟援奉省韩侨入籍办法办理。

省长令，俄人瓦大果夫既未直接纳税，应即查传缴纳，并令急向日人自行解除参加契约。

呈省长，拟定捕鱼等税办法，并摘抄合同列表呈核。

令发呼、胪、室三县暨奇乾设治局羊草牧畜等税章。

呈省长河坞地方俄侨日多，拟以呼伦警察厅第二署分驻保护。

军长准院参陆电，奉大总统令特派张作霖为蒙疆经略使。

七月

军长电，饬预备海满两埠蒙疆经略使行辕，并令军警切实保护路线。

呈军长，拿获俄侨也夫金及也夫谢也夫二人，讯供与巴龙及果尔结也夫有图谋军事行动，拟送特别第五分庭讯办。

省长令，据俄人克里莫维赤呈瓦大果夫违反捕鱼合同，擅招日股，请予严惩，要求赔偿，饬与日领交涉。

满洲里防疫处长陶景潜呈报取消防疫机关。

军长电，库伦巴军溃散，远东增兵与我国防有关，饬属严密防范。

军长令，检查俄人电报，改由本署翻译官兼充。

商人张敬亭呈报在俄兵营查获失马，函准俄代表径往俄营领还。

军长令，取销与敌通商条件。

奇乾县呈请函致俄代表转俄屯长，会同我国官吏铲除烟苗。

八月

军长电，张经略使停止北来，偕同使署张总参议作相前赴海满视师，本月二日可抵海拉尔。

呈军长，拿获俄犯席伯洛夫、谢夫谦克、瓦大果夫等四名，确犯内乱罪，业已审明，派员解省。

呈军长，准驻哈英领事，请将抢劫英商之俄犯席伯洛夫提案讯究。

奇乾设治局呈报保卫团成立。

省长令，据呈胪滨县拟订华商报领山场刨石，并俄商刨石税续办一年，如议办理。

省长令，胪滨县知事赵春芳调省遗缺，委调杨凤旭署理。

室韦县郭知事报,据巡官魏允中、汪德顺带同警士招集俄侨追剿股匪,临阵击毙匪徒十名,并获取枪支、鞍马、衣服等件。

泸滨县电,察罕敖拉煤矿出售价目较前增加,请转省派员验勘矿质、机器,再行会商收回。

呈奉省长令,准以就地筹款编纂《呼伦贝尔志》书。

呈省长,召集各县知事行政会议表决事项,抄呈议案。

九月

省长令,派呼伦贝尔督办程廷恒为清乡处会办。

呈省长,委赵春芳为会勘中俄边界专员。

呈军长,外蒙车臣汗部郡王多尔济帕拉穆情愿归顺中央各情。

呈省长,令准奇乾设治局改为三等县缺咨部查核。

军长令,黑龙江查勘烟禁大员赵宪章到境保护协助。

省长令,各交涉机关征收侨商各税,准归财政厅经征以一事权。

函准赤塔代表覆称远东军过界抢掠,各节已经设法取缔。

函准赤塔代表覆称四大列叶华侨联合会转请设立卫警以资保护等情,警费应归该会自行担负。

率同警察厅长郎官普等巡视河坞、俄侨各村。

商号东福茂等呈报在俄境沃力元车站被俄匪抢劫金银巨款,当准哈满司令部函解是案劫匪沙乌尼奴一名,送法庭审办。

十月

呈省长,赤塔代表不允与赵委员会勘边界附具谈话录请示解决。

泸滨县征收局长那庆璞呈报设局任事日期。

财政厅咨呼伦征收局以前委克山征收局长张常裕改任。

军长电，令会同龙江道尹宋文郁、镇守使张奎武办理解除俄溃军武装资遣事宜，计遣送出境送省收管共有俄官兵五百六十四名、华人十七名、日人二十二名、韩人二名，军用各品一并解省。

省长令，扎勒木德站移居索伦，蒙古俄籍伯来子人数混杂，难保不贻患将来。应行会同蒙署妥拟稽查方法。

呈省长，俄商别罗克雷洛夫及库子聂错夫停止渔业已久，已将其捕鱼合同二起分别注销备案。

驻赤中国领事署致满司令部函件被俄路检查员扣留，函准赤塔代表如数发还。

电军长，室韦县附近莫里勒克卡发现谢党溃兵，拟请援例资遣办法。

十一月

令室韦县河坞警察二署所属俄难民在苏恰拉、布多林、宜瓦诺夫、喀库库诺尔四村成立学校四处，准予发给教员委任令。

省长令，据呈俄红十字会请在海满设立病院，发放面包纯为救济侨民、难民起见，应准备案。

省长令，据东三省银行呈在满洲里筹设办事处，饬令保护。

呈省长，据商人李振东拟设满扎汽车公司，准予试办半年。

满洲里商会呈报改选会长会董。

大总统令，任张奎武为安泰镇守使、张明九为呼伦贝尔镇守使。

满洲里俄理事会请设侨民会，驳覆不准。

商人国景亭呈报在俄路被扣鹿茸、金钱，函准赤塔代表发还。

十二月

呈省长，考核属员案内胪举呼伦警察厅长郎官普办事成绩，请予补缺。

电所属各县局急编游击队以清匪患。

奇乾设治局呈报办理清乡，附具防匪炮垒图说。

胪滨县呈送军警团卡驻防地点略图。

呈省长，检送俄犯瓦大果夫案内之蒙俄合壁渔业合同。

呈省长，造报与驻满赤塔外交代表经办交涉未结重要各案，请咨外部备案。

室韦县呈报开办县警察所。

河坞第二警察署长王善彰呈，解持械越境意图抢掠之俄犯米海拉必特洛夫、四铁班孟生洛夫、米海拉捕洛白白夫、一万不洛尼过夫等四名。电奉督军令准送法庭讯办，其军用物品暂由警厅保管。署长王善彰传谕嘉奖。

省长令呼伦县知事何如铭调省，遗缺委候补县知事郭曾煜署理。

十一年一月

呈省长，前据美人白连函称呼伦贝尔王公将额尔古讷河与兴安岭之间地面让与俄民格洛觉斯基。现与该受地人订立合同帮同开垦此地，请求保护等情。当查此案似与前抄送省之技师葛罗火夫斯克金矿合同事实大同小异，应请与各种蒙俄合同一例取消。

省长令，中俄条约中之三分减一税法暨免税区域、免税办法奉令到期停止。俄商由俄运来货物及由中国运出洋土各货应完进出口税项，均照现行海关进出口税则完纳。

电军长，扎站华工受蒙兵驱逐一案，遵与蒙署商请另定，取缔无业华工办法。

军长电，邮运旱獭皮张准再展限十日至一月十五日止实行禁运。

电省长，据满分署报告拿获杀害满站五道街日本富商近藤留什等之日犯石奇利希藏，讯供仇杀不讳。

二月

电省长，珠尔干河卡兵王彩云被俄党击毙，已与驻满赤塔代表严重交涉。

军长令，蒙兵驱逐华工人一案既已会商蒙署取缔办法，其他无业游民应饬呼伦县派警随时监视，俾免妨害蒙民。

外交部电，将辖境以内之现住俄民姓名、职业、住址、男女人数详细调查，列表呈报。

省长令，组织县司法公署以树司法独立基础，迅饬遵照章程择要举办。

省长令，奇乾设治局改为三等县缺，已奉大总统令准转饬遵照。

满洲里特区警署呈报，赤塔政府派暗杀团来满，希图杀害俄旧党，函令军警严防。

三月

省长令，荐请任命郎官普为呼伦警察厅厅长。

奇乾设治员兼总卡官李玉琛呈报卡兵王彩云因公死亡，援例请恤。

依道官制六条，委李玉琛代理奇乾县知事。

军长电，收容俄党内布咧子爱包夫等八名发遣回籍，饬令监视。

通令发给俄侨村长证式。

电军长，满站河关被俄匪抢去中国银行存款，请饬驻满军警严密查缉。

咨警务处、实业厅拟议规画呼伦贝尔全境道路办法。

电军长，俄岸赤塔军队武装越境抢掠河坞各村华俄商民牲畜、财物，并绑去俄侨费得谢也夫等十二名。已电驻满赤塔代表先将人物交回，其余越界官兵一律逮捕惩办。

电哈尔滨东省铁路局长，据胪滨县杨知事电报扎兰诺尔煤矿不发工资，行将暴动，请速电覆主持。

河坞警察署请设胪滨县属根河渡舟，饬警察厅妥议进行。

四月

军长视师海满。

大总统令，程廷恒晋给二等嘉禾章。

省电令，奇乾设治局准改县治，委任李玉琛署理奇乾县知事。

军长令，满洲里解除谢嘎两军武装在事出力人员，分别抄单给奖。

省长令，准内务部咨分别抄发江省防疫出力人员勋奖各章。

省长令，呼伦警察厅重修房屋款项，准由娱乐捐余款项下动支。

额尔得尼托罗辉卡伦卡兵王振起传递公文中途被害，呈省援例请恤。

满洲里特别区警察署呈报，拿获强抢中国海关收税银行之俄盗犯非沃宁等四名，解送法庭讯办。

省长令，关于内乱嫌疑之谢夫谦克等俄犯十名查无犯罪实据，分别省释，惟瓦大果夫一名牵及俄党首领谢米诺夫未便放免，并饬知照。

派员会勘边界与驻满赤塔代表接洽，泯除羊草争端。已由该代表认照我国税章纳税，出具记帐欠税字据，为将来划分国界时留备证佐。

省长令，谢夫谦克原有林场由中日俄三国合办，于四日协定签字，定名扎免采木公司。

整顿呼伦贝尔各县团防，次第成立。检同图册，呈省核夺。

呈拟俄人喀他也夫等六人所租渔泡地点暨鱼网税招商经营办法，应将喀他也夫等前订合同尽数缴销。

呈准减纳木桴税捐，咨请副都统查照。

满洲里特区警署呈俄军士武装越界有抢劫绑票嫌疑，令送法庭侦讯。

无约国人民临时入境执照式样规则呈奉省长，令准办理。

驻满赤塔代表商请暂留自卫枪械，呈准军长由哈满司令部加盖印记。

五月

通令查禁俄土入境。

贝尔湖渔业员工三十人被库伦乱兵击毙二十九人暨烧毁房屋抢掠枪械等情，除请兵往剿外，另陈善后管见。

呈准阿尔卑尼国于国庆日悬挂国旗。

据海拉尔公共理事会长克里莫维赤呈送，瓦大果夫擅招日人吴凯入股以致渔业损失甚巨，请求转呈军长责令赔偿。

胪滨县呈报击毙扎兰诺尔西山日人吉川之正凶刘长顺三名，已遵限缉获讯办。

通令调查无约国人民在境居住人口数目，填表呈报。

令准呼伦警察厅限制海埠商人重利盘剥。

磋商与赤塔局部通商问题，驻满赤塔代表愿以江省毗连之阿穆尔省及扎拜喀尔省与黑龙江省政府直接商订通商条约附呈意见，请示办理。

呼伦、室韦、奇乾三县拟设电报、电话，将工料计画书三县路线图呈请省长核办。

六月

满洲里日本领事馆成立，外部令饬照章接待。

遵拟扎免采木公司山林警察局员额章程、预算各草案呈省核夺。

省长令，扎免采木公司理事长准委李维周充任。

通令十八卡伦对岸俄人来海购运食物，准予取具保证发给执照。

蒙旗商业钱局呈准省长缓加限制。

呼伦县呈报高等小学校附设国民学校成立。

省长令，胪滨县呈商会侵占学款，令派员调解结束。

滨江关监督电转税务司覆赤塔代表书籍、报纸，经过满关时送由驻满交涉分署验明放行。

俄军在中国境私设卡兵有碍主权，函准赤塔代表饬令沿边各屯谨守国界。

赤塔代表函请，准予在满洲里张贴收抚谢喀军残部命令，转呈省长令准。

函准海关邮局覆称驻赤本国领事，拟派专员至满递取外交文件，允予照办。

七月

呼伦县呈报警士赵喜和被索伦蒙匪击毙，请援例给恤。

警察厅呈商人麻自忠捐建海埠屠兽场屋，以公平市价，在场收买羊肠，转呈令准。省长令，署室韦县知事郭文田调省，遗缺以冯润章署理。

驻室韦县广信分公司包放金厂沟内草税，商人纷请取销，电准。财政厅转行分司禁止。

电满洲里警察署，俄侨米海伊勒行使东三省银行伪券，讯系驻满埠俄主人米子西利湾所给，饬警拿办。

八月

据副都统转告，外蒙车臣汗部练兵、备饷，截劫边商，并闻由车臣汗部王府至库伦，由库伦至俄境之赤塔、莫斯科，节节设备电话，居心险恶，电呈军长通饬严防。

军长令，博克图站护路奉军全团哗变后，分途窜逸，连夜派兵剿袭，即饬一体防范。

省长令，本兼省长职务委任教育厅厅长于驷兴代行。

俄员沙别拉金等七名对于九年防疫异常出力，呈准省署报部核奖。

军长令，准东三省保安总司令咨开东三省巡阅使署、奉天督军署及镇威军总司令部业已改组，所有应报文件，即饬径呈东三省保安总司令部，勿用前项名称，以昭划一。

拿获满洲里俄旧军少将什立尼果夫军事计划文件，关于扰乱中国国界，讯据确有图谋举动，呈奉军长送交法庭究办。

九月

呈复军长关于哈尔滨、莫斯科直达通车一案，有种种不能许可理由。

军长电，日本撤兵将次完竣，哈满一带难保无激党潜匿图扰交通，应饬严密防护。

据俄代表报称，海满一带闻有白党军队计划行动，对于释放什立尼果夫事颇不满意，请求分饬防范。

警察厅呈拟取缔出口肉质规则，并查验执照式样。

警察厅呈报商人麻自忠捐修屠兽场工程完竣，定期开办，请求派员验收。

电军长，海属韦陀河发现索伦蒙匪，蒙署派兵往剿，毙匪三人，蒙兵阵亡一人。据称匪由兴安岭沿铁路窜逃，蒙兵服装不齐或虞误会，请饬沿路军警一体堵剿。

省长令，胪滨县知事杨凤旭调省，遗缺委分江补用县知事董文瑞署理。

省长令，祀典、冠服礼节现经国务会议议决仍照五年成案办理。

省长令，博克图军队哗变一案，准督军咨开据报后，已派队分头追捕。分别首从，严予法办，即饬转令查照。

呼伦县筹设宣讲所兼阅图书报纸，并送简章及开办经费清单，呈奉省令饬遵。

电呈省长，义商别林因急于回国，愿将察罕敖拉煤矿诚意让价至十五万元出售，日人及商业公司并中国资本家均拟出而购买。事关国矿主权，应请饬下财政、实业两厅会商收买。

函覆理事会、市政局，据函拟在海拉尔筹设俄侨工商高等学校，专在夜间教授，洵属热心教育，应准备案。

电军长，回教俄侨米夫打胡特基携带现大洋一万元赶赴甘珠庙会，中途被匪抢劫，又遭惨杀。执事人二名，已经分电万司令、路警段长暨所属一体协拿，旋即破获送厅究办。

呈军长遵令调查满海一带俄新旧党兵力人数附具清折呈核。

函满海关俄灾赈济会所运粮品，由本署担保关税，准予放行。

远东军在草甸逮捕扎站工人拉郭立等，与俄代表交涉释放。

函覆俄代表所请会同组织委员会铲除白党，以敦睦谊等情，未便提议。

十月

省长电，日俄长春会议劳农代表团人员经过满海地方，饬属查照放行，妥为保护。

督军令，驻海滨省日本军队于二十五日完全撤退。

督军令，中东铁路日军撤退后，对于日侨切实保护。

室韦县呈报游击队成立日期。

省长令，东荒各县来满购枪暨满海一带商民存有防身大枪者，现经拟定一律加盖火印，附发火印式样一纸，令饬查照办理。

奇乾县暨珠尔干河卡伦禀报，七日，奇乾县署迁驻珠尔干河。同日，珠尔干河卡伦移驻奇雅河，呈请备案报省。

呼伦县呈报筹设国民义务女子小学校成立。

俄代表奉其政府命令，来海面询我国对于白党情形，编成谈话记录呈送军长察核。

函覆哈尔滨交涉员，驻在扎兰诺尔之波兰人拟在该处设立救济会事。询据胪滨县查，称该波兰设会宗旨专为救济在华贫民遣送回国，并无其他行为，自应准予照办。

电军长，十日，白军由扎兰诺尔出发，攻陷俄境阿布该图，俱系以前获释之白党首领什立尼果夫为之主动，请饬满海警备司令、镇守使等赶紧防剿。

函镇守使，俄新旧党发生战事，杜渐防微，首先检查电报，除分行本埠电局及俄电局查照外，请饬车站检查员实行检查。

电军长，白党占据俄境阿布该图，赤塔代表以白军组织军队多在华境，为保护驻满远东各官吏生命财产起见，拟欲拥兵自卫。已经严词拒绝，另饬军警担负保护。

函河坞警察署，俄党既在我境有军事行动，无论如何派别，一律勒解武装。

函俄代表，杀害华人宋广海及宋德林之嫌疑犯雷巴克夫，已经在俄逮捕，请速引渡归案法办。

俄代表开送驻满远东各官员人等住所，请求饬属保护。

函俄代表，十八里小站迭次增兵，并未预先通知，恐生误会，请查照见覆。

军长电，转董知事、杨署长、金段长饬属防范白党，并询该党由扎出发攻击俄境，有无确证。

令胪滨县日人蔑记沙售卖鸦片，预审供实，应行转送日领。

函覆理事会，扎满一带担负保护治安，请向转告俄民勿行恐慌。

函俄代表，据毕拉尔河卡官呈报，俄新党越界抢劫一案交涉，既经承认，讯将该犯拿办，以儆将来。

函覆俄代表，远东总警官拟派武装探访员携犬来海埠侦探击毙英商工人匪犯，请求保护等情。候转第五分庭知照，所请碍难照准。

函俄代表，在满站小北屯掷放炸弹之远东阿力克山德县第二团兵士密哈伊勒马尔缔诺夫，请引渡归案讯办。

十一月

呼伦县呈报宣讲所开办日期。

省长令，察罕敖拉煤矿既据电称义商别林让价至十四万八千元金卢布，准派孙技术员会同广信公司备价接收，已饬委员到海商承办理。

奇乾县知事暨奇乾征收局长会请，转省饬令奇乾河邮政局随同奇乾县署迁往珠尔干河，以便交通。

省长令，知朱庆澜任东省铁路护路军总司令。

省长令，日军由崴完全撤退，所有运输部监管会同时撤尽。

电报军长，俄白党首领什立尼果夫统领特鲁衡营长巴立心等在河坞地方整备军械，图谋大举。已饬河坞警察署长王善彰星夜率警将什特巴三人密拿解海，一面追踪防剿，俘获溃兵一百五十九名，并军械、弹药、马匹甚多。

护路军总司令部电派王外交员来海办理，遣送俄旧党官兵难民事宜。

军长电知，对于海满、黑河处置俄党办法十二条，饬令遵办具报。

电军长，遵与王参谋长、张镇守使会同搜查俄旧党重要军官分居海满之马蹄页夫斯基、碧流果夫二人现在尚无不轨行为，请示遣散监视办法。

电军长，满洲里白党机关杂鲁别梅斯里报馆公然登载该党征兵檄文，显有鼓惑情形，已饬警署将该报馆勒令封闭。

省长令，关于牙各立其沟矿区与广信公司争执矿界，请饬详查具报。

函知俄代表，据阿巴该图卡官呈报，管界俄侨哈拉琴斯克两次被红军抢劫，迅饬查明惩办。

据胪滨县呈报，孟克西里卡俄党越境抢掳俄侨情形，函催俄代表迅予释还。

奉省委员黄成垿赴俄调查事件。据许国香禀告，在恰克图被红军逮捕解往赤塔国防局等情，函知俄代表，请饬迅予释放。

十二月

室韦县冯知事、河坞王署长会报俄红党偷越国界，当与扎窝子俄国军领据理交涉，附送双方会议记录。

驻满俄远东共和国委员改为俄国社会联邦共和国驻满委员。

护路军朱总司令过海督办随车赴满巡视沿路各车。

呼伦征收局长面告，在车站截获旱獭皮七箱，电奉军长，令饬点视焚毁。

河坞警察署王署长续报解除白军余党军械，取具服从字据，附呈武装清册。

中日俄合办扎免采木公司函告于十一月十四日开始营业。

奇乾县呈请丈放街基，酌收地价弥补迁筑县署亏垫各费。

奇乾商人与广信公司争夺金矿界限一案，奉省令派委邢委员密查详情，呈请秉公核办。

按：呼伦贝尔自前清宣统元年由东三省总督徐公、黑龙江巡抚周公奏准分为道区。以地方原有之上级职官改以兵备道设施未久，旋以变故侵寻官制。再易寻至民国九年二月人心厌乱，民治恢复重以归政，方始疑贰尚多，急遽改道。善后为难，斟酌便宜，设令善后督办兼交涉员，一切行政职权悉照道官制规定行使。先廷恒而督办者为钟毓，任仅一年未有记录。廷恒忝继观政，而又负善后全责，因即于九年二月复治日始，讫于十一年十二月止。关于中外各要政经过事项逐月记载，名曰记略。而于十一年以后有事不书者，一以限期已届，未便过事延长；一以筹款维艰，深恐旷误刊印且也。呼伦贝尔民治日新，道同风一。而于今日之善后督办兼交涉员一缺，咸汲汲焉。有规复道区之趋向，则所谓仅仅善后事宜，或可于十一年冬而略告结束乎！程廷恒附志。

编纂志书职员姓名

鉴　定　昆山程廷恒

总编纂　复县张家璠

编　纂　昆山沈鼎、吴县尢遂、复县胡业顺

协　纂　巢县邹硕辅，沈阳曲廉本，高阳齐肇豫，昆山王瑞骥，洪家禄，宜兴史悠文，吴县汪远翥，许康，寿县于开来，牟平于家铭，呼伦贝尔郭濬黄（华）

俄文翻译　建平杨鼎芬

蒙文翻译　龙江英德

绘　图　吴县陆士基、抚顺金锡升

绘图兼采辑　滦县赵春芳

采　辑　呼伦贝尔成德、荣安、巴嘎巴迪、凌升，新民郎官普，狄道何如铭，建平 郭文田，庄河李玉琛，闽侯郭曾煜，双城董文瑞，昌图冯润章，绍兴阮希贤，复县王善彰，六安吴嘉谟，岫岩白辰熺

调　查　武进吴柏初，盖平王春城，历城徐梦奎，仪征凌云，陈启荣，梨树范大全

校　对　巢县邹鸿宾，辽阳王君助，复县李承基，魏志清，曲恒廉，张祖文，崔长城，辽中戴名蕴，招远赵秉铨，掖县马仲元

《周中丞抚江奏稿》解题

吴明罡

一、《周中丞抚江奏稿》的作者

周树模(1860—1925 年),字少朴,号孝甄,晚年自号"泊园老人",原籍湖北省天门县。周树模年少有为,先于 1885 年中举,旋即于 1889 年进士及第,入翰林院为庶吉士,授翰林院编修。出仕后曾任广东副主考、广东会试同考官,后调任山西副主考、山西会试同考官。19 世纪的最后五年,双亲相继离世,周树模在回乡服丧期间受湖广总督张之洞垂青,并经常互相谈论政务。在此期间,张之洞委派周树模主持修建了溏心口堤防,后又聘请其在两湖地区的江汉、经心、蒙泉等书院任教。1902 年服孝期满,周树模被朝廷委派任江西道监察御史。他也因在任御史期间先后弹劾两江总督魏光涛、广西提督苏元春而得到朝廷嘉奖。在周树模的官海生涯中,他与徐世昌私交甚密。1905 年,清政府派五大臣(载泽、李盛铎、端方、戴鸿慈、尚其亨)出国考察宪政,在徐世昌与载泽的引荐之下,他得以随同五大臣出洋,并出任参赞,游历了日本、欧洲各国,其视野也随之广阔起来。回国后不久,周树模便出任江苏提学使。1907 年,东北改设行省,徐世昌任东三省总督。1908 年 1 月,周树模被徐世昌保举为奉天省左参赞,并深得徐世昌器重。同年 3

月,原黑龙江巡抚程德全因病离职,周树模奉旨署理黑龙江巡抚一职,并于次年6月补授巡抚。周树模上任后,分别针对黑龙江省的政治、军事、经济、文化教育等方面进行了一系列改革,并于1911年末与俄国代表签订了《中俄满洲里界约》,一定程度上维护了国家主权。辛亥革命爆发后,周树模派人赴武昌等地侦查军情,同时成立了黑龙江国民保安会,自任会长。又奉东三省总督之命,对鼓吹独立、分送传单、秘密集会等活动进行镇压。1912年中华民国成立之后,江省革命活动日益高涨,2月,周树模以病为由辞去黑龙江巡抚一职。1914年5月,周树模出任北洋政府平政院院长兼高等文官惩戒委员长。进入20世纪20年代之后,周树模退出政坛。周树模一生著有《沈观斋诗集》《周中丞抚江奏稿》《周中丞抚江函稿》等著作。

二、《周中丞抚江奏稿》的写作背景

黑龙江地区,在整个清代的封建统治期间,统治者均给予该地区以高度的重视。清政府在康熙年间驱逐了沙俄侵略势力,中俄《尼布楚条约》之后长达170年的时间里,这种重视的重心却由加强边疆建设、抗击外来侵略,逐渐转移到维护黑龙江地区的原始状态上来。在施行对东北地区的全面封禁政策的基础上,尤其严厉禁止汉人进入黑龙江地区,担心其影响黑龙江本地的"淳朴民风"。其目的主要在于防止满族、达斡尔、鄂伦春等民族丧失本民族的风俗和骑射之长,保有八旗稳定的兵源,保持其历来骁勇善战的传统,以期满足清统治者保持对汉族所持有的武力优势,稳固对全国的统治。所以在康熙中期,便已屡下禁令,禁止汉人出山海关进入东北。康熙后期甚至连发遣汉族"流犯"到东北也已被禁止。雍正时期,中央仍然沿袭着这种对黑龙江地区的封禁政策。雍正初年,当吉林官员提出设考棚、兴文教的奏请后,雍正帝明确予以斥责:"满洲人等,因居汉地,不得已与本习(习俗)日以相远,唯赖乌喇、宁古塔等处兵丁,不改易满洲本习耳。……本朝龙兴,混一区宇,唯恃武略耳，并未尝恃虚文以粉饰……果能尽心鼓励，得材勇卓越者数人，以备朕之用，保障国家，收股肱之效，较之成就一二驽劣无能之生员为远胜也。"可见雍正时期仍然以保障满洲人口的原生态特性的军政策略，以"将军"管理东北地区。此时，东北为"三大将军"辖区，不设置行省且尽量少地设置官员，而且，乾隆帝还曾对称东北为"东三省"的官员痛加斥骂。

乾隆、嘉庆时期，尽管中原地区人口膨胀，流民无视禁令，私越"柳边"，入东北垦荒得食者日多，但政府却仍未变更这一政策。东北地区人烟稀少已成事实，其中尤以黑龙江为甚。黑龙江地区不仅是重点封禁地区，而且因入关镇压起义、调往各地驻防、调往西北镇边，导致青壮年"有去无回"，致使黑龙江地区更加地广人稀、诸政废弛。

清代历朝所实行的封禁政策导致了清末黑龙江地区出现了一种空虚、落后的政治、经济局面。尽管如此，清政府在内外交困的形势中，仍墨守成规，不变祖制成法，不思积极改变黑龙江地区边防空虚的弊漏。

光绪年间，黑龙江将军恭镗上奏慈禧太后，请其开禁垦殖，移民实边，又遭拒绝。1898年沙俄修筑横贯东北的中东路后，危机进一步加深。1900年俄国为侵占东北，借口以护路为名，长驱直入，分七路出兵东北，镇压义和团。黑龙江军民虽经奋力抵抗，却仍无力避免失败。黑龙江将军寿山，在自杀成仁前留遗书，痛陈清政府长期以来所实行的错误政策，就在于封禁虚边，致使江省"有土无人、有兵无饷"。

自1900年东北沦入俄人之手后，黑龙江地区亦因"庚子兵灾"而残破不堪。俄军撤走后，城镇凋敝败落，村屯人迹稀少，一片荒凉，了无生气。事实证明了清政府对东北地区经营的彻底失败。在此情况下，1907年清政府决定在东北置行省，实行所谓"新政"。置行省后的黑龙江，在第一任巡抚程德全的主持下，奏准黑龙江土地全部开禁，并在省城设立"垦务总局"，各地设立"垦行局"，专司其事;并暂设民政、提学、度支、提法四司;裁撤齐齐哈尔等地的副都统,添设或改设府、厅、州、县;创办广信公司,发行全省流通新币,暂时缓解了严重的银钱不足的危机;改设巡警总局,成立警务学堂,企图稳定社会极度混乱的局面。当一切措置刚刚有所起步,程德全却因病开缺,1908 年 2 月,由曾任东三省左参赞的周树模署理黑龙江巡抚,翌年得到正式任命。

周树模接任程德全之职,升任黑龙江巡抚。在他担任黑龙江巡抚期间,推行改革,在一定程度上促进了黑龙江省的政治经济发展,加快了黑龙江省的近代化步伐。周树模针对黑龙江省的改革从行政、经济、军事、文化教育卫生、禁烟这五个方面进行概括:

1. 行政方面:整顿地方行政机构,设治与增设合理的行政人员(添设官吏);革除不称职官员,选拔贤才;筹备宪政。

2. 经济方面:经济方面的改革是周树模内政改革的核心内容。周树模通过移民垦荒、整顿捐税、兴办实业,在一定程度上改变了黑龙江省财政支绌、商智未开、民风慵懒的局面。

3. 军事方面:整顿军制,筹划新军;镇压土匪;在呼伦贝尔、爱辉两地设置卡伦。

4. 文化教育卫生方面:设立各种学堂(普通学堂、师范学堂、专门实验学堂);修建图书馆;创办《黑龙江官报》;积极扑灭鼠疫;创建了黑龙江省第一所官办西医院——黑龙江省官医院。

周树模任黑龙江巡抚期间的外交活动亦是有着巨大意义的。周树模的外交活动主要可以概括为:改订齐齐哈尔商埠区域、要求俄国归还江东六十四屯及签订《中俄满洲里界约》三个方面。

《周中丞抚江奏稿》正是在这一内忧外患的恶劣环境之下完成的。该《奏稿》较为详细地记录了周树模本人在庚子兵灾之后,江省百废待兴局面下所采取的一系列改革举措,对清末新政、外交等方面的历史研究有重大的史料价值。

三、《周中丞抚江奏稿》的内容及编撰体例

清代奏折因其史料价值颇高、存世数量较多,而在我国(主要是清史以及中国近代史)史料研究领域占有一席之地。由于清代的奏折数量多,这就要求我们在史料利用领域中将浩如烟海的奏稿加以归纳总结,结合当时特有的政治形势对该时期奏折的体例、主笔、署名等一系列因素加以分析,并详细甄别,力求在以后的研究中了解奏折史料的时代特色。《周中丞抚江奏稿》为记录清光绪三十三年(1907 年)至宣统二年(1910 年)黑龙江巡抚周树模就政务向清政府呈递的奏折。光绪三十三年(1907 年),东三省改革官制,黑龙江改设行省,而此时黑龙江呈给中央的奏折,我们亦应当冠以时代特色对其进行分析。该时期黑龙江奏折应归纳为三类:第一类为东三省会奏之折,其主要涉及事关东三省(黑龙江、吉林、奉天)之重大事项,其汇报亦是由三省督抚共同协商联名成稿而向中央汇报的,并联合署名;第二类为两省(吉林、黑龙江)会奏之折,系由吉林、黑龙江两省督抚共同协商联名成稿向中央汇报的,亦为联合署名;而黑龙江本省之奏稿为第三类,即仅事关黑龙江本省之一省事务,则由黑龙江省公署单独定稿上奏。第三种黑龙江本省之奏稿还应分为两类:即黑龙江巡抚单独起草呈报之奏折和黑龙江省巡抚与总督联合呈报之奏折。前一类为黑龙江巡抚单独起草并向中央呈报之奏折,也称"巡抚单衔奏折"(黑龙江巡抚单独起草的如谢恩或上奏特殊重大事件,则总督不署名);后一类由巡抚负责起草之后,列奉天总督之衔(光绪三十三年改设行省,由督抚联衔具奏。宣统元年二月又改为例行之事由本省巡抚主稿,会列总督后衔),或者是其中关系重大或比较特别之事件,由黑龙江省巡抚起草,再由巡抚与总督互相商榷再行奏报。本《周中丞抚江奏稿》专门收录黑龙江省一省之奏稿,并未收录黑龙江、吉林、奉天几省的联名奏稿;而黑龙江省奏稿中由奉天总督起草(并未由黑龙江巡抚周树模起草)的一系列奏稿,也不

在本书收录范围之内。

《周中丞抚江奏稿》全书分为四卷,计19万余字。全书内容涉及周树模任黑龙江巡抚期间几乎所有的重大施政决策。周树模于光绪三十四年二月(1908年3月)奉旨任黑龙江巡抚,四月至黑龙江任职,至宣统元年十二月(1912年1月)为止,就本省政事上奏折稿200余片,本书除其中密折未刊登,而例折不刊登外,共刊登140余片。由于奏稿的篇幅繁多,所以将其以时间单位——"年"来分片收录,一年为一卷。光绪三十四年奏折稿编为卷一,宣统元年奏稿编为卷二。其中一年内所奏繁多者则分为上、下卷,宣统二年以后,依次递推。清代奏稿版本往往不能全部收录奏事的奏折之"朱批","部议"之后是否同意又无从考证,而《周中丞抚江奏稿》于中央的"朱批"以及"部议"的态度一一详细收录、一目了然。另外奏折声名若有另行咨部章程各件,也均选其重要者附列于后,以为后世研究者提供参考。

四、《周中丞抚江奏稿》的史料价值

《周中丞抚江奏稿》是周树模担任黑龙江巡抚期间上奏给皇帝的几乎全部的奏折集合,内容几乎涉及他在黑龙江施政的所有方面,涵盖了政治、经济、军事、文化、外交等方面的内容,从中可以窥见其治理、整顿黑龙江的措施和活动,是了解黑龙江地区当时的社会状况,分析周树模内政改革和外交活动极其珍贵和重要的第一手资料。

五、《周中丞抚江奏稿》的版本

《周中丞抚江奏稿》曾于宣统二年(1911年)排印发行。1966年沈云龙主编的由台湾文海出版社出版的《中国近代史料丛刊》第一编收录了该书。

《周中丞抚江奏稿》标点说明

吴明罡

本次标点以《中国近代史料丛刊》(沈云龙主编,台湾文海出版社,1966年)本为底本,参酌宣统二年排印本对照标点。

1. 本次标点一律使用规范简化字加标点,并按现行行文规范及志书的实际内容对原书进行合理分段。

2. 尊重所据版本,负责志书的断句标点和必要的纠谬工作,不妄加妄改。对生字、生词和历史典故不作注音、释义、考辨,以利于文本整洁。

3. 原书所引古籍文献,均以书名号标示。所引古籍文献原文均加引号,所引古籍文献的大意则不加引号。

4. 原书使用序号与现行标准不一,点校时按现行语体文规范一并改正。

5. 原书中的小字注释,均以[ ]的标出,并且字号比正文小且字体为楷体。

6. 原书有少部分文字传写有误,为保持典籍原貌,一仍其旧,望读者有以正之。

周中丞抚江奏稿

周树模 撰

校刻例言

　　黑龙江奏事约有三类：一、东三省会奏折，关系三省事项，由三省督抚互商定稿者也。一、吉江两省会奏折，关系两省事项，由两省巡抚互商定稿者也。一、本省奏折，关系本省事项，由本省公署定稿者也。本省奏事亦有二类：一、行省公署奏折，如本省应奏事项。光绪三十三年改设行省，由督抚联衔具奏，宣统元年二月又改为例行之事由本省巡抚主稿，会列总督后衔。其关系重要及特别事件，由本省巡抚主稿，互商再行缮奏是也。一、巡抚单衔奏折，如谢恩及条陈特别事件，则不会总督前后衔是也。是编专载本省奏稿，其东三省及吉江两省会奏之折不录，其有本省奏折而由奉天主稿者，亦不录。

　　周中丞于光绪三十四年二月奉旨署黑龙江巡抚，四月莅江任事，至宣统元年十二月止，本省奏事折稿共二百余首，除密折未便刊布，例折暂不录登外，是编所刻计一百四十余首，于江省两年来设施之次第可得其大凡矣。奏稿刊本，篇幅既多，不能不分卷帙，是编以一年为一卷，光绪三十四年奏事折列为卷一，宣统元年奏事折列为卷二。其一年内奏事较多者，则分为卷上、卷下，宣统二年以后，依次递推。奏事折奉回朱批，向来奏稿刊本往往不能全录。至朱批交议之件，部议准否，又复无从考证。是编于奉回朱批一一恭录，其朱批交议，无论部中准驳，均择其重要者节录部议，原折附后，以期一事原委，展卷了然。至奏事折内声明有另行咨部章程各件，亦择其重要者，附列于后，以供言边事者之参考焉。

卷　一

目　录

谢署黑龙江巡抚恩并请觐折 ［并单］

光绪三十四年二月二十一日

奏：为叩谢天恩，吁请陛见，恭折仰祈圣鉴事。

窃臣恭阅电钞，本月十七日奉上谕：黑龙江巡抚著周树模署理。钦此。跪聆之下，钦悚莫名。伏念臣早列清班，渥承殊遇。拾遗谏署，赞使轺问政之谟；提学阊门，擢行省参知之任。乏涓埃之报答，每昕夕以彷徨。兹复重荷恩纶，权膺疆寄。抚衷循省，逾分增惭。查江省据艮维上游之胜，当环球同轨之冲。改镇为州，轶辽制诸京之寄；建台赐节，迈唐边都护之雄。臧怀恪之镇安东，化行外徼；裴居敬之巡山北，本出京寮。臣顾何人？遂叨宠擢。自维驽钝，深惧颠虞，惟有仰恳天恩，俯准微臣趋诣阙廷，面聆训诲。庶深宫指授，上禀宸谟睿虑之精；边境绥安，长巩元阙天池之卫。所有微臣感激下忱，并吁请陛见缘由，谨恭折叩谢天恩。伏乞皇太后、皇上圣鉴训示。谨奏。

朱批：毋庸来见。钦此。

谢加副都统衔恩折

光绪三十四年三月十二日

奏：为恭谢天恩，仰祈圣鉴事。

窃于光绪三十四年三月初三日，接准东三省总督咨开：附奏署理黑龙江巡抚周树模请加副都统衔一片，于二月二十九日奉到朱批：着照所请。钦此。钦遵知照前来。当即恭设香案，望阙叩头谢